Oskar Lafontaine

Die Gesellschaft der Zukunft

Reformpolitik in einer veränderten Welt

Hoffmann und Campe

CIP-Kurztitelaufnahme der Deutschen Bibliothek

Lafontaine, Oskar
Die Gesellschaft der Zukunft: Reformpolitik in e. veränd.
Welt / Oskar Lafontaine. – 3. Aufl., 41. – 50. Tsd. –
Hamburg: Hoffmann u. Campe, 1988
ISBN 3-455-082273-4

Copyright © 1988 by Hoffmann und Campe Verlag, Hamburg
Schutzumschlag- und Einbandgestaltung: Werner Rebhuhn
unter Verwendung eines Fotos von Charly Lehnert
Gesetzt aus der Times-Antiqua
Satz: Utesch Satztechnik GmbH, Hamburg
Druck- und Bindearbeiten: Franz Spiegel-Buch GmbH, Ulm
Printed in Germany

Inhalt

Werden wir, wenn es uns als Produktions-
und Konsumgesellschaft gutgeht, so zufrieden mit dem Augenblick, so blind für Tatsachen . . ., so verantwortungslos, so verlogen
bleiben? Dann gehen wir einem Verhängnis
entgegen, ganz anderer Art als dem Hitlers,
und dann werden wir uns so wenig verantwortlich dafür fühlen wie seinerzeit.

Karl Jaspers

Miteinander
statt gegeneinander

In der Vorweihnachtszeit des Jahres 1987 schlugen die Erziehungsberater der deutschen Caritas Alarm. »Immer mehr Kinder und Jugendliche haben Angst vor der Zukunft«, so lautete der Tenor ihrer Erfahrungen, der in der Presse für Schlagzeilen sorgte. Mitunter sei es Angst vor dem Krieg, Angst vor dem Atom, Angst vor der Umweltzerstörung, Angst vor dem Leistungszwang, meistens aber sei es eine allgemeine Lebensangst, unklar und unbestimmt. Solche Ängste führten zu Leistungsstörungen in der Schule, zur Flucht ins Spiel- und Rauschverhalten, zur Aggression, zur Suche nach neuen Lebenszusammenhängen in den Jugendsekten und den jugendlichen Subkulturen der Punks und Skinheads.

Die Kinder in einer der reichsten Gesellschaften dieser Erde haben vor der Zukunft Angst – welch ein Paradox? Oder doch nicht? Ist es nicht gerade die Art und Weise, in der wir unseren Reichtum erzeugen, die uns allen angst macht? Was müssen wir ändern, damit die Zukunft wieder heller scheint?

Nach Tschernobyl hatten viele die Hoffnung, daß manches anders wird. Nichts ist anders geworden. Im Jahr nach Tschernobyl hat die CDU/CSU einen Bundestagswahlkampf unter dem Motto geführt: »Weiter so . . .«

Wie sollte man da nicht zum Zyniker werden? Was bedeuten schon die 60 000 Krebstote mehr innerhalb der nächsten fünfzig Jahre, die der amerikanische Strahlenexperte und Knochenmarkspezialist Robert Gale als Folge des ukrainischen Reaktorunglücks prognostiziert, wenn doch genauso viele Menschen im Verlauf des nächsten Jahrzehnts allein auf bundesdeutschen Straßen sinnlos sterben werden? Denn es gilt dort –»weiter so« – die freie Fahrt für freie Bürger! Betroffen ist nur der, den es trifft. In Tausenden gerechnet sind die Toten nur noch ein Problem der Statistik. Hat Elias Canetti nicht recht, wenn er in seinem Buch »Masse und Macht« das Überleben als eine Leidenschaft beschreibt? »Die Genugtuung des Überlebens, die eine Art von Lust ist, kann zu einer gefährlichen und unersättlichen Leidenschaft werden. Sie wächst an ihren Gelegenheiten. Je größer der Haufen der Toten ist, unter denen man lebend steht, je öfter man solche Haufen erlebt, um so stärker und unabweislicher wird das Bedürfnis nach ihm.«

Die menschliche Psyche ist von erstaunlicher Anpassungsfähigkeit. Könnten wir nicht verdrängen, unsere Existenz wäre nahezu unerträglich. Niemandem würde mehr das Essen schmecken, müßte er ständig daran denken, daß zur gleichen Zeit irgendwo auf der Welt Menschen verhungern. Die Gabe des Verdrängens, die uns ein angenehmes Leben – selbst noch in der Gefahr – ermöglicht, hat jedoch ihre Kehrseite: Unser Erschrecken über selbstverschuldete Katastrophen, unsere Empörung über Unrecht und Elend halten meist nicht lange genug an, um das Verhalten, das zu Katastrophen und Ungerechtigkeit führt, nachhaltig zu ändern. Mit der Verdrängung kommt die Gewöhnung. Der Mensch gewöhnt sich an das Leben in der Gefahr.

Allein schon die Befürchtung gewalttätiger Terrorakte vermag uns Bundesbürger in schiere Hysterie zu versetzen. In Nordirland oder im Libanon gehört der Terror zur alltäglichen Wirklichkeit, zur »Normalität«. Entsprechend »normal« reagieren darauf dort die Menschen. Ein anderes Beispiel: Als 1981 in Polen das Kriegsrecht eingeführt wurde, konnte die Bevölkerung in einer speziellen Rundfunksendung Einzelheiten zu diesem Erlaß erfragen. Die erste Frage an Radio Warschau lautete: »Kann unter dem Kriegsrecht geheiratet werden?« Die Fähigkeit, das Unangenehme zu verdrängen und sich an fast jeden Zustand zu gewöhnen, hat die Menschen blind gemacht.

Ich erinnere mich an eine nächtliche Autofahrt durch eine der weiten, locker besiedelten Ebenen Frankreichs. Durch diese Ebenen führen die Landstraßen Kilometer um Kilometer geradeaus – nicht einmal die Andeutung einer Kurve ist vorhanden. Auf einer solchen Straße fuhren wir. Die Nacht war klar und trocken. Es herrschte so gut wie kein Verkehr. Vor uns, in der Ferne, sahen wir die Lichter von Autos stehen. Obwohl wir schnell fuhren, dauerte es nahezu eine Viertelstunde, bis wir die Autos erreichten. Erst daran merkten wir, daß wir die Lichter fast zwanzig Kilometer weit gesehen haben mußten. Es war ein Unfall passiert. Ein Personenwagen war auf einen korrekt beleuchteten Lastzug geprallt, der vor ihm in der gleichen Richtung vorschriftsgemäß auf der rechten Straßenseite gefahren war. Wie wir sehen konnten, war der Aufprall für die beteiligten Personen glimpflich verlaufen. Um so unerklärlicher, um so absurder erschien uns dieser Unfall. Genau wie wir, mußte der Fahrer des Personenwagens die Lichter des Lastwagens schon meilenweit und minutenlang vor sich gesehen haben.

Später habe ich darüber einmal mit einem Psychologen gesprochen, der sich mit Ursachenforschung auf dem Gebiet von Verkehrsunfällen beschäftigt. Meine Schilderung überraschte ihn nicht. Natürlich habe der Fahrer des Personenwagens, so seine Interpretation, die Lichter des vor ihm fahrenden Lastzuges gesehen. Im Gegenteil, er habe sie unter den monotonen Umständen seiner nächtlichen Geradeausfahrt zu lange gesehen, ohne sie zu erreichen, so daß er sie nach einer Weile nicht mehr wahrnahm. Deshalb sei er unfähig gewesen, ihnen auszuweichen, und auf den Lastwagen aufgefahren.

Die Warnlichter blinken auf

Ich habe mich oft gefragt, ob ein ähnlicher Wahrnehmungsfehler nicht auch kollektiv eintreten könnte. Wir sind uns der Risiken der modernen Produktion bewußt, wir hören die Warnungen der Wissenschaftler, wir lesen über die Gefahren in Büchern und Zeitungen, wir sehen die Bilder von Zerstörungen im Fernsehen: Überall blinken die Warnlichter auf. Und trotz dieser ständig blinkenden Warnlichter scheinen wir wie jener Autofahrer unfähig, das Steuer herumzureißen. Der Unfall wird nicht zu vermeiden sein, wenn wir weiter so handeln, als nähmen wir die Warnzeichen nicht wahr. Sehenden Auges reagieren wir blind wie Lemminge. Das ist doch zum Verzweifeln absurd.

Mag auch kollektives Verdrängen eine Schutzreaktion sein, die uns das Leben erleichtert, es hilft uns nicht weiter. Im Gegenteil. Wir verdrängen mit Vorliebe das, was uns bedrückt und wofür wir uns nicht verantwortlich fühlen wollen. In dem allgemeinen Verdrängen offenbart

sich ein allgemeiner Mangel an Verantwortungsbewußtsein. Dieses gesellschaftliche Defizit ist den Kabaretti-
sten Gerhard Polt und Hanns Christian Müller nicht ent-
gangen. Ihre Satire »Die Verantwortungsnehmer« hat in
der Tat eine Marktlücke entdeckt.

»Es ist doch heutzutage so: Schaun Sie, Staat, Länder,
Kommunen, Verwaltung, große und kleine Konzerne,
Privatwirtschaft, überall geht's in Graben, und kein
Mensch will die Verantwortung übernehmen. Vierzehn-
tausendachthundert Konkurse allein letztes Jahr; was
von der öffentlichen Hand geleistet wird, läuft praktisch
aufs selbe raus. – Es wird halt besser verschleiert. Eine
gigantische Mißwirtschaft zu Lasten des Steuerzahlers,
einer muß ja zahlen.

Aber keiner ist bereit, auch einmal zu sagen, gut, die
Sache ist schiefgegangen, ich war's, ich bin verantwortlich. Und das ist die Marktlücke, in die wir hier praktisch
hineingestoßen sind. Wir die Schilda-Respons GmbH &
Co KG, wir übernehmen jedwede Verantwortung ideel-
ler Art, allerdings natürlich ohne finanzielle Konsequenzen, mir sin ja koa Versicherung. Des macht, wia gsagt, ja
der Steuerzahler. . . .

Heute geht die Tendenz dahin, daß man den Verursacher trennt vom Verantwortungsnehmer. Verursacher
san praktisch diese maroden Administrationen, und Verantwortungsnehmer sind dann in diesem Fall wir. Weil,
an Schuldigen braucht ma ja, schon allein für die Presse.
Und so ham mir halt dann zum Beispiel die Verantwortung für diesen schnellen Brüter übernommen, also der
Herr Sittich und ich, gell, gegen ein dem Schaden ange-
messenes Entgelt natürlich, weil auf a Million kimmts bei
sieben Milliarden Schwund a nimmer drauf zsamm. Zumal die Akzeptanz von staatlicher Mißwirtschaft in der

13

Bevölkerung zunehmend wächst. Gut, der Politiker, er könnte die Verantwortung für seine Schweinereien auch nach oben oder nach unten abschieben, aber der Spielraum ist begrenzt. Schiebt er nach oben, kriegt er eins aufn Deckel, schiebt er nach unten, wird er nicht mehr gewählt. Jetzt steht er allein da mit seiner Schweinerei und dem Damoklesschwert der Verantwortung, wohin damit? Ganz einfach, hier zur Schilda-Respons GmbH & Co KG, mir machn des. Ja, unser Herr Sittich zum Beispiel, er is praktisch eine Art professioneller Watschenmann, stimmt's, Herr Sittich?«

Wäre es nicht die Krönung unserer Dienstleistungsgesellschaft, auch die Verantwortung als Dienstleistung anzubieten? Spaß beiseite – es ist doch heutzutage wirklich fast so, wie es hier satirisch genial zugespitzt wird. Die Tendenz geht dahin, den Verursacher vom Verantwortungsnehmer zu trennen. Eine solche Trennung findet – wie es Gerhard Polt und Hanns Christian Müller in satirischer oder Niklas Luhmann und Martin Jänicke in wissenschaftlicher Absicht festgestellt haben – zwischen Politik und Wirtschaft, zwischen Politik und Verwaltung und, dem Ziel einer mündigen Gesellschaft zuwiderlaufend, auch zwischen Politik und Wählerschaft statt.

Niemand wird bestreiten, daß in einem System der freien Marktwirtschaft wesentliche ökonomische Entscheidungen von Unternehmern oder Managern getroffen werden. Dennoch wird dem Staat die Verantwortung für wirtschaftliche Fehlentwicklungen zugeschoben – von der Inflation über die Konjunktur bis zur Arbeitslosigkeit. Für eine Wirtschaftsflaute muß die Politik als Sündenbock herhalten, für einen wirtschaftlichen Aufschwung heimst sie den Lorbeer ein. Und die politischen Parteien spielen dieses Spiel in aller Ernsthaftigkeit mit.

In dem Maße, in dem die Politik auch in den marktwirt-
schaftlichen Systemen, in die sie kaum jemals entschei-
dend eingreift, die Verantwortung für die wirtschaftliche
Gesamtlage übernimmt, legitimiert sie diese auf den
Prinzipien des Eigennutzes und des Gewinns beruhenden
Systeme als gemeinnützig.

Überforderte Machthaber

Weniger evident, aber nicht viel anders verhält es sich im
öffentlichen Sektor. Die politische Theorie spricht den
gewählten Politikern eine Leitungsfunktion zu, den Be-
amten und Angestellten des Staates eine Ausführungs-
funktion. Die Verwaltung ihrerseits ist demokratisch legitimiert, weil sie den Willen von demokratisch legitimierten Politikern ausführt. So ist es nur logisch, daß die
Politiker für die Tätigkeit des Staatsapparates in die Verantwortung genommen werden. Doch erweist sich auch
hier die Praxis nicht auf der Höhe des theoretischen An-
spruchs. Den verantwortlichen Politikern widerfährt tag-
täglich, was Niklas Luhmann »die Überforderung des
Machthabers in Organisationen« nennt. Die Verwaltun-
gen sind heute derart komplex geworden, daß es die
Kontrollmöglichkeiten eines einzelnen Machthabers
übersteigt, sie zu beherrschen, und daß seine Kapazität,
Informationen zu verarbeiten, nicht ausreicht.

Spätestens seit Max Webers Analyse der bürokratischen Herrschaftsformen wissen wir, wie stark politische
Entscheidungen durch den staatlichen Verwaltungsappa-
rat mitgeprägt werden. Vorbereitung und Durchführung
der meisten politischen Entscheidungen sind nur so gut
wie die Arbeit des entsprechenden Verwaltungsappara-

tes. Faktisch verselbständigt sich der Staatsapparat weitgehend gegenüber der auf das beamtete Fachwissen angewiesenen, gewählten politischen Exekutive. Der Politik verbleibt dabei nur die Rolle des Legitimationsbeschaffers.

Durch die weitgehende Trennung von Entscheidungs- und Verantwortungsebene in wichtigen Fragen des Staates und der Gesellschaft wird der Politiker – freiwillig oder unfreiwillig – zu einer Art ideellen »Gesamt-Herr-Sittich«: ein universeller »Verantwortungsnehmer«, gar häufig auch »professioneller Watschenmann« wider Willen. Solange die wirtschaftlichen Daten oder die Tätigkeiten der Verwaltung, die der Politiker zwar nicht bestimmen kann, die er aber aufgrund seiner fiktiven Allverantwortlichkeit zu verantworten hat, positiv ausfallen, wird es seiner Eitelkeit frönen, die Verantwortung zu übernehmen, umgibt sie ihn doch nutzbringend mit der Aura der Kompetenz.

Ganz anders natürlich die Reaktion des Politikers, wenn das, was seine Allverantwortlichkeit ihn zu verantworten verpflichtet, negativ ist. Da sträuben sich plötzlich Eitelkeit und Eigennutz gegen die Rolle des Verantwortungsnehmers. Schließlich ist er ja unschuldig am beklagenswerten Lauf der Dinge, hat er doch die falschen Entscheidungen nicht selber getroffen. Wer bitte spielt schon gerne den öffentlichen Watschenmann? Einen Herrn Sittich aber, den gibt es leider nur im Kabarett. Also hält sich das verehrte Publikum an die gewohnten Verantwortungsnehmer – an die Politiker.

Der Begriff der »Regierungsverantwortung« beinhaltet eine doppelte Verantwortung: die für den jeweiligen Zustand der Gesellschaft und die für die Tätigkeit des Staatsapparats. Hieraus erwächst der Politik im Staat, in der Wirtschaft und Gesellschaft eine Sündenbockfunktion. Martin Jänicke schreibt in seinem Buch »Staatsversagen«: »Die Sündenbockrolle der Politik in westlichen Industriegesellschaften ergibt sich also erstens daraus, daß der Staat in der Wirtschaft wenig entscheidet, aber mit immer mehr befaßt ist und am Ende alles zu verantworten hat. Sie entsteht zweitens im Staat dadurch, daß die zur Fiktion gewordene Kontroll- und Entscheidungskompetenz der Politik weiterhin das Argument einer Allverantwortung der Politiker für bürokratisches Versagen liefert. Und sie entsteht drittens dadurch, daß das Versagen unregierbar gewordener Bürokratien und Industrien zugenommen hat und eine erhöhte Nachfrage nach Verantwortlichen schafft. Die Politik wird mit beachtlichem Prestige dafür bezahlt, daß sie diese Rolle zu übernehmen bereit ist.«

Politiker unter Erwartungsdruck

Die überall vorhandene Tendenz, das eigene Versagen auf Sündenböcke abzuwälzen, wird dadurch nicht weniger bedenklich, daß sich neben der politischen Wissenschaft auch die Satire ihrer angenommen hat. Im Gegenteil – oft genug war es gerade die Satire, die die gesellschaftlichen Mißstände am scharfsinnigsten und am treffendsten aufgedeckt hat. Wo Sündenböcke gebraucht werden, muß etwas falsch sein am gesellschaftlichen Verantwortungsbewußtsein, einem wesentlichen Bestandteil der politischen Kultur. Zu viele, so hat es den Anschein, verstehen die repräsentative Staatsverfassung als ein System der repräsentierten Verantwortlichkeit: Sie werfen mit ihrer Stimme auch ihre gesellschaftliche

17

Verantwortlichkeit in die Wahlurnen. Dieses groteske Mißverständnis setzt den Politiker, ob er will oder nicht, einem enormen Erwartungsdruck aus. Seine Lage ist der eines professionellen Fußballspielers nicht unähnlich. Die Zahl der Wählerstimmen, die der Politiker auf sich vereinen kann, entspricht hinsichtlich der daran geknüpften Erwartungen der Höhe der Transfersumme, die der neue Verein für einen Spieler bezahlen mußte. In der Politik sind Professionalität und Führungskraft gefragt. Wie der neu verpflichtete Spieler seinem Vereinspublikum, so schuldet auch der gewählte Politiker seinen Wählern Leistung und Erfolg. Versagt er, wird er ausgepfiffen und auf die Oppositionsbank geschickt. Würde sich eine Fußballmannschaft vor dem Match eingestehen, keine Mittel gegen das gegnerische Spiel zu haben, sie gäbe sich von vornherein auf. Und welcher Politiker könnte zugeben, daß er für die anstehenden Probleme keine Lösungen anzubieten hat, ohne seine Macht und mithin die Möglichkeit, das Zeitgeschehen verantwortlich mitzugestalten, aufs Spiel zu setzen? Selbst wenn er keine anbieten kann, steht er doch ständig unter dem Druck, welche anbieten zu müssen.

Schlägt der Fußballprofi im Spiel einen falschen Paß, belehrt ihn unmittelbar das Murren der zigtausend »Sachverständigen« auf den Rängen des Stadions. Sie alle wollen es besser wissen, wohin der Ball hätte gepaßt werden müssen, obwohl keiner von ihnen so gut Fußball spielt wie der gescholtene Akteur auf dem Rasen. Dem Politiker ergeht es ähnlich. Stellt sich nämlich heraus, daß seine Vorstellungen nicht die richtigen sind, dann muß auch er sich eines Besseren belehren lassen – doch leider allzu häufig nur von Leuten, deren Vorschläge um keinen Deut richtiger sind. Ulrich Beck schreibt dazu: »Politiker müssen sich sagen lassen, wohin der Weg ohne Plan und Bewußtsein geht, und zwar von denjenigen, die es auch nicht wissen..., und sie müssen diese Fahrt ins unbekannte Gegenland dann mit der eingeübten Geste des verblassenden Fortschrittsvertrauens als ihre Eigenerfindung unter den Wählern zum Glänzen bringen.« Wie jeder andere kennt auch der Politiker das Gefühl der Ohnmacht. Wesentliche Entscheidungen im Prozeß der gesellschaftlichen Entwicklung fallen außerhalb des politischen Bereichs. Und wenn sie im politischen Bereich getroffen werden, dann sind es oft die Entscheidungen anderer Nationalstaaten, die die wirtschaftliche Entwicklung im eigenen Lande wesentlich beeinflussen. In dem Maße, wie mit der zunehmenden Komplexität der Gesellschaft die Möglichkeiten der gewollten, gezielten Veränderung schrumpfen, werden auch die klassischen Handlungsspielräume der Politik zusehends enger. Da aber dem gewählten Politiker die Verantwortung übertragen wurde, erwartet man von ihm die Lösung von gesellschaftlichen Problemen, die eigentlich nur dann gefunden werden kann, wenn alle Mitglieder der Gesellschaft miteinander verantwortungsvoll handeln. Wie aber soll jemand noch verantwortlich handeln können, wenn er seine Verantwortung delegiert hat? In einem diskursiven Lernprozeß müßte der einzelne die Fähigkeit erwerben, die abgegebene Verantwortung wieder zu übernehmen.

Ständige Rechtfertigungsrituale

Da aber die Politik ihr Prestige gerade aus der Funktion des universellen Verantwortungsträgers gewinnt, tritt die Versuchung an die Politiker heran, sich möglichst viel Verantwortlichkeit übertragen zu lassen. Doch damit wiederum programmieren sie das eigene Scheitern bei der Bewältigung von solchen Problemen, die nur unter der Voraussetzung eines verantwortungsbewußten Handelns aller lösbar sind. Der Politiker wird zum Opfer der von ihm selber geweckten Erwartungen, gerät unter Rechtfertigungsdruck und flüchtet, mangels wirklicher Erfolge, in ein Ritual der ständigen Selbstbeweihräucherung. Weder Opposition noch Regierende können es sich leisten, dieses Ritual einzustellen, ohne Wählerstimmen einzubüßen. Selbst wenn sich sogar ein großer Teil der Wählerschaft mit den meisten Politikern der Lächerlichkeit eines solchen Rechtfertigungsrituals bewußt ist, so ist doch der andere Teil immerhin noch groß genug, um zu verhindern, daß die Politiker darauf verzichten. Nur in dem Maße, wie sich eine andere, eine bessere politische Kultur durchsetzt, wird sich das politische Verhalten ändern. Ohne unsere Bereitschaft, unser Verhalten zu verändern, wird sich aber eine andere politische Kultur nicht durchsetzen. Gerade dieser dialektische Zusammenhang, durch den die Voraussetzungen einer Veränderung in den Teufelskreis gegenseitigen Bedingens geraten, erschwert eine Verbesserung der politischen Kultur so ungemein. Und dennoch brauchen wir nichts dringlicher. Eingedenk der traurigen Auswüchse, die wir in den letzten Jahren erlebt haben, täte auch unserer politischen Kultur eine Art »Perestroika« gut.

Bezeichnend für den Mangel an gesellschaftlichem

Verantwortungsbewußtsein ist die vorherrschende doppelte ökologische Moral. Zwar beklagen wir alle die übermäßige Belastung der Umwelt, doch kaum einer tut wirklich alles, was er tun könnte, um die Umwelt zu entlasten. Viele sind es ja nicht, die auf den Komfort des eigenen Autos verzichten wollen. Keiner kommt ohne chemische Stoffe aus. Selbstverständlich müssen wir gegen die Vergiftung unserer Umwelt protestieren, wenn erforderlich, auch demonstrieren. Nur dürfen wir dabei nicht vergessen, daß wir uns selber keineswegs exkulpieren können, indem wir andere demonstrativ anprangern. Es ist nicht möglich, die Gesellschaft in Täter und Opfer zu trennen. Zu den Müllbergen der Wohlstandsgesellschaft trägt jeder bei. Die Bewältigung der damit verbundenen Probleme ist nur durch gemeinsames gesellschaftliches Handeln auf der Grundlage einer verallgemeinerten Verantwortlichkeit vorstellbar.

Wollten wir zum Beispiel die Altlasten im Kerngebiet unserer industriellen Ballungsräume wirklich abtragen, müßten wir ganze Industrieanlagen und Straßenzüge abreißen und die darunter liegenden Bodenschichten vollständig ersetzen. Das Verfahren, kontaminiertes Material wie etwa verstrahlte Molke in Eisenbahnwaggons durch die Bundesrepublik zu fahren, zeugt von der Ratlosigkeit der Müllartisten unter der Zirkuskuppel.

Umdenken ist ein Gebot der Stunde. Wer ernsthaft die von der modernen Produktion, die vom technologischen Wandel aufgeworfenen Probleme angehen will – Probleme der Umweltverschmutzung zum Beispiel oder Probleme der Energieversorgung –, der muß mehr Demokratie wagen, das heißt, jeder muß mehr Verantwortung übernehmen.

Die Verantwortung zu demokratisieren heißt nicht,

den Handlungsspielraum der Politik einzuengen, sondern ist heute die einzige Möglichkeit, ihn zu erweitern. Letztlich ist es jene faktische Allverantwortlichkeit der Politik, die den Politiker handlungsunfähig macht, die ihn aus der gestaltenden in eine bloße legitimatorische Rolle drängt. Die Politik begibt sich ihrer Entscheidungs- und Geltungsmacht, wenn sie sich damit begnügt, das Handeln der staatlichen Bürokratie zu legitimieren oder die Rolle des Sündenbocks für die volkswirtschaftliche Entwicklung zu spielen.

Die Verantwortung zu demokratisieren heißt in Politik, Wirtschaft und Gesellschaft, die Trennung von Entscheidungs- und Verantwortungsebene aufzuheben und, soweit wie möglich, die gesellschaftliche Verantwortlichkeit unmittelbar an die gesellschaftliche Entscheidungsmacht zu binden. Die Betonung liegt hier auf dem Eigenschaftswort »gesellschaftlich«. Natürlich sind auch Manager ihren Unternehmen und Aktionären verantwortlich. Doch obwohl ihre Verantwortlichkeit weitgehend auf privatwirtschaftliche Interessen beschränkt bleibt, treffen sie mitunter Entscheidungen, die für die gesamte Gesellschaft von Interesse sind. Die in der Verfassung der Bundesrepublik festgeschriebene Sozialverpflichtung des Eigentums kommt in der wirtschaftlichen Praxis zu kurz.

Der Handlungsspielraum der Politik wird zusätzlich eingeengt durch das, was man »Sachzwänge« nennt. Als Sachzwänge erscheinen auch Situationen, in denen Entscheidungen zu verantworten sind, die von anderen getroffen wurden. Eine verantwortungsbewußte Politik wird solche Sachzwänge vermeiden. Sie wird so rechtzeitig in den Entscheidungsprozeß eingreifen, daß ihre Entscheidungsfreiheit durch möglichst wenig vollendete Tatsachen eingeschränkt ist. Im Falle der großtechnologischen Nutzung der Kernenergie zum Beispiel haben sich die immensen finanziellen Investitionen zu einem »Sachzwang« ausgewachsen, der nun viele Ökonomen und Politiker wider besseres Wissen davon abhält, ihre gesellschaftliche Verantwortlichkeit wahrzunehmen. Verantwortliches Handeln ist immer vorsorglich – ein wohlüberlegtes Handeln, dem die vernunftgemäße Abwägung seiner gesellschaftlichen Folgen vorausgegangen ist.

Die überlieferte Ethik trägt nicht mehr

Es ist ja nicht zuletzt auch das Korsett von »Sachzwängen«, in das der einzelne mit der gesellschaftlichen Organisation der Technik gepreßt wird, das bei vielen ein Gefühl des Ausgeliefertseins an die »Megamaschine« hervorruft. Das ist das gefährlichste an der Megatechnik: jene Gefühle des Ohnmächtigseins, die sie in uns weckt und die uns lähmen, die uns hindern, unseren Teil Verantwortung an ihrer Bändigung zu übernehmen. Sosehr das ideologische »Laisser-faire« des Liberalismus diese gefährlichen Gefühle nährt, so sehr stemmt die Linke sich dagegen unter der aufklärerischen Devise, daß der Mensch selber seine Geschichte bewußt und vernünftig, das heißt frei und verantwortlich machen soll.

Die Politik hat gegen die Ohnmachtsgefühle der Menschen genauso anzukämpfen wie gegen den auch ihr eigenen Hang, die Probleme zu verdrängen. Deshalb sollte sie, wo immer möglich, den »Sachzwängen« vorgreifen, damit sich Ohnmachtsgefühle und Verdrängungsbedürfnisse nicht in einem Teufelskreis der gesellschaftlichen Verantwortungslosigkeit gegenseitig hochschaukeln.

Wenn die Politik das Prinzip der Vorsorge als Maxime ihres Handelns nimmt, kann sie verlorenen Handlungsspielraum gegen die Sachzwänge zurückgewinnen. Wir können es uns nicht mehr leisten abzuwarten, was die von uns gemachten Dinge mit uns machen, um dann, im ungünstigen Falle, ein Pflaster auf unsere Wunden zu kleben. Über kurz oder lang werden die Wunden nicht mehr zu heilen sein. Es bleibt uns gar nichts anderes übrig, als die Werte und Maßstäbe, nach denen wir leben wollen, vorab verbindlich festzulegen und zu versuchen, die künftige Entwicklung nach diesen Werten und Maßstäben politisch, das heißt gesellschaftlich und demokratisch zu gestalten. Mit anderen Worten: Eine Politik, die auf den vernunftgemäß technologischen Wandel einwirken soll, muß sich an allgemeingültigen, ethischen Normen orientieren können, muß ihre Kriterien nicht aus der Technik selber, sondern aus einer der Technik übergeordneten Ethik herleiten. Eine solche normative Technologiepolitik bedarf eines gesellschaftlichen Wertesystems, das nicht beliebig ist.

Derzeit verfügt die Gesellschaft weder über ein solches Wertesystem noch über die Institutionen, die sie braucht, um künftig die eigene Technisierung bewältigen zu können. Von der revolutionären Qualität der neuen Technologien haben die bisherigen ethischen Entwürfe keinen Bestand mehr. Hans Jonas schreibt in »Das Prinzip Verantwortung«:»Was der Mensch heute tun kann und dann, in der unwiderstehlichen Ausübung dieses Könnens, weiterhin zu tun gezwungen ist, das hat nicht seinesgleichen in vergangener Erfahrung. Auf sie war alle bisherige Weisheit über rechtes Verhalten zugeschnitten. Keine überlieferte Ethik belehrt uns daher über die Normen von ›Gut‹ und ›Böse‹, denen die ganz neuen Modali-

24

täten der Macht und ihrer möglichen Schöpfungen zu unterstellen sind.« An anderer Stelle fügt er hinzu, daß es die öffentliche Politik mit Fragen von solcher Umfangbreite und solchen Längen projektierender Vorwegnahme vorher nie zu tun hatte und daß in der Tat das veränderte Wesen menschlichen Handelns das Grundwesen der Politik verändere.

Nun können wir es nicht dabei belassen, Hans Jonas den Friedenspreis des Deutschen Buchhandels zu geben oder ihn in ganzseitigen Interviews in deutschen Tageszeitungen zu Wort kommen zu lassen. Dafür sind seine Gedanken eine viel zu große Herausforderung an uns. Wenn die überlieferte Ethik nicht mehr trägt und die öffentliche Politik oder, besser, wir alle es mit Fragen projektierender Vorwegnahme zu tun haben, mit denen wir noch nie konfrontiert wurden, dann können wir von einem Identitätsverlust unserer Gesellschaft sprechen. Die Nachgeborenen finden sich in der konstitutiven Überlieferung nicht mehr zurecht. Die eingangs erwähnte Zukunftsangst unserer Kinder ist dafür ein eindeutiger Beleg.

Es wird eine Veränderung der normativen Strukturen verlangt, des Wertesystems also, das in unserer Gesellschaft Handlungen erlaubt oder verbietet. Global denken, lokal handeln – das ist der kategorische Imperativ der Ökologiebewegung. Daß lokales Handeln globale Auswirkungen hat, wissen wir spätestens seit Tschernobyl. Aber wir müssen lernen, daß auch das Fahren eines Pkws, das Verbrennen von Kohle oder der Gebrauch einer Spraydose in diesem Sinne nicht mehr lokales Handeln sind.

Die Soziologie lehrt uns, daß das Organisationsprinzip einer Gesellschaft ihre Kapazität begrenzt, zu lernen, ohne ihre Identität zu verlieren. Das Organisationsprinzip unserer Gesellschaft setzt der Entfaltung der Produktivkraft keine Grenzen, aber es läßt universalistische Wertsysteme zu und damit die Veränderung der normativen Strukturen. Die Grundwerte Freiheit, Gerechtigkeit und Solidarität sind universalistisch und können somit Maßstäbe lokalen Handelns sein.

Um die geforderte Veränderung der normativen Strukturen zu erreichen, müssen die beiden kontroversen Politikmodelle, das des Neokonservatismus und das der demokratischen Linken, daraufhin untersucht werden, inwieweit sie geeignet sind, eine politische Ethik zu begründen, die dem veränderten Wesen menschlichen Handelns Rechnung trägt.

Feindbilder und Ausgrenzung

Der Skandal im Jahr 1987 in Schleswig-Holstein entsprang einem Politikmodell, das in dem anderen nicht nur den politischen Gegner, sondern den Feind sieht – ein Politikmodell, in dem der Zweck, die Macht zu erhalten, jedes Mittel heiligt. Die europäische Kultur beruft sich auch auf die christliche Überlieferung. Die radikalste Forderung der christlichen Lehre ist die Feindesliebe. Die Liebe zum Mitmenschen läßt uns die Feindbilder überwinden. Die politische Sprache meidet kein Wort so sehr wie das Wort »Liebe«. Wenn Sprache verräterisch ist, dann zeigt sich hieran der Mangel an Liebesfähigkeit in unserer Zeit. Die Kieler Affäre rückte in ein neues Licht, welche Bedeutung dem Grundwert der Solidarität beizumessen ist. Es gehört zu den unabdingbaren Grundsätzen jeder politischen Kultur, den Mitmenschen auch dann zu respektieren, wenn seine politischen Auffassungen mit den eigenen nicht übereinstimmen.

Die Kieler Affäre ist auch nicht ein Produkt des Zufalls, vielmehr ist sie Teil der gesamtgesellschaftlichen Entwicklung. Nur zu gut paßt sie zu jener Renaissance konservativen Politikerverständnisses, die Mitte der siebziger Jahre einsetzte und die in ihren Exzessen durchaus auf die politischen Kategorien eines Carl Schmitt zurückgreift. In seiner Abhandlung über den »Begriff des Politischen« aus dem Jahre 1932 schreibt er: »Die spezifisch politische Unterscheidung, auf welche sich die politischen Handlungen und Motive zurückführen ließen, ist die Unterscheidung von Freund und Feind.« Und weiter: »Jeder religiöse, moralische, ökonomische, ethnische oder andere Gegensatz verwandelt sich in einen politischen Gegensatz, wenn er stark genug ist, die Menschen nach Freund und Feind effektiv zu gruppieren.«

Eine Politik, die dazu neigt, sich an Feindbildern zu orientieren, ist im sozialen wie im militärischen Sinn eine Politik der Ausgrenzung und der Abschreckung. Sie ist nicht fähig zum solidarischen Verteilen, zum Verteilen auch der Verantwortung. Mitleidslos grenzt sie sogar Kranke aus, behandelt sie wie Feinde – man denke nur an die Aids-Bekämpfung in Bayern. Es sieht so aus, als sei Aids den Konservativen eine willkommene, bequeme Katastrophe, um von den anderen existentiellen Bedrohungen unserer Zeit wie Atomkraft, Hochrüstung und Arbeitslosigkeit abzulenken. Statt auf den mündigen Menschen zu bauen, sucht man Zuflucht in staatlichen Eingriffen und ordnungspolitischen Maßnahmen. Damit aber wird dieser Krankheit nicht beizukommen sein, liegt ihre Ursache doch im individuellen Verhalten. Nur Maßnahmen, die es zu ändern vermögen, werden wirksam sein.

Eine Politik, die die Menschen nach »Freund und Feind gruppiert«, steht gegen das Politikmodell der demokratischen Linken, die immer auf Solidarität, auf das Miteinander setzt. Da die Linke anfänglich den Fehler beging, den Sturm des Neokonservatismus auf ihre traditionellen Bastionen zu leicht zu nehmen, büßte sie die kulturelle Hegemonie ein. Mit wenigen Ausnahmen – Spanien etwa, vorübergehend auch Frankreich – verlor die Linke weltweit an Bedeutung und wurde dort, wo sie regierte, von konservativen Mehrheiten abgelöst. Den Höhepunkt dieser Renaissance des Konservatismus bildete die Wahl Ronald Reagans zum amerikanischen Präsidenten. So wie der Dollar eine internationale Leitwährung ist, so ist die politisch-kulturelle Entwicklung in den USA für viele Staaten auf der ganzen Welt beispielhaft. Es lag in der Logik dieser Zeit, daß auf Ronald Reagan in den Vereinigten Staaten Helmut Kohl in der Bundesrepublik folgte.

Die neokonservative Politik ist gescheitert

Diese Flucht in den Neokonservatismus hatte tiefe Ursachen. Der Fortschrittsmythos des Industriezeitalters zerschellte an den Realitäten. Der Glaube, daß ein ständiger Zuwachs des Bruttosozialprodukts die Probleme dieser Welt lösen würde, ließ sich nicht länger aufrechterhalten. Mehr und mehr wurde den Menschen bewußt, daß sie auf die falschen Pferde gesetzt hatten. Auch die politische Linke wurde von diesem Bewußtsein erfaßt. In dem Maße aber, wie sie ihre Theorie revidierte, war sie gezwungen, eine neue Politik zu entwickeln. Es ist ein bekanntes Phänomen, daß sich die Menschen in Phasen der

Orientierungslosigkeit konservativen Politikmodellen zuwenden. So verlor auch die Linke gegen Ende der siebziger Jahre im Zuge der Revision ihrer Positionen die politische Macht an einen wiedererstarkten Neokonservatismus, dessen Markenzeichen jene Unterscheidung in »Freund« und »Feind« ist, man denke nur an Ronald Reagans »Reich des Bösen« und Heiner Geißlers »Lagertheorie«.

Doch mittlerweile, nachdem das Scheitern der neokonservativen Politik offensichtlich geworden ist, hat sich die Szenerie schon wieder gewandelt. Nirgendwo haben die Konservativen ihre Versprechungen eingelöst. Nirgendwo ist die Arbeitslosigkeit dadurch beseitigt worden, daß Verteilungspolitik von unten nach oben betrieben wird, anstatt wie in der sozialdemokratischen Ära von oben nach unten. (Werden wir je eine Gesellschaft erleben, die demokratisch und solidarisch genug ist, um nicht mehr obrigkeitsstaatlich von Verteilen zu reden, sondern schlicht mitmenschlich von Teilen?) Seit mehr als fünf Jahren versucht die Bundesregierung ihr Glück mit der sogenannten Angebotspolitik. Die Staatsquote ist kleiner geworden, die Produktionskosten sind gesunken. Die Preise sind stabil und die Realzinsen nach der Entscheidung der Deutschen Bundesbank, den Diskontsatz zu senken, erträglich niedrig. Die Gewerkschaften haben sich zurückgehalten, und die Einkommen aus Unternehmertätigkeit sind auf Kosten der Löhne kräftig gestiegen. Für das Jahr 1986 errechnete die Bundesbank ein neues Rekordgewinnjahr. Die Unternehmer haben Geld in der Kasse, in den Rücklagen und vor allem im Ausland. Aber die Investitionen hängen nach, und die Arbeitslosigkeit nimmt zu. Theoretiker wie Praktiker sind irritiert, daß der Investitionsmechanismus früherer Jahre nicht mehr greift. Die Gewinne von gestern sind, zumindest im nationalen Rahmen, nicht mehr die Investitionen von heute und die Arbeitsplätze von morgen. Nachdem sozialdemokratische Rezepte jahrelang in den Wind geschlagen wurden, sind sie nun wieder modern: Die Konjunkturprogramme werden enttabuisiert.

Am deutlichsten wird das Scheitern konservativer Politik in den USA. Mit welch großen Zielen war Ronald Reagan einmal angetreten! Die Staatsfinanzen wollte er sanieren, die Handels- und Leistungsbilanz in Ordnung bringen, den Dollar stabil und stark machen. Und was hat er erreicht? Die amerikanischen Staatsfinanzen sind mit unübersehbaren Hypotheken belastet, Handels- und Leistungsbilanz sind so unausgeglichen wie eh und je, und der Dollar ist von astronomischen Höhen auf den tiefsten Stand der Nachkriegszeit gefallen. Wenn man sieht, wie sehr diese Entwicklung auch die Wirtschaft in der Bundesrepublik tangiert, ist es gut, sich daran zu erinnern, in welchem Ausmaß die Wirtschaftspolitik Reagans von den Neokonservativen bei uns gepriesen und unterstützt wurde. Welche Ironie der Geschichte auch, daß Reagan, die Leitfigur des Neokonservatismus, der Mann der Politik der Stärke, der Aufrüstung und des Kampfes gegen das »Reich des Bösen«, als einzigen Erfolg seiner Amtszeit einen typisch sozialdemokratischen Abrüstungsvertrag mit der UdSSR vorweisen kann. Hoffen wir, daß der amerikanische Senat das Mittelstreckenabkommen anders behandelt als seinerzeit, nicht zuletzt auf Betreiben Reagans, den SALT-II-Vertrag Carters.

Leitidee der Solidarität

Auch in der Bundesrepublik sind die Konservativen verwirrt. Verhärtet und ratlos suchen sie nach neuen politischen Wegen. Der Richtungsstreit in den Unionsparteien ist Ausdruck dieser Entwicklung. Die Sozialdemokratie hingegen hat sich erholt. In vielen Bereichen hat sie inzwischen die Meinungsführerschaft zurückgewonnen, weil sie den notwendigen Prozeß der programmatischen Erneuerung früher begonnen hat, früher beginnen mußte. Vor allem hat sie erkannt, daß die Menschheit nur überleben kann, wenn sie zu gemeinsamem Handeln findet, zur Gemeinsamkeit auch mit der Natur. Es führt kein Konzept in eine freie Zukunft, das nicht die gesamte Schöpfung in die Leitidee der Solidarität mit einschließt. Die Alternative der Linken zum Neokonservatismus ist eine Politik, die auf gemeinsames Handeln zielt, eine Politik, in deren Zentrum die Solidarität steht.

Ein solches Zukunftsprojekt verlangt eine andere Außenpolitik, die sich vom Gegeneinander der Systeme und Blöcke löst und die Verantwortungsgemeinschaft aller Staaten fördert; eine Sicherheitspolitik, die nicht auf Aufrüstung und Abschreckung zielt, sondern auf Sicherheitspartnerschaft; eine Militärpolitik, die nicht Angriffsoptionen den Vorzug gibt, sondern der strukturellen Nichtangriffsfähigkeit. Die SPD hat in ihrer Außenpolitik in erster Linie ja ohnehin niemals auf militärische Optionen gesetzt, sondern auf den politischen Ausgleich, auf die Entspannung. Das Trennende zu überwinden, das Gegeneinandergerichtete zu beseitigen war von jeher auch Grundlage sozialdemokratischer Deutschlandpolitik. Diese Politik begann mit dem Berliner Passierschein-Abkommen, führte zum Abschluß des Grundlagenvertrages und setzt sich fort in den Vorschlägen zum atomwaffenfreien Korridor oder zur chemiewaffenfreien Zone.

Das gemeinsame Papier von SED und SPD mit dem Titel »Der Streit der Ideologien und die gemeinsame Sicherheit« liegt auf der Linie dieser Politik. Es hat mittlerweile weltweit eine größere Beachtung gefunden, als die Autoren geglaubt haben mochten. Nach den neuerlichen Verhaftungen in Ostberlin erlangt es auch eine neue Bedeutung für die deutsch-deutsche Politik. Im Dialog mit der DDR können wir uns jetzt auf den folgenden Satz berufen, in dem das Grundmuster des linken Politikmodells wiedergegeben ist:

»Es muß Normalfall werden, daß wir miteinander handeln, verhandeln und zusammenarbeiten, während wir gleichzeitig da offene und klare Kritik äußern können, wo nach unserem Verständnis ... die Menschenrechte und die Demokratie im anderen Bereich verletzt werden.«

Ebenso zeigt die innenpolitische Diskussion um die Steuerreform, daß in der Bundesrepublik der Begriff der sozialen Gerechtigkeit zu neuen Ehren kommt. Die Mehrheit der Bevölkerung lehnt diese Steuerreform ab, weil ihrer Finanzierung alles andere denn die Idee der Solidarität zugrunde liegt. Die Entlastung der Spitzeneinkommen paßt genausowenig in unsere sozialpolitische Landschaft wie die Streichung von sozialen Leistungen für die Arbeitnehmerschaft.

Noch hat die Idee des Sozialstaats nicht ausgedient, sie ist aktueller denn je. Um den Sozialstaat zu bewahren, brauchen wir die Reform der Rentenversicherung, brauchen wir die Reform des Gesundheitswesens. Um den Sozialstaat zu bewahren, müssen wir über die Idee einer sozialen Grundsicherung diskutieren und ihr eine konkrete politische Gestalt geben. Zur sozialen Grundsicherung gehört selbstverständlich auch die Bewahrung der Natur. Mit der geforderten Renaissance des Grundwerts der Solidarität, der immer etwas mit Gleichberechtigung und Gleichheit zu tun hat, ist auch die Frage nach der Gleichstellung der Frau in Beruf und Gesellschaft auf die Tagesordnung gesetzt. Allzu lange stand der Artikel des Grundgesetzes »Frauen und Männer sind gleichberechtigt« nur auf dem Papier.

Die Linke hat die Nase vorn

Immer mehr Menschen in unserem Land spüren, daß die Verheißungen des Neokonservatismus nicht geeignet sind, die Probleme der Zukunft zu bewältigen. Im Zeitalter von Tschernobyl, der Rheinverseuchung und der Massenarbeitslosigkeit kann die Antwort auf die drängenden Zukunftsfragen niemals »weiter so« heißen. Was Wunder also, daß die »Weiter-so-Parteien« Ende 1987 – so zeigen es sozialempirische Untersuchungen – in der Wahlbevölkerung der Bundesrepublik die Mehrheit verloren haben. Gewiß spielte dabei auch die Entwicklung in Schleswig-Holstein eine Rolle. Doch die eigentlichen Ursachen für diesen Meinungsumschwung liegen sehr viel tiefer. Es scheint, als sei das politische Pendel nach einer Phase des Rechtsausschlagens wieder in der entgegengesetzten Phase der Bewegung, weg vom Gegeneinander, hin zum Miteinander. Noch ist dies eine Phase des Suchens und der neuen Orientierung. Doch zweifelsohne hat dabei die Linke die Nase vorn.

Während ihrer Regierungszeit hat die Sozialdemokratie gespürt, was es bedeutet, auf Utopie zu verzichten.

Diesen Verzicht kann sich die politische Linke einfach nicht leisten, weil sie damit das Prinzip Hoffnung aufgäbe. Was aber kann im Zeitalter der atomaren Bedrohung, im Zeitalter der schleichenden Umweltzerstörung die politische Utopie der Linken sein? Die europäische Linke fußt im Marxismus, den man ohne die geistige Tradition des jüdischen Volkes nicht richtig begreifen kann. Unverkennbar trägt das Marxsche Proletariat die Züge des Volkes Israel, das von seinem Gott aus Ägypten in ein Land geführt wurde, wo Milch und Honig floß. Vielen sozialistischen Utopien haftet ein ähnlicher Erlösungscharakter an. Hans Küng weist zu Recht darauf hin, daß Erlösung wie Emanzipation Befreiung meinen: »Emanzipation meint Befreiung des Menschen durch den Menschen. Erlösung aber meint Befreiung des Menschen durch Gott. Emanzipation läßt sich gewiß nicht durch Erlösung ersetzen. Allzu lange haben Christen das Leid vorschnell mit Gott versöhnt, indem sie es einfach als seinen Willen ausgaben, die Befreiung ins Jenseits verlegt und die versklavten Menschen dorthin vertröstet haben. Aber gerade deshalb gilt auch umgekehrt: Erlösung läßt sich nicht durch Emanzipation ersetzen. Allzu lange meinten Menschen in der Neuzeit, das vielfältige Leid der Menschen und der Menschheit eigenmächtig abschaffen zu können, indem sie ihm mit Wissenschaft und Technik zu Leibe rückten. Seiner Leidensschuld und Todesgeschichte ist ja der Mensch durch seine Emanzipation keineswegs entronnen.«

Die Revolte beginnt täglich neu

Eine politische Utopie kann daher weder im Verkünden letzter Wahrheiten bestehen noch Erlösung verheißen. Die politische Utopie der Linken ist die Emanzipation des Menschen, die Realisierung seiner Freiheit. Sie ist Aufklärung, Selbstbestimmung, Solidarität, keinesfalls Erlösung. Albert Camus, der im Sozialismus verweltlichtes Christentum sah, hat es als das wesentliche Unternehmen der Revolte bezeichnet, das Reich der Gnade durch das Reich der Gerechtigkeit zu ersetzen. Er lehnte die politischen Utopien ab, die vom Menschen fordern, daß er über sich hinauswachse. In der Überforderung durch solche utopischen Entwürfe sah Camus die Ursache für die katastrophale Lage des Menschen.

In dem Drama »Die Gerechten« sagt Kaliajew: »Ich aber liebe die Menschen, die heute leben, auf der gleichen Erde wie ich... Für sie kämpfe ich, und für sie bin ich bereit, zu sterben. Und einem fernen Staat zuliebe, dessen ich nicht sicher bin, werde ich meinen Brüdern nicht ins Gesicht schlagen. Ich will nicht um einer toten Gerechtigkeit willen zu einer bestehenden Ungerechtigkeit beitragen.« Camus wußte, daß es kein endgültiges Gelingen gibt. Er wußte, daß das Erreichte morgen schon wieder zerronnen sein kann, daß die Revolte täglich neu beginnt, daß ein endgültiger Sieg nicht zu erringen ist. Deshalb riet er zu einer anderen, bescheideneren, weniger ruinösen Utopie. Er wußte auch, daß die marxistische und die kapitalistische Ideologie, beide auf dem Fortschrittsglauben beruhend, beide von der Überzeugung ausgehend, daß die Anwendung ihrer Grundsätze die Harmonie der Gesellschaft schicksalhaft herbeiführen müsse, Utopien sind, die uns teuer zu stehen kommen.

Camus sah, daß es keine Inseln der Unschuld und des Unbeteiligtseins mehr gibt und daß die Grenzen sinnlos sind, daß jeder in einer Welt der konstanten Beschleunigung, in der sich der Atlantik in weniger als einem Tag überqueren läßt, zur Mitschuld oder zur Solidarität gezwungen wird. Kein wirtschaftliches Problem, so nebensächlich es auch scheinen mag, läßt sich außerhalb der Solidarität zwischen den Nationen lösen. Die Tragödie ist kollektiv. Alle wissen wir also ohne den Schatten eines Zweifels – so Albert Camus –, daß die neue Ordnung, die wir suchen, keine ausschließlich nationale, nicht einmal eine kontinentale und vor allem nicht eine westliche oder eine östliche Ordnung sein kann. Es muß eine universale Ordnung sein. Der Weg, der zur universalen Ordnung führt, ist der Weg des gegenseitigen Übereinkommens aller Beteiligten – ist das Miteinander.

Auf diesem Weg kann uns nur eine Utopie der Freiheit leiten, die keine Heilslehre mit endgültigem Anspruch ist. Eine ihr verpflichtete Politik fordert ebensowenig das Opfer der lebenden Generationen für das mutmaßliche Glück der zukünftigen, wie sie für das vermeintliche Glück der Lebenden das Opfer der zukünftigen Generationen fordert. In diesem Zusammenhang sei an die Worte von Thomas Paine erinnert, daß die Eitelkeit und Anmaßung, noch jenseits des Grabes regieren zu wollen, die lächerlichste und unverschämteste aller Tyranneien sei, daß der Mensch kein Eigentum im Menschen besäße und daß ebensowenig eine Generation in zukünftigen Geschlechtern Eigentum besäße.

Die Utopie der Freiheit kann ihre humane Verheißung nur entfalten, wenn ihre Imperative nicht dogmatisch fixiert, sondern stets vernünftig und neu an die sich verändernden Bedingungen der Zeit angepaßt werden. Jede

Utopie, die zum Dogma wird, schlägt über kurz oder lang in Terror um – der Stalinismus ist hierfür nicht das einzige Beispiel in der Geschichte. In einem absoluten Verständnis ist Freiheit nicht zu verwirklichen. Sie ist, als humane Verpflichtung für unser Handeln und Wollen, das immer wieder Ferne, auf das wir zusteuern. Absolute Freiheit ist Utopie im Wortsinne, das heißt, sie ist für den Menschen unter den Bedingungen seiner natürlichen und sozialen Existenz ohne möglichen Ort. Wir müssen mit der Erfahrung der Grenze leben. Eine solche Grenze zieht der Tod, zieht die Natur, ziehen unsere Mitmenschen. Die Mißachtung dieser Grenzen bedeutete nicht mehr Freiheit, sondern geradezu die Zerstörung der Freiheit, die uns möglich und aufgegeben ist.

Einige sind gleicher

Doch gibt es auch Grenzen der Freiheit, die, weil sie ideologischer Natur sind, nicht sein müssen – Grenzen, die die Freiheit zum Privileg der einen machen, indem sie die anderen ausgrenzen. In dem Maße, wie der liberale bürgerliche Freiheitsbegriff in seiner geschichtlichen Entwicklung über den Begriff des Eigentums vermittelt worden ist, hat er bis heute seinen »ausgrenzenden« Charakter nicht abgelegt, ist er damit immer konstituierend für konservative Politik.

In der frühen bürgerlich-liberalen Gesellschaftstheorie galt das Recht auf persönliches Eigentum als wesentlicher Ausdruck der individuellen Freiheit. Dem bürgerlichen Staat wurde als Hauptaufgabe der Schutz des Eigentums vor den Übergriffen der Besitzlosen zugedacht. In der Theorie waren Besitzende und Besitzlose durchaus

37

gleichgestellt, hatten doch beide das gleiche formale Recht, Eigentum zu bilden. In der kapitalistischen Wirklichkeit aber sah dieses Recht natürlich anders aus: Die Masse der Besitzlosen hatte de facto nicht die geringste Chance, über das Eigentum an der eigenen Arbeitskraft hinaus zu einem nennenswerten persönlichen Eigentum zu gelangen.

Anatole France hat eine solche formale Rechtsgleichheit mit unübertroffener Ironie bloßgelegt: Armen wie Reichen ist es verboten, unter Brücken zu nächtigen. So gesehen fehlt dem liberalen Freiheitsbegriff ein Element, das für die Moderne wesentlich ist: die Bindung an die tatsächliche soziale Gleichheit. Wenn sich die Freiheit im Besitz – im Haben – ausdrückt, müssen die Besitzlosen – die Habenichtse – zur Bedrohung für die Freiheit werden. Das liberale Freiheitsrecht, mit seinem Eigentum alles tun oder lassen zu dürfen, was nicht das identische Freiheitsrecht des anderen beeinträchtigt, bedurfte des staatlichen Schutzes gegen die Besitzlosen, das heißt gegen die große Mehrheit der Menschen. Dieses Recht war auf das Individuum bezogen, nicht auf die Gesellschaft und schon gar nicht auf die Natur. Das individuelle Recht auf Eigentum schloß das Recht auf Ausbeutung der Natur mit ein.

Schon Rousseau hatte gegen die liberalistische Einengung des Freiheitsbegriffes protestiert, die den einzelnen als einen Teil der Natur und einen Teil der Gesellschaft gesetzt hatte. Für Rousseau war Freiheit nur als Übereinstimmung mit sich selbst als Natur und mit der Gesellschaft denkbar. Freiheit gab es nur in der Gesellschaft – nicht gegen sie. Darin ist ihm Marx gefolgt und mit Marx die europäische Linke. In seiner Kritik der französischen »Erklärung der Menschen- und Bürgerrechte« von 1791 hat Marx deutlich gemacht, wie sehr der liberale Freiheitsbegriff vom Eigentumsbegriff her bestimmt worden ist und wie sehr er die Menschen voneinander entfremdet, anstatt sie miteinander zu verbinden:

»Das Menschenrecht des Privateigentums ist also das Recht, willkürlich, ohne Beziehung auf andere Menschen, unabhängig von der Gesellschaft, sein Vermögen zu genießen und über dasselbe zu disponieren, das Recht des Eigennutzes. Jene individuelle Freiheit, wie diese Nutzanwendung derselben, bilden die Grundlage der bürgerlichen Gesellschaft. Sie läßt jeden Menschen in dem anderen Menschen nicht die Verwirklichung, sondern vielmehr die Schranke seiner Freiheit finden...

Keines der sogenannten Menschenrechte geht also über den egoistischen Menschen hinaus, über den Menschen, wie er Mitglied der bürgerlichen Gesellschaft, nämlich auf sich, auf sein Privatinteresse und seine Privatwillkür zurückgezogenes und vom Gemeinwesen abgesondertes Individuum ist. Weit entfernt, daß der Mensch in ihnen als Gattungswesen aufgefaßt wurde, erscheint vielmehr das Gattungsleben selbst, die Gesellschaft, als ein den Individuen äußerlicher Rahmen, als Beschränkung ihrer ursprünglichen Selbständigkeit.«

Die Utopie der Freiheit

Dem bürgerlichen Menschenbild des isolierten Individuums setzt Marx den Mensch als Gattungswesen entgegen. Damit ist erstens gemeint, daß der Mensch im anderen Menschen nicht primär den anderen, sondern den Mitmenschen sieht, in dem er einen Teil des eigenen Wesens erfassen und verwirklichen kann. Zweitens versteht Marx darunter das Wesen des Menschen als einen Teil der Natur, mit natürlichen Bedürfnissen und natürlichen Fähigkeiten, diese zu befriedigen. Die Natur liefert aber die Mittel zur Befriedigung der menschlichen Bedürfnisse nicht unmittelbar. Sie müssen durch die Arbeit erst umgewandelt, gleichsam menschlich gemacht werden. Im Prozeß der Geschichte wird so Natur zur menschlichen Natur. Wirkliche Freiheit heißt daher, die menschlichen Produktivkräfte so zu entwickeln, daß die Verwandlung der Natur in menschliche Natur gelingt. Wirkliche Freiheit heißt, die Gesellschaft so zu verändern, daß die Menschen einander nicht nur als Begrenzung, sondern auch als Versprechen, als Quelle von Glück erfahren.

In dem bürgerlich-liberalen Verständnis von Freiheit bedarf die individuelle Freiheit des einen der Sicherung gegen das andere Individuum und gegen die Gesellschaft. Dem stellt die Linke einen Freiheitsbegriff entgegen, der auf den Mitmenschen bezogen ist, der die individuelle Freiheit als Freiheit in der Gesellschaft meint. Ein Freiheitsverständnis, das sich gegen den Mitmenschen, gegen die Gesellschaft, gegen die Natur behaupten will, greift zu kurz. Freiheit kann es nur mit dem anderen, nur in der Gesellschaft, nur in Einklang mit der Natur geben. Der einzelne Mensch kann nur frei sein, wenn auch sein Mitmensch frei ist, wenn die Gesellschaft, in der er lebt, eine freie und solidarische Gesellschaft ist. In der Utopie der Freiheit sind Mensch, Gesellschaft und Natur vereint.

Ein solches Verständnis von Freiheit in der Gesellschaft hat die individuelle Freiheit, wie sie von der Aufklärung postuliert wurde, zur Voraussetzung. Freilich begnügt es sich nicht damit, sondern geht darüber hinaus, indem es die Solidarität und nicht das Eigentum als Kategorie der Freiheit bestimmt. In der Aufklärung wurde Freiheit als die Autonomie des vernunftfähigen Menschen definiert. Die Frage, »Was ist Aufklärung«, beantwortete Kant mit jenen vielzitierten Sätzen: »Aufklärung ist der Ausgang des Menschen aus seiner selbstverschuldeten Unmündigkeit. Unmündigkeit ist das Unvermögen, sich seines Verstandes ohne Leitung eines anderen zu bedienen ... Zu dieser Aufklärung aber wird nichts erfordert als Freiheit.«

Im Freiheitsverständnis der Aufklärung waren Freiheit der Erkenntnis, Freiheit der Selbstbestimmung und Freiheit der Selbstverwirklichung einbegriffen. Dies ist, in kurzen Worten, die humane Verheißung der Moderne. Freiheit der Selbstbestimmung und Freiheit der Selbstverwirklichung aber setzen voraus, daß der Mensch nicht Objekt, sondern Subjekt der Politik ist, mehr noch, daß der Mensch nicht Objekt, sondern Subjekt der Geschichte ist. So gesehen ist die moderne politische Linke ein Kind der Aufklärung, war doch deren These, daß der Mensch Herr seiner Geschichte sei, für das theoretische Selbstverständnis der Linken wesentlich.

Der Mensch macht seine Geschichte

Vor der Französischen Revolution war es nicht denkbar, daß die Menschen planend und gestaltend an die Geschichte herangehen konnten – es gab noch kaum einen Begriff von »Geschichte«. Es gab nur Geschichten: Geschichten von Menschen, Familien und Institutionen, von Kriegen, von Städten, Staaten und Völkern – viele einzelne Geschichten. Der Zweck solcher Geschichten lag im Bedürfnis der Menschen, vergangene Ereignisse nachzuerzählen. Ihr Sinn war es, zu unterhalten und aus den Vorkommnissen der Vergangenheit allgemeine Lehren zu ziehen. Um die lenkende Hand Gottes zu veranschaulichen, ließ sich selbstverständlich auch die Universalgeschichte nacherzählen, die Gott bis dahin mit den Menschen veranstaltet hatte. Erst die Aufklärung setzte die Geschichte aus dem Plural in den Singular und erfand jenen Begriff »Geschichte«, der uns heute geläufig ist.

In einem Beitrag für den Westdeutschen Rundfunk wies der Historiker Reinhart Koselleck schon vor geraumer Zeit darauf hin, daß sich mit dieser Begriffsschöpfung der Aufklärung eine wesentliche inhaltliche Umdeutung dessen verband, was unter Geschichte verstanden wurde. Denn mit dem neuen Begriff wurde der Verzicht auf eine außergesellschaftliche Instanz besiegelt: »Um Geschichte überhaupt zu erfahren oder zu erkennen, bedurfte es nicht mehr des Rückgriffs auf Gott oder die Natur«, so Koselleck.

Dieser Geist der Aufklärung hatte sich gegen Ende des 18. Jahrhunderts auch in den Wissenschaften weitgehend durchgesetzt. Napoleon soll den großen Mathematiker Laplace einmal gefragt haben, warum Gott in seiner Theorie nicht ein einziges Mal vorkomme. »Sire, ich hatte diese Hypothese nicht nötig«, soll Laplace geantwortet haben. Seine Antwort war weder eine Lästerung noch eine Verneinung Gottes. Aus ihr sprach lediglich das neue Vertrauen auf die natürliche Ordnung der Dinge im Universum und die Gewißheit, daß die naturwissenschaftliche Erkenntnis dieser Ordnung der theologischen Rechtfertigung nicht bedarf. Im Prinzip nicht anders wurde nun auch die Geschichte definiert.

Der neue Geschichtsbegriff war die Voraussetzung für das Entstehen der modernen politischen Linken. Denn die Geschichte konnte von den Menschen überhaupt erst als machbar gedacht werden, nachdem sie aus dem Plural in einen singulären Leitbegriff verselbständigt worden war: als von sich selber gemacht kann man ja wohl nur die eigene Geschichte, nicht aber die vielen Geschichten der anderen denken. Der Übergang von den Geschichten im Plural zu der einen Geschichte im Singular kündigt mithin von einem neuen menschlichen Selbstbewußtsein und einem neuen Erwartungshorizont: Durch das Handeln der Menschen ist die Gesellschaft geworden, wie sie ist; daher kann sie auch durch menschliches Handeln verändert werden.

Die Vorstellung vom Menschen als dem Subjekt seiner Geschichte gehört zur Utopie der Freiheit. Vor allem in seinem »Machen«, in seinem Tätigwerden erfährt ja der Mensch seine Freiheit, realisiert er seine Verantwortung. Den Menschen als Subjekt der Geschichte verstehen heißt zugleich die Freiheit des Individuums in der Gesellschaft bejahen und die Frage nach seiner freien Tätigkeit stellen, die Frage auch nach dem bewußten, vernünftigen Plan des menschlichen Handelns, also die Frage nach der menschlichen Verantwortung. Freie und selbstverantwortliche Tätigkeit ist das Lebensmerkmal des Subjekts. Wenn aber die Geschichte machbar ist und von Menschen gemacht wird, wenn zudem der Mensch in seiner Tätigkeit frei ist, dann ist er auch fähig, sein künftiges Schicksal bewußt zu planen. Dies war die logische politische Konsequenz, die die Linke aus den Theorien der Aufklärung gezogen hat.

Doch wer für sich die Freiheit beansprucht, die vorhandene Gesellschaft systematisch nach einem anderen Gesellschaftsplan zu verändern, der muß nach den Bedingungen und Grenzen des Machbaren fragen. Marx hat auf diese Frage im »18. Brumaire des Louis Bonaparte« die berühmt gewordene Antwort gegeben: »Die Menschen machen ihre eigene Geschichte, aber sie machen sie nicht aus freien Stücken, nicht unter selbstgewählten, sondern unter unmittelbar vorgefundenen, gegebenen und überlieferten Umständen. Die Tradition aller toten Geschlechter lastet wie ein Alp auf den Gehirnen der Lebenden.« Mit dem letzten Satz wollte Marx sagen, daß die überkommenen Denkstrukturen den geistigen Fortschritt fesseln können, daß die »Geister der Vergangenheit« die Menschen behindern, die etwas schaffen wollen, was noch nicht dagewesen ist.

War der von Marx beschriebene Alp noch überwiegend geistiger Natur, so sind wir gegenwärtig dabei, ihm für die zukünftigen Generationen eine völlig andere und ungleich gefährlichere Qualität zu verleihen. Nicht so sehr der Geist aller toten Geschlechter lastet wie ein Alp auf der Freiheit der Lebenden, sondern ihre Produktion – so wird es in Zukunft heißen müssen, wenn wir nicht »aufgeklärter« produzieren. So wie Camus uns vor der moralischen Überforderung des Menschen warnte, so stehen wir heute vor der Aufgabe, die Überforderung des Menschen durch seine Produkte zu verhindern, die immer auch eine moralische ist. Wir stellen zwar auch Theorien auf, wir stellen aber vor allem Materialien her, die die nachfolgenden Generationen als ein wahrer Alptraum bedrohen.

Plutonium zum Beispiel strahlt 500 000 Jahre. Es legt die Menschen auf diesen Zeitraum fest, nimmt ihnen die Freiheit, sich jemals wieder gegen die Plutonium-Technologie entscheiden zu können. Ähnlich verhält es sich mit der Belastung der Atmosphäre durch Treibgas und CO_2. Niemand kann abschätzen, in welchem Umfang dadurch die Lebensbedingungen zukünftiger Generationen beeinträchtigt werden. Wenn der Mensch das Subjekt seiner Geschichte bleiben will, muß er seine Entscheidungsfreiheit bewahren, muß er einmal getroffene Entscheidungen zurücknehmen können. Jene »Geister der Vergangenheit«, die Marx beschwor, konnten von den Menschen immer wieder gebannt werden. Der Ungeist des Plutoniums aber wird sie 500 000 Jahre lang bedrohen. Ein alter Psalm sagt: »Unser Leben währet siebzig Jahre, und wenn's hoch kommt, so sind's achtzig Jahre...« Achtzig Jahre sind ein menschliches Maß, 500 000 Jahre ein Unmaß.

Fortschritt in den Grenzen der Freiheit

Der Mensch bleibt nur dann Herr seiner Geschichte, wenn er seine Produkte bestimmt und nicht seine Produkte ihn bestimmen. Da wir jedoch heute durchaus in der Lage sind, Produkte herzustellen, durch die das Leben der Menschen auf unabsehbare Zeit festgelegt wird, gilt der Grundsatz der Aufklärung, daß die Menschen ihre eigene Geschichte machen, nur so lange, als sie nicht alles machen, was machbar erscheint. Der technische Fortschritt ist an die Grenzen der Freiheit gestoßen. Wo wir sie überschreiten, droht uns neue Ohnmacht. Der weitere Fortschritt muß sich also innerhalb dieser Grenzen entfalten. Das Fortschrittsverständnis der Aufklärung wußte von solchen Grenzen noch nichts. Die Aufklärung vertraute auf die Vernunft des Menschen. Sie konnte in ihrer Vorstellung nichts anderes als das Glück der Individuen wollen, da der autonome Gebrauch der Vernunft die Freiheit des Menschen begründet.

45

Die Aufklärer haben nicht damit gerechnet, daß die Vernunft auch instrumentell verkürzt werden kann, indem sie nur noch die Mittel zu perfektionieren trachtet, jedoch nicht mehr fragt, ob auch die entsprechenden Zwecke vernünftig sind. Statt dem größtmöglichen Glück aller zu dienen, konnte eine derart verkürzte Vernunft zum Werkzeug von partikularen Interessen werden. Mit anderen Worten: Ihr Gebrauch war nicht mehr daran gebunden, die natürlichen, sozialen und ethischen Folgen zum Regulativ zu machen. So konnte die solcherart verkürzte Vernunft das Wirtschaftswachstum und die technologische Entwicklung bis zu dem Punkt treiben, wo ihr Segen in Unheil umschlägt.

Nun kann aber die Linke nicht deshalb den Fortschrittsgedanken aufgeben, weil der instrumentelle Gebrauch der Vernunft auch ihn verkürzte. Heute kommt es vielmehr darauf an, die Aufklärung um ihres humanen Gehalts willen fortzuführen und in einer Kritik der instrumentellen Vernunft deren Gebrauch wieder unter die Kontrolle ethisch verantwortbarer Maßstäbe zu stellen.

Das erläuterte Politikmodell der Linken erweist sich daher in der heutigen Zeit als geeignet, die Steuerungsprobleme der Industriegesellschaft anzugehen. Es setzt nicht auf den autoritären Obrigkeitsstaat, sondern auf die Demokratisierung der Verantwortung und auf diskursive Lernprozesse. Es fußt trotz der atomaren Bedrohung auf dem Glauben an die Machbarkeit der Geschichte. Es verheißt nicht Erlösung, sondern Emanzipation. Freiheit ist nicht gegeneinander, sondern nur miteinander erlebbar. Eine immer komplexere Gesellschaft schafft ihre Integration über Mitmenschlichkeit und Solidarität, nicht über Abgrenzung und Überbetonung des sich selbst genügenden Individuums. Ein solches normatives System begründet die Hoffnung, der Technikgesellschaft der Zukunft ein menschliches Antlitz zu geben.

Der einseitig technologische und wirtschaftliche Fortschritt war nicht fortschrittlich genug, nicht »aufgeklärt« genug, weil er die ökologischen und menschlichen Folgen außer acht ließ. Wahrer, unverkürzter Fortschritt ist und bleibt Fortschritt zu mehr Menschlichkeit, zu mehr Solidarität, zu mehr Freiheit.

Da es dem König aber wenig gefiel, daß sein Sohn, die kontrollierten Straßen verlassend, sich querfeldein herumtrieb, um sich selbst ein Urteil über die Welt zu bilden, schenkte er ihm Wagen und Pferd. »Nun brauchst du nicht mehr zu Fuß zu gehen«, waren seine Worte. »Nun darfst du es nicht mehr«, war deren Sinn. »Nun kannst du es nicht mehr«, deren Wirkung.

Aus: Kindergeschichten

Die aufgeklärte Megamaschine

Die Entzauberung der Natur, die Emanzipation des Menschen von den unverstandenen Naturkräften war Voraussetzung für die Aufklärung. Das naturwissenschaftliche Denken wurde in technische Praxis umgesetzt; auf die theoretische Entzauberung der Natur folgte unmittelbar die künstliche, technische Entfaltung ihrer Kräfte – auch der zerstörerischen. Unsere Welt ist vor allem dort voller Risiken, wo sich die technische Produktion gegen die Gesellschaft verselbständigt hat. Martin Buber sagt: »Die Heizer häufen noch die Kohlen, aber die Führer regieren nur noch zum Schein die dahinrasenden Maschinen. Und in diesem Nu, während du redest, kannst du es wie ich hören, daß das Hebelwerk der Wirtschaft in einer ungewöhnlichen Weise zu surren beginnt; die Werkmeister lächeln dich überlegen an, aber der Tod sitzt in ihren Herzen. Sie sagen dir, sie paßten den Apparat den Verhältnissen an; aber du merkst, sie können fortan nur noch sich dem Apparat anpassen, solang er es eben erlaubt. Ihre Sprecher belehren dich, daß es nichts anderes zu erben gibt als die Zwingherrschaft des wuchernden Es, unter der das Ich, der Bewältigung immer unmächtiger, immer noch träumt, es sei der Gebieter.«

Hat sich also letztlich doch das Prinzip der Aufklärung im Verlaufe der Entwicklung gegen die Gesellschaft gewandt? Droht doch letztlich die Aufklärung – der Geist der individuellen Freiheit – in ihr Gegenteil umzuschlagen durch die Art und Weise, in der wir heute produzieren? Es läßt sich ja nicht leugnen, daß die geistigen Prinzipien, auf denen auch die risikoträchtigen, modernen Technologien wissenschaftlich fußen, die wissenschaftlichen Prinzipien der Aufklärung selber sind. In dem Maße, wie die Freiheit der Erkenntnis den Aufschwung der Technik begünstigte, war dieser Aufschwung ein Ergebnis der Aufklärung.

Die Technik ist »unaufgeklärt«

Dieser kausale Zusammenhang mag einige Theoretiker der Ökologiebewegung zu dem Trugschluß verleitet haben, die Aufklärung sei am derzeitigen Elend der Natur und an der Bedrohung des Menschen schuld, es bedürfe mithin einer neuen Romantik. Nein, wir brauchen keine »Gegenaufklärung«, vielmehr kommt es darauf an, den Geist der Aufklärung zu bewahren und dort zurückzugewinnen, wo er im Produktionsprozeß verlorengegangen ist. Die moderne Gesellschaft gefährdet sich nur deshalb, weil sie immer noch nicht »aufgeklärt« genug produziert, weil sie zuläßt, daß die Technik sich gegen die Gesellschaft und mithin gegen ihre eigene Rationalität verselbständigt. Die Rationalität der Technik besteht gerade darin, dem Menschen nutzbringend zu dienen. Wo aber die Technik den Menschen gefährdet, wo sie die menschlichen Freiheiten der Selbstbestimmung und der Selbstverwirklichung einschränkt oder gar verhindert, dort ist sie kontraproduktiv, dort verletzt sie ihre eigene Ratio, ist »unaufgeklärt«. Technische Vernunft darf sich niemals gegen, sondern immer nur in der Gesellschaft entfalten. Wir brauchen vernünftige Technologien – und Vernunft kann es nicht gegen den Menschen, nicht gegen die Gesellschaft geben.

Es sind genug Gründe für die Verselbständigung der Technik gegen die Gesellschaft angeführt worden. Da ist zum einen die wachsende Komplexität der technischen Abläufe, durch die es zunehmend schwieriger wird, alle Neben- und Folgewirkungen der Technik abzuschätzen und in den Griff zu bekommen. Da ist zum anderen die Profitorientierung der kapitalistischen Wirtschaft oder die Wachstumsversessenheit der Wirtschaftspolitik. Und da ist nicht zuletzt die von Max Horkheimer diagnostizierte Instrumentalisierung der Vernunft, die sich in einer spezifischen »Fachidiotie« niederschlägt. Eine derart auf technokratische Rationalität verkürzte Vernunft ist das Gegenteil dessen, was die Aufklärung unter Vernunft verstanden hat. Wer danach fragt, inwieweit die Technik der Freiheit des Menschen dient, kommt an einer Kritik der instrumentellen Vernunft nicht vorbei.

Die menschliche Gattung zeichnet sich durch die Fähigkeit zur Vernunft aus. Vernunft hat den Menschen dazu gebracht, sich den Daseinskampf durch die Herstellung von Werkzeugen, von technischen Hilfsmitteln zu erleichtern. Die Menschen haben ihre eigene Geschichte zunehmend mit technischen Mitteln gemacht. Auch die Kriege sind mehr und mehr zum tödlichen Wettkampf des technologischen Wissens und der technischen Möglichkeiten geworden. Gerade das aber zeigt, wie fatal es ist, wenn Menschen die Vernunft selber nur wie ein Werkzeug, wie ein Instrument einsetzen: Sie denken sich die kompliziertesten Waffensysteme aus, um sich damit auf die rationalste Weise gegenseitig umzubringen. Die Geschichte des technischen Fortschritts ist wesentlicher Bestandteil der allgemeinen Menschheitsgeschichte. Würden aber die Menschen ihre technischen Hilfsmittel allein nach den Kriterien der instrumentellen Vernunft herstellen, sie würden die Herrschaft über die Technik verlieren und damit auch die Herrschaft über die eigene Geschichte. Sie würden ihre Freiheit einbüßen, wären determiniert durch die eigenen Produkte.

Oft ist in literarischen Satiren und Zukunftsvisionen dieser Alptraum beschworen worden. Die häufig variierte Geschichte von den intelligenten Robotern, die sich über ihre menschlichen Schöpfer erheben und sich selber reproduzieren, hat den Charakter einer Parabel. Denn die Angst vieler Menschen, von der »Megamaschine« überrollt und unterjocht zu werden, hat einen durchaus realen Hintergrund. Die Menschen unterliegen den Zwängen ihrer technischen Mittel. Um sich der Technik bedienen zu können, müssen sie die erforderlichen Voraussetzungen schaffen.

Jede Großtechnologie bedarf zu ihrer Entwicklung und Nutzung einer bestimmten gesellschaftlichen Organisationsform, bedarf einer materiellen und gesellschaftlichen Infrastruktur sowie einer Reihe von Institutionen und gelernter ʾVerhaltensweisen. Was wäre das Auto ohne Straßennetz und Ölraffinerien, ohne Straßenbauämter und Verkehrsplaner, ohne Straßenverkehrsordnungen und Verkehrspolizei, ohne Unfallstationen und Reparaturwerkstätten etc.? Die Entscheidung für den Ottomotor war auch eine Entscheidung für den Straßenausbau und für eine mobile Gesellschaft. Diese Einheit von technischer Apparatur und der zu ihrer Entwicklung,

Nutzung und guten Funktion unabdingbaren gesellschaftlichen Organisation bezeichnet man als »Megamaschine«.

Der Mensch kann der Technik nicht entrinnen

Da zur Technik untrennbar auch menschliche Eigenschaften und Institutionen gehören, ist sie niemals wertneutral. Denn die Institutionen können Instrumente der Herrschaft sein, sie sind langlebig und schränken auch noch die nachfolgenden Generationen ein. Ohne jeden Zweifel werden menschliche Entfaltungs- und Handlungsspielräume durch die gesellschaftliche Organisation der Technik beschnitten. Nicht nur, daß die Technik in vielen Bereichen den Arbeitsrhythmus und Arbeitsablauf der Menschen diktiert, in ihrer gesellschaftlichen Organisation bestimmt sie auch ihre Lebensführung mit. Selbst unser Wohnen ist durch Bau- und Fabrikationstechniken genormt. Die Einschränkungen, die wir aufgrund der notwendigen gesellschaftlichen Organisation der Technik hinnehmen müssen, können mitunter zur Kontraproduktivität führen: Die gesellschaftlichen Folgeschäden der Technik werden größer als ihr Nutzen.

So hat Ivan Illich nicht ohne Witz auch für das Auto eine Kontraproduktivitätsberechnung angestellt: Rechnet der Besitzer zur eigentlichen Fahrzeit auch die durchschnittliche Gesamtzeit hinzu, die er aufwenden muß, um zu verdienen, was das Auto kostet, um die Fahrvoraussetzungen zu erlangen, um Pflege und Wartung durchzuführen, dann braucht er eine Lebensstunde, um sechs Kilometer zurückzulegen. Das ist das Tempo eines guten Fußgängers. Die auf solche Weise »verallgemeinerte Geschwindigkeit« des Fahrrads liegt wesentlich höher. Natürlich ist dies eine Milchmädchenrechnung, weil sie den Zeitspareffekt des Autos unterschlägt, mit dem sich Zeit wie Geld sparen läßt: Man investiert Zeit, wenn man sie hat, und gewinnt Zeit zurück, wenn man sie braucht. Dennoch ist eine solche Rechnung gut geeignet, uns einmal deutlich vor Augen zu führen, wie stark unser Lebenslauf von einer Technik bestimmt wird, ohne daß wir uns dessen immer bewußt sind.

Kaum jemand, ob er will oder nicht, kann sich der technischen Zivilisation entziehen, weder im guten noch im schlechten. Wo gibt es noch den Ort, an dem uns der Motorenlärm nicht erreicht, wo den Ort, an dem die Luft noch rein von Abgasen ist? Wer sich in einer (auto-) mobilen Gesellschaft den Gesetzen und Auswirkungen der (Auto-)Mobilität entzieht, wird zum Außenseiter.

So ist es also kein Wunder, daß das Gefühl des einzelnen, an die technische Zivilisation ausgeliefert zu sein, mit dem technischen Fortschritt zugenommen hat. Die Techniken sind heute so komplex geworden, daß selbst Fachleute, die mit ihnen umgehen, sie nicht mehr erklären können. Es gilt, von der Vorstellung Abschied zu nehmen, daß ein Programmierer – oder ein Team von Programmierern –, der mit der Betreuung eines Computersystems beauftragt ist, weiß, wie das System über die vordergründigen Abläufe hinaus funktioniert. Noch weniger wissen diejenigen, denen wir so gerne die Verantwortung überlassen, die Politiker und Manager, wie das System funktioniert.

Angst und Unbehagen befallen den Menschen, weil er sich der Technik nicht mehr gewachsen fühlt. Aber das sind nicht erst Gefühle unserer Zeit. Schon in Goethes »Wilhelm Meisters Wanderjahre« findet sich der Satz: »Das überhandnehmende Maschinenwesen quält und ängstigt mich, es wälzt sich heran wie ein Gewitter, langsam, langsam; aber es hat seine Richtung genommen, es wird kommen und treffen.«

Mit der Qualität der technischen Zivilisation ist allerdings auch die Qualität der individuellen Ohnmacht eine andere geworden. Zu dem Gefühl des Ausgeliefertseins kommt mehr und mehr das der Bewußtlosigkeit hinzu. Wir entwickeln heute Techniken, von denen wir nicht wissen, wohin sie uns führen. Niemand kann sagen, wozu die Gentechnologie einmal fähig sein wird, wozu sie gebraucht und mißbraucht werden kann. Niemand kann voraussehen, wie sich die Menschheit weiterentwickelt, wenn ihr Erbgut manipuliert wird. Es ist höchst fraglich, ob unser gegenwärtiges Wissen über die Gefahren, die hochradioaktivem Material innewohnen, ausreicht, um verantwortlich entscheiden zu können. Die schöne Utopie, daß die Menschen die eigene Geschichte frei und bewußt nach einem Plan der Vernunft machen werden, scheint sich heute in ihr Gegenteil zu verkehren – in eine Utopie des blinden, bewußtlosen Machens. Es werden Entwicklungen in Gang gesetzt, von denen niemand weiß, wohin sie die Menschheit treiben und welche Gefahren sie in sich bergen. Wo ist da noch die Vernunft, was hat dies mit Verantwortung zu tun?

Mißtrauen gegen Experten

Für die große Mehrheit der Menschen sind die neuesten technologischen Entwicklungen schon aufgrund ihrer Komplexität undurchschaubar. Bestenfalls einige Experten kennen sich noch auf begrenzten Gebieten aus. Was bleibt den Menschen anderes übrig, als diesen Experten zu vertrauen? Doch mit den schlechten Erfahrungen ist ihr Vertrauen geringer geworden. Die Atombombe hat ihnen auf allzu drastische Weise vor Augen geführt, zu welchen Entwicklungen Experten sich unter Umständen bereitfinden.

Mißtrauen, wie es von dem amerikanischen Kultur- und Technikkritiker Lewis Mumford ausgesprochen wird, ist durchaus angebracht; er schreibt in seinem Buch »Mythos der Maschine«: »In jedem Bereich, von der Atomenergie bis zur Medizin, wurden Entscheidungen, die das menschliche Schicksal permanent beeinflussen und möglicherweise dem ganzen Abenteuer des menschlichen Lebens ein Ende setzen werden, von selbsternannten und eigenmächtigen Experten und Spezialisten formuliert und ausgeführt, die gegen Menschlichkeit immun sind und deren Bereitschaft, diese Entscheidungen auf eigene Verantwortung zu fällen, der beste Beweis für ihre völlige Untauglichkeit ist, eine solche Verantwortung auf sich zu nehmen.«

Bedürfte es noch eines eindeutigeren Beleges für die Überforderung einzelner Wissenschaftler, verantwortungsvoll mit ihren Erfindungen umzugehen, als ihn der Erfinder der Neutronenbombe, Samuel T. Cohen, in einem Interview lieferte, an dem auch seine Tochter beteiligt war:

»Tochter: Also, du hältst alle Menschen für Monstren. Dann bist du auch eins!

Cohen: Natürlich.

. . .

Frage: Haben Sie in den letzten zwanzig Jahren nie gedacht: O Gott, was hab' ich da erfunden?

Cohen: Nein, niemals. Es ist mit Abstand die genaueste Selektivwaffe, die jemals erfunden worden ist. Das klingt angeberisch. Aber es ist zufällig wahr. So etwas hat es noch niemals gegeben.« Natürlich handeln viele Experten nicht derart verantwortungslos. Der Göttinger Appell vom 12. April 1957, in dem die besten Physiker der Bundesrepublik dazu aufriefen, sich an der Herstellung, der Erprobung oder dem Einsatz von Atomwaffen in keiner Weise zu beteiligen, ist ein bekannter, wenn auch wenig repräsentativer Beweis für das Gegenteil. Auch werden wohl diejenigen Experten, die an fragwürdigen Entwicklungen mitwirken, subjektiv nicht empfinden, daß sie verantwortungslos handeln. Sie sind viel zu weich in einem Netz von Macht- und Wirtschaftsinteressen eingebettet, die um gesellschaftliche Legitimationsfloskeln nie verlegen sind. Daß es sich dabei auch um staatliche Interessen handeln kann, steht außer Zweifel. Doch vielfach sind es privatwirtschaftliche Macht- und Profitinteressen, die von der Politik, selbst wenn sie es wollte, nicht kontrolliert werden könnten.

Mit den wachsenden Ohnmachtsgefühlen, die der einzelne gegenüber den für die Verwaltung der technischen Zivilisation notwendigen Bürokratien empfindet, ist bei vielen Menschen der Glaube zurückgegangen, ihre Geschichte ließe sich ganz bewußt nach Maßgabe der Vernunft planen. Von dieser Idee war ja vor allem die politische Linke, das erwachsen gewordene Kind der Aufklärung, zeitweilig wie besessen. Wenn wir bedenken, wie schwer es uns fällt, frühkindliche Prägungen im späteren Leben zu überwinden, dann wird eher verständlich, warum etwa die staatssozialistischen Parteien des Ostens so lange gebraucht haben, um die ihnen überkommene Praxis in einem kritischeren Licht zu sehen. Erst gegenwärtig scheint ihnen allmählich die Einsicht zu dämmern, daß es an den unberechenbar wechselhaften Wünschen und Unzulänglichkeiten der Menschen, die ein Teil der menschlichen Freiheit sind, scheitern muß, das wirtschaftliche Leben einer Gesellschaft völlig zu verplanen. Solange innerhalb der Linken ungebrochen der Glaube vorherrschte, die Geschichte ließe sich bewußt nach einem Plan der Vernunft machen, mußte es den linken Parteien in erster Linie darauf ankommen, das entsprechend vernünftige, das »richtige« Bewußtsein, das sie selber zu haben vermeinten, auf die gesamte Gesellschaft zu übertragen und durch die Aktion der Massen zur geschichtlichen Wirkung zu bringen.

Heute bezweifelt nur eine Minderheit, daß die Menschen ihre Geschichte selber machen. Und doch ist die Linke bescheidener geworden. In den durch menschliches Tun verursachten Katastrophen und Kriegen des 20. Jahrhunderts offenbarte sich ihr nicht die Spur eines Planes der Vernunft. Auch in den Ländern des realen Sozialismus, in denen das vermeintlich richtige Bewußtsein und das diesem Bewußtsein gemäße Prinzip der gesellschaftlichen Planung zur Staatsräson erhoben wurden, wird die Umwelt unvernünftig zugrunde gewirtschaftet. Was also ist das richtige »Bewußtsein«, mußte sich eine verunsicherte Linke im letzten Jahrzehnt erneut fragen? Eine Diskussion um eine programmatische Erneuerung setzte ein.

Das Vertrauen in die Technik schwindet

Im Geschichtsverständnis der Aufklärung war der Fortschritt die Utopie des steten Fortschreitens der menschlichen Gesellschaft hin zu höherer Vernunft. Auch der technische Fortschritt wurde so gesehen. Das Fortschreiten der Wissenschaft und der Technik wurde in der Aufklärung als Verbesserung der menschlichen Lebensbedingungen begriffen und mit dem gesellschaftlichen Fortschritt gleichgesetzt. Dieser naive Fortschrittsoptimismus ist auch in den Sozialismus eingegangen. In der Folge aber mußte die sozialistische Linke erleben, daß im Ablauf der Geschichte nirgends ein Plan der Vernunft sichtbar wurde – im Gegenteil, sichtbar wurde mehr und mehr nur die vorherrschende Unvernunft: Auf Seveso folgte Bhopal, auf die Ölpest durch den Tanker Amoco-Cadiz die Verseuchung des Rheins, nach Harrisburg kam Tschernobyl. Nicht zuletzt die Katastrophen unserer Zeit haben es fraglich werden lassen, ob der wissenschaftlich-technische Fortschritt immer auch ein sozialer Fortschritt ist.

An den Statistiken der Wissenschaft, an den Berichten der Medien, vor allem aber an der eigenen, alltäglichen Erfahrung mit der beschädigten Umwelt kann jedermann die Risiken der modernen Technologie ablesen. Mit dem Bewußtsein zunehmender Gefährdung ging der Fortschrittskonsens innerhalb der Gesellschaft – und auch innerhalb der politischen Linken selber – nach und nach verloren. Laut Allensbacher Meinungsumfragen hielten im Jahr 1966 noch 72 Prozent der Bundesbürger die Technik für einen Segen der Menschheit. 1981 war dieser Anteil auf 30 Prozent gesunken, und bereits 19 Prozent der jungen Leute begriffen die Technik eher als Fluch. Bei der Bewertung solcher Zahlen darf man natürlich nicht übersehen, daß in ihnen ein subjektives Gefährdungsbewußtsein zum Ausdruck kommt. Zwischen 1966 und 1981 ist auch die Arbeitslosigkeit enorm angestiegen. Für viele Arbeitnehmer ist der Verlust des Arbeitsplatzes eine ständige Bedrohung. Die technologischen Neuerungen werden im Bewußtsein der Betroffenen zum »Jobkiller«, der den Arbeitsplatz »wegrationalisiert«.

Doch nicht nur die durch den drohenden Verlust des Arbeitsplatzes bedingte subjektive Existenzangst, auch die objektiven Gefahren, die von der großtechnologischen Nutzung der Kernenergie ausgehen, haben bei vielen Menschen den Fortschrittsoptimismus in sein Gegenteil umschlagen lassen.

Die kulturpessimistische Dämonisierung der Technik, vormals eher eine Domäne des rechten Konservatismus, wurde im Verlauf der in den siebziger Jahren einsetzenden Technikdebatte wieder Mode und erhielt im »Grünen« Gewand einen linken Touch. Dies war zum einen positiv, weil es den historisch überkommenen, unkritischen Fortschrittsglauben der traditionellen Linken erschüttern half und diese »alte« Linke somit zur Besinnung brachte, zum anderen aber negativ, weil die Dämonisierung der Technik bei einem Teil der »neuen Linken« den Blick für rationale technische Zukunftsperspektiven verschleiert.

Die historische intellektuelle Leistung der Linken bestand darin, die alten Utopien vom technischen, sozialen und politischen Fortschritt zu einem realistischen Konzept zusammengefügt zu haben. Schon im Fortschrittsbegriff der Aufklärung steckte der Gedanke, daß die Durchsetzung der Vernunft in der menschlichen Geschichte abhängig sei von der Beherrschung der Natur durch den Menschen im Arbeitsprozeß. Der Aufklärung verpflichtet erweist sich in diesem Sinne die politische Ökonomie von Marx, in der die Befreiung des Menschen und die Entwicklung der Produktivkräfte – dazu gehören neben dem Menschen selber Wissenschaft und Technik –

zusammenfallen. Zwar betont Marx des öfteren, so auch in seinen Randglossen zum Gothaer Programm der Sozialdemokratie von 1875, daß die Arbeit nur deshalb zur Quelle allen Reichtums werden kann, weil der Mensch sich die Natur aneignet, die ja in erster Linie Quelle der Gebrauchswerte sei. Dieser Gedanke konnte sich jedoch in einer sozialistischen Ideologie, die den sozialen Fortschritt mit der »Entfesselung der Produktivkräfte« gleichsetzte, nicht kritisch entfalten. Erst in der ökologischen Krise der letzten Zeit war diese kritische Entfaltung möglich. Erst die katastrophalen Folgen der technologischen Entwicklung haben uns bewußt gemacht, wie unvernünftig, wie »unaufgeklärt«, wie rücksichtslos ausbeuterisch wir eigentlich wirtschaften, wenn wir den technischen Fortschritt nicht in humane und ökologische Schranken verweisen.

»Nun laßt den Menschen wieder ran«

Der gesellschaftliche Fortschrittskonsens ist verlorengegangen, weil der Fortschritt im Sinne der klassisch-aufklärerischen Fortschrittsidee zu wenig fortschrittlich war. Daß auch in der ökologischen Krise ein Teil der Linken dem Charme der Radikalität erlag, verwundert nicht, hat doch bisher noch jede Krise ihre radikalen Propheten hervorgebracht. Ließ früher die radikale Theorie den Kapitalismus an seinen ökonomischen Widersprüchen scheitern, so läßt sie ihn heute durch eine menschen- und naturfeindliche Technologie sich selbst zerstören. An die Stelle der ökonomischen Zusammenbruchstheorie ist die ökologische Apokalypse getreten. Doch genau wie früher werden die radikalen Theoretiker im Abseits bleiben, weil sie nicht die gesellschaftlichen Verhältnisse von innen aufbrechen wollen.

Die Sozialdemokratie hat sich in der Geschichte durchgesetzt, weil sie als Reformpartei stets im Innern der sozialen Verhältnisse für ihre Verbesserung gearbeitet hat. Anders wird sie sich auch künftig nicht durchsetzen können. Sie wird sich in der politischen Auseinandersetzung nicht behaupten können, wenn sie nicht mehr die Partei des Fortschritts ist. Deshalb ist es ihre Aufgabe, den Fortschritt in der Gesellschaft erneut konsensfähig, den technologischen und den sozialen Fortschritt wieder deckungsgleich zu machen. Durch eine verantwortliche Reformpolitik muß sie den Fortschritt wieder zur Vernunft bringen, indem sie ihn unter den gegebenen gesellschaftlichen und technologischen Voraussetzungen aus den Werten der Aufklärung neu bestimmt. Ihre historische Aufgabe ist es nach wie vor, mehr Freiheit, mehr Gerechtigkeit, mehr Solidarität, mehr Selbstbestimmung und Selbstverwirklichung mit den technologischen Verhältnissen und nicht gegen sie zu verwirklichen.

Versteht man unter Technik ein künstliches Hilfsmittel, das der Mensch herstellt, um sich seine Tätigkeit zu erleichtern, dann gehört die Benutzung der Technik zum Wesen des Menschen. Der Mensch hebt sich ja von allen anderen Geschöpfen dadurch ab, daß er mit Hilfe von selbsterdachtem und selbstgemachtem Werk- und Denkzeug das in der Natur Vorgefundene umformt und durch künstlich Gefertigtes ergänzt. In den Jahrtausenden der menschlichen Evolution hat die Gesellschaft einen Grad der Technisierung erreicht, der uns Menschen von der Technik abhängig macht. Die Selbstverständlichkeit aber, mit der wir uns dieser Abhängigkeit ergeben, ist doch das beste Zeichen dafür, wie sehr uns die Technik im allgemeinen dient. Wie hilflos sind wir schon, wenn einmal nur kurz der Strom ausfällt. Technik ist ein solch fester Bestandteil unseres Daseins, daß es unsere Vorstellungskraft übersteigt, uns auszumalen, was ohne sie wäre. Unser gesamter Wohlstand beruht auf Technik.

Technik ist also Teil des Menschseins, kann weder im guten noch im schlechten vom Menschen getrennt werden, der sie schafft, bedient und benutzt. Es macht keinen Sinn, sie als selbständige Wesenheit zu dämonisieren. Aber macht es Sinn, ihr Dimensionen zu verleihen, die nicht mehr menschlichen Maßen entsprechen? Daß die Technik dem Menschen nur so lange dient, wie er sie beherrscht, hat – ein spektakuläres Beispiel – auch der Astronaut John Glenn erfahren müssen, der durch den Ausfall der automatischen Kontrollinstrumente seiner Raumkapsel in höchste Gefahr geraten war. Er griff persönlich in die Automatik ein und entging so dem Tod mit knapper Not. Als er aus der Raumkapsel stieg, waren seine ersten Worte: »Nun laßt den Menschen wieder ran.« Die Technik muß dem Menschen, nicht der Mensch der Technik angepaßt werden. So selbstverständlich dieser Satz in unseren Ohren klingt, so wenig gehörte er doch bis vor kurzem zum Selbstverständnis der Linken. Viel zu lange hat sich die sozialistische Bewegung nur als die eigentliche Vollstreckerin der menschlichen Anpassung an die moderne Technologie dargestellt.

Der Mensch darf nicht programmiert werden

Soll aber die Technik dem Menschen angepaßt werden, so stellt sich zwangsläufig die Frage: Was ist der Mensch? Die Linke muß heute ihren Fortschrittsoptimismus nicht zuletzt deshalb relativieren, weil sie sich in der Vergangenheit viel zu ausschließlich auf die andere Frage konzentriert hat: Wie funktioniert die Gesellschaft? Der sozialistischen Theorie mangelt es wahrlich nicht an scharfsinnigen Gesellschaftsanalysen und -entwürfen, sie kennt aber nur wenige Versuche einer sozialistischen Anthropologie. Nach allem, was wir heute wissen, nach allen Erkenntnissen der Naturwissenschaften, Medizin, Philosophie und Psychologie haben wir ein Menschenbild entwickelt, das sowohl die Naturgebundenheit wie die Vernunftmöglichkeit, die Notwendigkeit wie die Freiheit, das Unbewußte wie das Bewußte, das Irrationale wie das Rationale, das Produktive wie das Destruktive im menschlichen Wesen berücksichtigt.

Der Mensch ist von Natur her nicht programmiert, nicht spezialisiert wie die anderen Lebewesen. Im Rahmen des Naturgegebenen hat er schier unbegrenzte Möglichkeiten. Er ist frei. Aber gerade diese Freiheit, dieser Mangel an verhaltensregelnden Instinkten zwingen ihn zur notwendigen Kulturleistung, um sein Leben zu erhalten. Er ist nicht determiniert, nicht festgelegt, sondern in einem steten selbstschöpferischen »Werden« begriffen. Das heißt, er ist im Prinzip unfertig, lernbedürftig. Er entwickelt sich kontinuierlich in einem Verhältnis gegenseitiger Beeinflussung zu dem Gesellschaftsverband, in dem er lebt. Und das wiederum heißt: Er ist lernfähig, in einem ständigen Lernprozeß befindlich. Aus diesem Grund kann man die Begriffe Freiheit und Fortschritt nicht statisch sehen. Freiheit und Fortschritt sind Funktionen des jeweils erreichten Standes der gesellschaftlichen Entwicklung: Aus den von ihnen selbst geschaffenen gesellschaftlichen Bedingungen sind sie stets neu zu bestimmen. Auch die derzeitige Krise des Fortschritts gehört zum Lernprozeß im Umgang mit den Folgen des Fortschritts.

Da die Freiheit und das schöpferische Potential des Menschen in seiner Unfertigkeit und Undeterminiertheit begründet liegen, wird er dadurch gleichsam zu einem unberechenbaren Unsicherheitsfaktor. Er ist frei, vernünftig zu handeln, und frei, Fehler zu machen, frei auch, Fehler zu korrigieren, sofern sie korrigiert werden können. Will er Herr seiner Geschichte bleiben, muß er sich vor allem davor hüten, Fehler zu machen, die nicht mehr zu korrigieren sind. Wenn Unsicherheit, Unfertigkeit und »Fehlhaftigkeit« zum Wesen des Menschen gehören, dann kann ihm auch nur eine fehlerfreundliche Technik angemessen sein. Mit anderen Worten: Es sollte immer möglich bleiben, technische Prozesse zu überprüfen, entscheidend zu korrigieren oder sie völlig rückgängig zu machen.

Damit ist alles gesagt über gewisse gentechnologische Verfahren oder über die großtechnische Nutzung der Atomkraft – zumal letztere auch noch das Leben und den Fortbestand der Menschheit in nie dagewesenem Ausmaß gefährdet. Wenn es zum menschlichen Wesen gehört, nicht programmiert, nicht determiniert zu sein, darf auch nicht versucht werden, den Menschen zu programmieren. Das Klonen, das künstliche Herstellen eines menschlichen Embryos, der die gleiche Erbinformation wie ein anderer Embryo, Fötus, Lebender oder Verstorbener besitzt – sollte es einmal möglich sein –, ist inhuman. Dem Klon würde nicht nur die Singularität fehlen, er wäre – und hier kommt die Freiheit ins Spiel – determiniert. Für ihn ist, wie Hans Jonas konstatiert, »das Wagnis des Lebens um seine lockende und auch ängstigende Offenheit betrogen«.

Gerade weil der Mensch in seinem Wesen nicht programmiert, weil er unfertig und »fehlhaft« ist und sich nur dadurch am Leben hält, daß er seine schöpferischen Fähigkeiten in Kulturleistungen umsetzt, ist er zugleich äußerst kreativ. Mithin sind ihm auch solche Techniken nicht angepaßt, die seine schöpferischen Fähigkeiten einschränken, lähmen oder gar abtöten.

Der Mensch gestaltet sein Leben in der Auseinandersetzung mit der Natur vermittels Arbeit und Technik. Zugleich aber ist er Teil der Natur, ist er auf den Stoffwechsel mit der Natur angewiesen, um sich zu erhalten. Wenn Techniken den Raubbau oder die Vergeudung jener Stoffe begünstigen, die der Mensch zum Leben braucht, können sie beim besten Willen nicht menschenfreundlich sein. Es hat lange gedauert, bis wir uns dieser schlichten Tatsache wieder bewußt geworden sind.

Ein ökotechnisches Naturverhältnis ist geboten

Wir Menschen sind lernfähig. Wir sind frei, auf unsere Einsicht die richtigen oder die falschen Taten folgen zu lassen. Doch sollten wir eines bedenken: Ein Zurück hinter die technische Zivilisation kann es nicht geben. Nichts gegen eine romantische Naturfrömmigkeit. Wie armselig wären wir, wenn wir die Natur nicht mehr als Schöpfung empfinden könnten, wenn wir vor den lebenden Kreaturen keine Achtung mehr hätten. Doch als Prinzip der Industriegesellschaft taugt die romantische Naturfrömmigkeit wenig, wenn sie nicht auch den technischen Produktionsprozeß zu bejahen vermag. Ohne die Technik zu bejahen, wird man sie ökologischen Kriterien nicht unterwerfen können. Mithin sollten wir uns den Vorstellungen von Günter Ropohl anschließen, der in seinem Buch »Die unvollkommene Technik« dafür plädiert, statt einer neoromantischen Naturfrömmigkeit lieber ein »ökotechnisches« Naturverhältnis zum Grundprinzip der industriellen Gesellschaft zu machen.

Ein ökotechnisches Naturverhältnis hat zur ersten Bedingung, daß der Mensch die ökologischen Zusammenhänge, die Vernetzung der natürlichen Abläufe mit seinen technischen Mitteln nicht unterbindet oder zerstört. Wir dürfen die Natur nicht scheibchenweise der technischen Verwertung ausliefern, sondern müssen die Auswirkungen unseres technischen Eingriffs in die Natur im globalen Zusammenhang sehen. Der technische Zugriff der Menschen auf die Natur muß Grenzen haben. Wo diese Grenzen überschritten werden, schlägt die Natur zurück. Die Menschen im Veltliner Tal zum Beispiel haben dies zu spüren bekommen.

Eine zweite Bedingung ist die Berücksichtigung der Wechselwirkungen zwischen Technik und Natur. Die natürlichen Ressourcen sind endlich. Wenn wir der Natur immer nur Stoffe entnehmen, die wir verwerten können, und ihr nichts zurückführen, was sie verwerten kann, betreiben wir Raubbau am Naturpotential der Menschheit und schränken die Lebenschancen unserer Kinder ein. Eine auf der möglichst breiten Anwendung von »Recycling-Techniken« beruhende Wirtschaft ist die dem ökotechnischen Naturverhältnis gemäße Form.

Eine solche Wirtschaft schont die Natur und ihre Ressourcen, belastet möglichst wenig die Umwelt der Menschen. Abfälle sollten abbaufähig, zumindest aber neutralisationsfähig sein. Gerade in dieser Hinsicht sind in den letzten Jahren durch die Perfektionierung der technischen Mittel Fortschritte erzielt worden. In diesem Sinne ist es wichtig, die Entwicklung von Techniken der direkten Stromerzeugung und der Gewinnung von Wasserstoff aus der Sonnenenergie mit aller Kraft zu fördern. Diese Techniken erfüllen in hohem Maß die Kriterien der Sozial- und Umweltverträglichkeit und können darüber hinaus ganz erheblich zur internationalen Wettbewerbsfähigkeit der bundesdeutschen Volkswirtschaft beitragen. Sie deckten schon heute einen Teil unseres Energiebedarfs, wären sie in der Vergangenheit genauso stark mit öffentlichen Mitteln gefördert worden wie die Stromerzeugung aus Kernenergie. Die Zukunft gehört den regenerativen Energiequellen. In Zukunft sollten technologisches Wissen und Einsatz der Technik von dem Leitgedanken bestimmt werden, die Energieumwandlung zu minimieren. Selbst durch noch so günstige Ölpreise dürfen wir uns nicht dazu verleiten lassen, den bereits eingeschlagenen Weg der Energieeinsparung zu verlassen, der von einer wärmedämmenden Bauweise über alternative Materialverwendung bis zur mikroelektronischen Steuerung reicht.

Gerade die Tatsache, daß die Mikroelektronik für eine sparsame Steuerung von energietechnischen Prozessen unentbehrlich ist, zeigt, in welchem Maße neue Technologien dazu beitragen, die Umwelt und die natürlichen Ressourcen zu schonen. Häufig genügt es, eine Technik zu perfektionieren oder mit einer weiteren zu kombinieren, um schädliche Wirkungen auszuschalten. Da die Existenz eines großen Teils der Menschheit nur durch technische Hilfsmittel gesichert werden kann, müssen wir danach trachten, diese zu verbessern und zu ergänzen. Nicht ohne, nur mit der Technik können wir unsere Umwelt entlasten.

Manche Probleme können durch ein Mehr an Technik gelöst werden, manche durch ein Weniger. Dort aber, wo eine Technik die humane Dimension sprengt, wo sie Entwicklungen auslöst, die die Menschheit festlegen, wo sie die schöpferischen Fähigkeiten des Menschen abstumpft, wo sie die natürlichen Grundlagen menschlichen Lebens zerstört, dort gibt es nur eine vernünftige Lösung: Auf diese spezielle Technik zu verzichten. Auf eine mögliche Technik verzichten? Die Frage klingt in vielen Ohren ketzerisch. Seit Jahrtausenden steht die Technik im Dienste der Menschen. Insbesondere in den letzten hundert Jahren hat sie ihnen mit gewaltigen Errungenschaften zu ungeahntem Höhenflug verholfen – ein Höhenflug im wahrsten Sinne des Wortes, symbolisiert durch die Mondlandung. Über solchen Erfolgen hatten sie vergessen, daß der ikarische Rausch des Höhenflugs zur Selbstzerstörung führt.

Auf Technikkritik können wir nicht verzichten

Dabei müßte den Menschen gerade auf technischem Gebiet der Verzicht leichtfallen, liegt es doch im Wesen der Technik, daß sie alternative Möglichkeiten bietet, um bestimmte Zwecke und Ziele zu erreichen. Der seit Jahren heftig geführte Streit um die bestmögliche Energieversorgung ist ein gutes Beispiel für die Vielfalt der technischen Möglichkeiten. Die Sozialdemokratie hat sich gegen die Stromerzeugung aus der Kernenergie ausgesprochen im Vertrauen auf andere, bessere Möglichkeiten der Technik. Ihre Entscheidung gegen die Atomkraftwerke war eine Entscheidung für andere Techniken der Energieerzeugung. Sie setzt auf energiesparende neue Technologien, sie setzt auf die Sonnenenergie, sie setzt auch auf die umweltfreundliche Verbrennung fossiler Brennstoffe auf der Basis der ebenfalls energiesparenden Kraftwärmekopplung. Hingegen lehnt sie die Verstromung der Atomkraft ab, da die damit verbundenen Risiken zu groß sind und die Analogie menschlicher Erfahrung für diese neue Technik unzuständig geworden ist.

Die Entdeckung der Kernspaltung hat alles verändert, sie muß auch unser Denken verändern. Wenn das »Restrisiko« darin liegt, daß im Falle eines Falles ganze Landstriche auf lange Zeit unbewohnbar werden, dann läßt sich nicht mehr auf der Ebene der Wahrscheinlichkeit, sondern nur noch auf der Ebene der Ausschließlichkeit verantwortungsvoll argumentieren. Wie irrational wir uns verhalten, wenn wir Wahrscheinlichkeitsbetrachtungen anstellen, zeigt folgender Vergleich: Beim Zahlenlotto, wo die Wahrscheinlichkeit des Gewinns äußerst gering ist, hoffen wir, daß der unwahrscheinliche Glücksfall morgen eintritt; beim Supergau, dessen Wahrscheinlichkeit nicht ganz so gering ist wie die des Lottogewinns, hoffen wir, daß der Unglücksfall gar nicht oder erst in hunderttausend Jahren eintritt. Im übrigen hält Klaus Traube jede Zahlenangabe über die Eintrittswahrscheinlichkeit eines Kernschmelzunfalls für pseudowissenschaftlich verkleideten Unsinn.

Der in der Debatte um die Nutzung der Kernkraft immer wieder erhobene Vorwurf der Technikfeindlichkeit fällt auf seine Urheber zurück, beweist er doch nur, daß diese das der Technik innewohnende Moment alternativer Lösungsmöglichkeiten verkennen und ebenso übersehen, daß ein verantwortlicher Umgang mit der

72

Technik auch das Wissen um die Folgen zur Voraussetzung hat. Durch die Entscheidung für die Verstromung der Kernenergie werden andere Techniken der Stromerzeugung vernachlässigt. Wer das Wesen der Technik begriffen hat weiß, daß wir zwar auf einige Techniken, nicht aber auf die Technikkritik verzichten können. Vielen ist heute klar, daß die technische Entwicklung einschließlich der Produkte, die sie hervorgebracht hat, keineswegs die beste aller möglichen ist, denn sie ist von fehlbaren Menschen gemacht. Erst die Kritik ermöglicht es, notwendige Korrekturen vorzunehmen.

Es wäre fatal, die Technikkritik aus unkritischem Glauben an die absoluten Segnungen der Technik zu verurteilen. Selbstverständlich muß die Kritik, wenn sie eine erforderliche Korrektur aus der Natur der Technik nicht für möglich hält, soweit gehen, zum Verzicht aufzufordern. Der Verzicht der Automobilindustrie auf die Herstellung von Asbestscheiben für Autobremsen ist ein Beispiel für den Erfolg einer solchen Kritik. Aber nicht alle Techniken sind verbesserungsfähig, manche sind es nur bis zu einem gewissen Restrisiko. Ist dieses Restrisiko zu hoch, bleibt ebenfalls nur der Verzicht auf diese eine und die Konzentration auf eine andere technische Möglichkeit. Notwendige Kritik hat nichts mit Dämonisierung zu tun. Die meisten, die heute die Großtechnologie undifferenziert in Bausch und Bogen verdammen, meinen die Atomkraft, die Gentechnologie, vielleicht noch das Kabelfernsehen, für die es vernünftigere Alternativen gibt. Aber sie vergessen, daß auch die Glühbirne, daß auch das Telefon, daß auch der Ottomotor Großtechnologien sind, auf deren Dienste wir nicht mehr verzichten wollen.

Opfer und Gewinner
des technischen Fortschritts

Sie vergessen, wieviel mühevolle Plackerei uns die Groß-technologien ersparen. Die mittlere Wochenarbeitszeit ist von 85 Stunden im Jahre 1850 auf unter 40 Stunden gesunken, und das allgemeine Wohlstandsniveau hat sich beträchtlich erhöht. Die mittlere Lebenserwartung der Menschen hat sich seit Mitte des vorigen Jahrhunderts mehr als verdoppelt. Derzeit streben wir eine mittlere Arbeitszeit von 35 Stunden in der Woche an. Technik ersetzt also in größerem Umfang menschliche Arbeit – besonders im Bereich der Erwerbsarbeit. Die Menschen erhalten mehr Freiheit, die leider dann, wenn sie bis zur Arbeitslosigkeit geht, weder sinnvoll noch erwünscht ist. Wir fliegen zum Mond, schicken Satelliten und Raumfähren in den Weltraum und verarbeiten in Computern Millionen von Daten in der Sekunde, aber wir schaffen es nicht, allen Arbeitswilligen Arbeit zu geben.

Da hilft es wenig, daß die allgemeine Erklärung der Menschenrechte, die die Vereinten Nationen 1949 verabschiedeten, in Artikel 23 den Satz enthält, jeder Mensch habe das Recht auf Arbeit. Die Technik hat ein Janusgesicht. Auf der einen Seite befreit sie die Menschen von anstrengender und schwerer Arbeit, bewirkt so eine Humanisierung der Arbeitsplätze und erhöht die Freizeit. Auf der anderen Seite verursacht sie oft auch monotone Arbeit im Produktionsprozeß und ungewollte Freizeit: Arbeitslosigkeit. Als Arbeitslose stigmatisiert, erfahren die Menschen die »Freisetzung« von der Arbeit aber nicht als Befreiung, sondern als soziales Elend. Weichen sie in die Schwarzarbeit aus, werden sie kriminalisiert. Konservative Politik kann sich mit der Zweidrittel-Gesellschaft abfinden, linke Politik nur um den Preis der Selbstaufgabe.

Die Sozialdemokratie war immer die Partei des technischen Fortschritts. Produktivitätssteigerung ist selbst dann noch ein grundsätzliches Ziel ihrer Politik, wenn durch technische Rationalisierungsmaßnahmen menschliche Arbeitskraft eingespart wird. Allerdings kann sie einer Politik der Produktivitätssteigerung nur unter der Bedingung zustimmen, daß der Gewinn der Technik gerecht aufgeteilt wird, daß alle gleichermaßen in den Genuß des technischen Fortschritts kommen, daß alle seine negativen Begleiterscheinungen solidarisch mittragen, daß nicht die einen die Gewinner, die anderen die Verlierer sind. Die Aufteilung des Gewinns der Technik hängt von der Aufteilung des Produktivitätszuwachses zwischen Lohnempfängern und Investoren ab. Da die Produktivitätssteigerung bei konstantem Auslastungsgrad nicht zu einem Rückgang, sondern zu einem Anwachsen des nationalen Volkseinkommens, zu einer Vermehrung des allgemeinen Reichtums führt, ist im Grunde nicht einzusehen, warum es in einem funktionierenden Sozialstaat Opfer dieser Entwicklung geben soll. Wenn ein Roboter, der die Arbeitskraft zweier Menschen ersetzt, viele Jahre funktionstüchtig bleibt und doch weniger als zwei Jahreslöhne der ersetzten Menschen kostet, dann ist es nur eine Frage der Umverteilung, auch die arbeitslos gewordenen Menschen mitzuernähren. Denn was sie zum Volkseinkommen beigetragen haben, produziert spätestens nach zwei Jahren der Roboter.

Man kann die Produktivitätszuwächse so aufteilen, daß es auf der einen Seite viele Opfer und auf der anderen Seite wenige große Gewinner des technischen Fortschritts gibt, oder so, daß auf Dauer keine Opfer zurückbleiben, dafür aber um so mehr an den Gewinnen teilhaben. Wer eine gerechtere gesellschaftliche Aufteilung des Produktionszuwachses erreichen will, darf die Frage nach der Lohnhöhe und der Arbeitszeit nicht mikroökonomisch zu lösen versuchen, sondern sozialstaatlich vermittelt. Eine nennenswerte Verkürzung der mittleren gesellschaftlichen Arbeitszeit wird in absehbarer Zeit nicht mehr zu umgehen sein. Heute müssen wir uns fragen: Führt die dritte industrielle Revolution in die Gesellschaft der Arbeitslosigkeit oder in die Gesellschaft der Freizeit? Wird sie den Menschen von verkrüppelnder Arbeit befreien, oder wird sie ihn noch mehr verkrüppeln, indem sie ihn zu erzwungener Untätigkeit verdammt? Muß der Mensch zu seiner Identitätsfindung, zu einer selbstverantwortlichen Existenz unbedingt einer Erwerbsarbeit nachgehen?

Der Sprung in das Reich der Freiheit

Die Industrialisierung führte vom Vorrecht des Nichtarbeitens in der Antike zur sittlichen Anerkennung der Arbeit. Aristoteles ist der Meinung, daß es im menschlichen Leben zwei streng voneinander getrennte Bereiche gibt: den Bereich der Arbeit, der notwendigen Plackerei, und den Bereich der Muße, der schöpferischen Betätigung und des vernünftigen staatsbürgerlichen Handelns zum Wohle der Polisgemeinschaft. Im Bereich der Arbeit herrschen nach seiner Auffassung Zwang, Disziplin und Fremdbestimmung, im Bereich der Muße Freiheit und Selbstbestimmung. Die Freien, in frühen Jahrhunderten die Herrschenden, haben sich daher stets bemüht, in den Genuß des Nichtarbeitens zu gelangen.

Mit dem Christentum entwickelte sich dann die höhere Wertschätzung der Arbeit im Sinne des Herstellens von Gebrauchswerten. Von Mönchen wurde das »ora et labora« propagiert. Die Reformation hat schließlich die Arbeit zum Gottesdienst erhoben. »Etliche Hände beten wenig mit dem Munde, und wird doch die Arbeit ihrer Hände von Gott als ein Gebet geachtet«, sagt Luther. Erst mit der Reformation hat sich jenes bürgerliche Arbeitsethos in der Gesellschaft durchgesetzt, das für die Entfaltung der kapitalistischen Wirtschaft unabdingbar war. Gerade aber die kapitalistischen Merkmale der Arbeit haben es der großen Mehrheit der Industriearbeiterschaft unmöglich gemacht, die Heiligsprechung der Arbeit jemals nachzuvollziehen.

Die Sklaven, die Aristoteles als lebende Werkzeuge bezeichnet, kamen nie in den Genuß der Muße. Erst viele Jahrhunderte später, mit der fortschreitenden Industrialisierung und Rationalisierung eröffnete sich für die Lohnabhängigen die Chance, diesen Bereich des Lebens kennenzulernen, von dem Aristoteles sagt, daß dort Freiheit und Selbstbestimmung herrschen. Die verfügbare Zeit nahm zu. Die Technik bot die Mittel, der fremdbestimmten notwendigen, von anderen zugewiesenen Arbeit zu entfliehen. In jüngerer Zeit wird zwischen Arbeit und Tätigkeit unterschieden: Arbeit sei an die Produktion gebunden, Tätigkeit an die Freizeit. Der Sprung in das Reich der Freiheit wäre demnach ein Sprung aus der Arbeit in die Tätigkeit. Ähnlich sagt es auch Marx im 3. Band des »Kapitals«:

»Das Reich der Freiheit beginnt in der Tat erst da, wo das Arbeiten, das durch Not und äußere Zweckmäßigkeit bestimmt ist, aufhört. Es liegt also der Natur der Sache nach jenseits der Sphäre der eigentlichen materiellen

Produktion ... Die Freiheit in diesem Gebiet [der materiellen Produktion] kann nur darin bestehen, daß der vergesellschaftete Mensch, die assoziierten Produzenten, diesen ihren Stoffwechsel mit der Natur rational regeln, unter ihre gemeinschaftliche Kontrolle bringen, statt von ihm als von einer blinden Masse beherrscht zu werden; ihm mit dem geringsten Kraftaufwand und unter den ihrer menschlichen Natur würdigsten und adäquatesten Bedingungen vollziehen. Aber es bleibt dies immer ein Reich der Notwendigkeit. Jenseits desselben beginnt die menschliche Kraftentwicklung, die sich als Selbstzweck gilt, das wahre Reich der Freiheit, das aber nur auf jenem Reich der Notwendigkeit als seiner Basis aufblühen kann. Die Verkürzung des Arbeitstages ist die Grundbedingung.«

Auch wenn das Reich der Freiheit erst auf der Basis des Reiches der Notwendigkeit aufblühen kann, so heißt das für Marx beileibe nicht, daß die notwendige Arbeit nicht an humane Bedingungen geknüpft sein müßte. Ausdrücklich fordert er, daß sich notwendige Arbeit mit dem geringsten Kraftaufwand, also mit Hilfe der rationalsten Technik und unter den menschenwürdigsten Bedingungen zu vollziehen habe. Diese Forderung ist logisch. Mit anderen Worten: Da die Freiheit in der Notwendigkeit wurzelt, müssen die Keime der Freiheit schon in den Wurzeln angelegt sein, um oben aufblühen zu können.

Wie stark auch immer wir den Bereich der notwendigen gesellschaftlichen Arbeit dank technischer Hilfsmittel verkürzen können, er wird dennoch über seine Produkte stets auch in den Bereich der Freizeit hineinwirken. Wir werden in unserer Freizeit nicht richtig frei sein können, wenn die Produkte unserer Arbeit unsere Freiheit einschränken. Wir werden nur dann Produkte herstellen, die unsere Freiheit nicht einschränken, wenn diese Freiheit schon in der Arbeit angelegt ist. Wir werden also nur insoweit durch die fortschreitende Befreiung von der Arbeit freier werden, wie auch in der Arbeit Freiheit angelegt ist.

Produkte als existentielle Bedrohung

Die lange Zeit menschenunwürdiger Bedingungen in der kapitalistischen Produktion hatte zur verständlichen Folge, daß sich das Augenmerk der Arbeiterbewegung vor allem auf das Reich der Notwendigkeit richtete, auf die Produktionsverhältnisse, die Produktionsweise und die Produktionsinstrumente. Betriebsverfassung, Mitbestimmung, Vermögensbildung in Arbeitnehmerhand sind Stichworte, die uns sofort einfallen, wenn wir überlegen, wie die assoziierten Produzenten den Stoffwechsel mit der Natur unter ihre gemeinschaftliche Kontrolle bringen sollen. Im Laufe der Jahre nahm die Arbeitsteilung weltweit zu. Natürlich war die Arbeiterbewegung bestrebt, das Reich der Freiheit auszudehnen. In der Technik sah sie das Mittel, die Arbeitszeit immer wieder zu verkürzen, um die für Arbeitnehmer verfügbare Zeit zu vergrößern. Weil aber im Mittelpunkt ihres Interesses das Reich der Notwendigkeit stand, weil sie sich mehr auf die Produktionsverhältnisse und die Produktionsweise konzentrierte, verlor sie nach und nach das Ergebnis der Produktion aus dem Auge. Zwar hat schon der junge Marx, anknüpfend an Hegel, die wirkliche Arbeit als entfremdet beschrieben: Statt der Arbeit selbst sei das Produkt der Arbeit zum wesentlichen Faktor geworden; die Arbeit sei entfremdet, weil sie sich in ihrem Produkt vergegenständlicht habe und weil dieses Produkt den Produzenten unabhängig gegenübertrete. Doch daß die Produkte den Produzenten einmal als existentielle Bedrohung globalen Ausmaßes gegenübertreten könnten, daran dachte damals niemand.

Hinzu kam, daß die Arbeiterbewegung im Spannungsverhältnis von Erwerbsarbeit und Freizeit völlig unterschiedliche und sogar widersprüchliche Vorstellungen der eigenen Ziele entwickelte. Im Gothaer Programm von 1875 galt die Arbeit als »Quelle allen Reichtums und aller Kultur«, so daß die ersehnte »Freiheit der Arbeit« nur darin bestehen konnte, bei allgemeiner Arbeitspflicht das Arbeitsprodukt nach vernunftgemäßen Bedürfnissen gerecht zu verteilen. Demgegenüber setzte Karl Kautsky wenig später die Akzente anders. Vom Sieg des Sozialismus erwartete er gerade nicht die »Freiheit der Arbeit«, sondern die »Befreiung von der Arbeit«.

Mögen auch die beiden Zielvorstellungen »Freiheit in der Arbeit« und »Befreiung von der Arbeit« mitunter gegeneinander ausgespielt werden, an sich sind sie keineswegs widersprüchlich. Mit den Worten von Marx ist schon gesagt worden, daß sich die Befreiung von der Arbeit und die Befreiung in der Arbeit gegenseitig bedingen, daß also die Befreiung von der Arbeit nur dann eine wirkliche Befreiung sein kann, wenn sie bereits in der Arbeit angelegt ist. Die technologische Entwicklung bringt es mit sich, daß einerseits sowohl die »Befreiung des Menschen von der Arbeit« fortschreiten kann, ja fortschreiten muß im Sinne einer gerechteren Arbeitsaufteilung, wie auch andererseits die »Befreiung des Menschen in der Arbeit« fortschreiten soll und kann.

Jacques Julliard sieht in der Arbeitslosigkeit keine wirtschaftliche, sondern eine soziale Krise: »Machen wir uns doch nichts vor: Die derzeitige Krise hat mit den Wirtschaftskrisen der Vergangenheit wenig gemein. Sie nimmt weder die Form der Überproduktion noch die der Unterkonsumtion an; sie ist weniger eine ökonomische oder finanzielle, sondern im wesentlichen eine soziale Krise, die die Verteilung der Arbeit in unserer Gesellschaft in Frage stellt. Die Vollbeschäftigung kann nicht durch die Flucht nach vorn in eine sinn- und maßlose Produktivität wiedererlangt werden, sondern nur durch eine Neudefinition der Arbeit, in die auch andere Kriterien als die des kapitalistischen Systems aufgenommen werden müssen. Neugestaltung der konkreten Arbeit, Aufwertung der nicht produktiven Arbeit, Wiedereinführung der schöpferischen Dimension der Arbeitstätigkeit – das ist heute nicht nur eine moralische Forderung, sondern eine wirtschaftliche Notwendigkeit und für den auf Abwege geratenen Sozialismus ein Mittel, seine ursprüngliche Idee wiederzufinden und damit eine neue Bedeutung für die heutige Zeit zu gewinnen.«

In der Tat, der Arbeitsbegriff hat sich in den letzten Jahrzehnten gewandelt. Die Arbeit dient den Menschen heute nicht mehr allein dazu, ihren Lebensunterhalt zu bestreiten. Sie wird auch nicht mehr in dem Ausmaß wie früher zur Begründung ihres Status in der Gesellschaft herangezogen. Mehr und mehr wollen die Menschen sich in ihrer Arbeit selber verwirklichen. Sie wollen auch eine gesunde Arbeit haben. Sie sind auch nicht mehr bereit – wie die Arbeitslosenstatistiken und die Statistiken über die Zahl der offenen Stellen zeigen –, jede beliebige Arbeit anzunehmen. Der chronische Mangel an Arbeitskräften in der Bauwirtschaft und in der Gastronomie ist Beleg dafür. Und noch etwas: Zwei Linien trennen die Arbeitsgesellschaft. Die erste trennt diejenigen, die bezahlte Arbeit haben, von denen, die keine haben; die zweite trennt diejenigen, die eine interessante und schöpferische Arbeit ausüben, von denen, für die Arbeit in erster Linie Sicherung des Lebensunterhalts bedeutet. Und wir dürfen auch nicht vergessen, daß Arbeit nicht nur ihre Objekte formt, sondern auch ihre Subjekte.

Die von Julliard verlangte Neudefinition der Arbeit kann an der beschriebenen Funktionsverschiebung nicht vorbeigehen. Es ist überflüssig zu erwähnen, daß die langjährige Fixierung des Arbeitsbegriffs auf die Erwerbsarbeit, also auf die bezahlte Arbeit, eine Ungerechtigkeit gegenüber den Menschen darstellte, die eine unbezahlte gesellschaftlich unverzichtbare Arbeit geleistet haben und immer noch leisten. Alte Menschen müssen versorgt, Kranke müssen gepflegt und Kinder müssen großgezogen werden.

Auch die Forderung nach Gleichstellung der Frau in Beruf und Gesellschaft verlangt, die starre Trennung von bezahlter Erwerbsarbeit und Familienarbeit aufzuheben. Der Begriff der Arbeit sollte daher in Zukunft seine Bestimmung und Bewertung nicht in erster Linie aus der damit verbundenen Bezahlung erhalten, sondern daraus, inwieweit die Arbeit gesellschaftlich nützlich ist und inwieweit sie dem einzelnen Chancen zur Selbstverwirklichung, zur Emanzipation bietet. Die Forderung nach Selbstverwirklichung und Emanzipation führt dazu, daß Arbeit und Bildung wieder in stärkerer Form miteinander verbunden werden, wie dies der Tradition der Arbeiterbewegung entspricht. Ein solches Konzept bietet auch die Möglichkeit, die beiden genannten Trennungslinien zu überwinden. Für die konkrete Utopie der Gesellschaft der Zukunft heißt das zum ersten: Ausbau der sozialen Grundsicherung; zum zweiten: gerechtere Verteilung der

Erwerbsarbeit durch Verkürzung der Arbeitszeit; und zum dritten: Die Neudefinition der Arbeit hebt den Begriff der Arbeitslosigkeit auf, indem Weiterbildung und Umschulung als Tätigkeit begriffen werden für die Selbstverwirklichung des Menschen. Sie werden so stark erweitert, daß die produzierende Wirtschaft nach Arbeitskräften sucht, die ihre Weiterbildung und Umschulung abgeschlossen haben, statt daß die Arbeitslosen wie bisher vor den Arbeitsämtern Schlange stehen und gleichzeitig keine Möglichkeit haben, ihre beruflichen Fähigkeiten zu entwickeln.

Durch den Ausbau der Grundsicherung, die gegenwärtig im wesentlichen aus Sozialhilfe, staatlicher Ausbildungsförderung, Arbeitslosengeld oder Arbeitslosenhilfe und Rente besteht, soll die Erweiterung des Arbeitsbegriffs materiell abgesichert werden. Außerdem soll verstärkt für die gesellschaftliche Anerkennung der informellen Arbeit, also nicht bezahlter, gesellschaftlich-nützlicher Arbeit, geworben werden. Ohne diese Anerkennung ließe sich zum Beispiel die staatliche Subventionierung eines Mutterschafts- oder Vaterschaftsjahrs gar nicht legitimieren.

Technik als Instrument der menschlichen Selbstverwirklichung

Da man heute noch zwischen Arbeit und Tätigkeit unterscheidet, zwischen fremdbestimmter, notwendiger Erwerbsarbeit und selbstbestimmter Kultur- und Freizeitaktivität, gehört zur Selbstverwirklichung des Menschen in der Arbeit auch die in der Tätigkeit. Will die Sozialdemokratie für die gesellschaftliche Anerkennung der Arbeit werben, die von Menschen außerhalb des Erwerbssektors geleistet wird, dann muß sie die Begriffe »Arbeit« und »Tätigkeit« wieder zusammenführen. Mit einem Wort: Sie braucht diesen erweiterten Arbeitsbegriff, um der technologischen Herausforderung sinnvoll begegnen zu können. Man kann nicht gleichzeitig die Arbeit als Mittel der menschlichen Selbstverwirklichung definieren und in der Befreiung von der Arbeit ein progressives Ziel sehen.

Weil die menschliche Arbeit nicht mehr von der Technik, mit deren Mitteln sie durchgeführt wird, getrennt werden kann, muß die Technik das Instrument der menschlichen Selbstverwirklichung sein, wenn die Arbeit ihr Mittel ist. Zumindest darf die Technik der Selbstverwirklichung des Menschen in der Arbeit nicht zuwiderlaufen. Die Arbeit an einem taktgebundenen Fließband unterwirft den Menschen dem Rhythmus der Maschine; wird hingegen ein Fließband lediglich als Transportmittel benutzt, ersetzt es anstrengende körperliche Arbeit und hilft ihm damit.

Technik ist humanverträglich, wenn sie dem Wesen und der Würde des Menschen angepaßt ist und seiner freien Selbstverwirklichung in der Gesellschaft nicht im Wege steht. Der einzelne muß sie akzeptieren können und sich durch sie nicht bedroht fühlen. Sozialverträglich ist Technik, wenn sie die freie Entwicklung der Gesellschaft nicht behindert und zur Verbesserung der gesellschaftlichen Verhältnisse beiträgt. Sozialverträglichkeit bedeutet in diesem Sinne auch, daß die Gesellschaft bestimmt, wie Technik angewendet wird. Der technische Fortschritt darf unsere natürliche Lebensumgebung nicht zerstören. Und letztlich wird jeder Fortschritt fragwürdig, wenn dadurch praktisch eine Weltkatastrophe programmiert wird: Völkerverträglichkeit verlangt eine defensive statt einer aggressiven Waffentechnologie.

Da Mensch und Gesellschaft in ihrem Wesen unfertig sind, in einem ständigen Lern- und Entwicklungsprozeß befindlich, müssen wir uns davor hüten, Human- oder Sozialverträglichkeit statisch zu verstehen. Der technische Fortschritt ist ein Motor auch des sozialen Wandels. Die Dampfmaschine, so hat es Marx einmal formuliert, sei ein größerer Revolutionär gewesen, als es der Bürger Blanqui je werden könne. Verändert sich aber durch die Einführung neuer Techniken die Gesellschaft, so muß die Frage nach der Sozialverträglichkeit einer technischen Neuerung nicht an den bestehenden Gesellschaftsstrukturen, sondern am Prozeß des sozialen Wandels erörtert werden. Es genügt keineswegs, die Technik nur den bestehenden Gesellschafts- und Arbeitsstrukturen anzupassen. Dies wäre ein struktur- oder machtkonservatives Verständnis von Sozialverträglichkeit. Der progressive Standpunkt der Linken kann zwar wertkonservativ sein – um die von Erhard Eppler geprägten Begriffe zu benutzen –, aber niemals strukturkonservativ. An die Theorien der Aufklärung anknüpfend, umfaßte der Fortschrittsbegriff der Linken stets auch die Vorstellung, daß die gegebenen gesellschaftlichen Verhältnisse verbessert werden könnten. Die Linke bejahte den technologischen Wandel in der Erwartung, daß er den Weg zum sozialen Fortschritt ebnete, und auferlegte sich selber die vernunftgemäße Gestaltung seiner gesellschaftlichen Folgen.

Dynamische Sozialverträglichkeit

Heute wissen wir, daß es nicht ausreicht, allein die gesellschaftlichen Folgen des technologischen Wandels vernünftig gestalten zu wollen. Vielmehr muß der technologische Wandel selber schon vernunftgemäß gestaltet werden, damit auch seine gesellschaftlichen Folgen vernünftig sein können. War auch der Fortschrittsbegriff der Linken zu kurz gedacht, er war dennoch wirklich progressiv, weil er mit dem technologischen Wandel eine umfassende Neugestaltung der Zukunft verband. Die Linke muß jetzt ihren Fortschrittsbegriff weiter denken, ohne hinter diesen progressiven Ansatz zurückzugehen, das heißt ohne angesichts der tiefgreifenden technologischen Veränderungen der Produktionsbedingungen den Gedanken nach einer Verbesserung der gesellschaftlichen Verhältnisse aufzugeben, nur um mögliche Negativfolgen einer solchen Veränderung abzuwehren. Eine »aufgeklärte« Linke muß das Wort »sozialverträglich« dynamisch verstehen: Der soziale Wandel an sich ist eben auch ein positiver, verträglicher Wert. Um uns die Chance zu belassen, mit der Technik den Weg in eine bessere Zukunft zu ebnen, muß die Gesellschaft den Wandel wagen, den die Technik anzeigt. Wagte sie den Wandel nicht, gäbe sie das Prinzip Hoffnung auf.

Wer Sozialverträglichkeit statisch versteht, wird aus falschen Fragen seine Schlüsse ziehen. Jede technische Innovation, die die bestehende Erwerbsstruktur, die bestehenden Berufs- und Qualifikationsstrukturen ändert, die die gewachsene Interessenvertretung stört, die die gegebenen Möglichkeiten menschlicher Selbstbestimmung und Selbstverwirklichung verbaut oder erweitert, wird dann als unverträglich empfunden. Wird aber Sozialverträglichkeit richtig, das heißt dynamisch verstanden, dann lauten schon die Fragen anders. Ob sich die Gesellschaft durch die Anwendung einer neuen Technik zum Guten oder zum Schlechten verändert, wird als erstes zu erfragen sein. Sieht man von vornherein nur die Möglichkeit der negativen Veränderung, dann muß auf die Innovation verzichtet werden. Nur selten allerdings lassen sich die Folgen so eindeutig abschätzen.

Hier ist verantwortliches Handeln, verantwortliches Gestalten der Menschen gefordert. Der steuernde Eingriff menschlicher Vernunft muß das positive Potential der Technik aktivieren, das negative unterdrücken. Die entscheidende Frage ist nicht, ob und inwieweit die überkommenen Berufsstrukturen, die gewachsenen Institutionen der Interessenvertretung und der demokratischen Partizipation gestört werden, sondern die, ob und inwieweit das Aufbrechen der gegebenen Strukturen in sozialen Fortschritt umgemünzt werden kann. Es hätte ja wenig Sinn, eine Technik einem gegebenen gesellschaftlichen Zustand anpassen zu wollen, wenn ebendieser Zustand durch die Anwendung ebendieser Technik verändert wird. Mit der Veränderung der Strukturen werden natürlich auch ihre Begleiterscheinungen, die positiven wie die negativen, überflüssig.

Nehmen wir das Beispiel der gewerkschaftlichen Mitbestimmung. Manche herkömmliche Formen der gewerkschaftlichen Mitbestimmung werden durch den technologisch bedingten Umbruch der Erwerbsstruktur nicht mehr möglich sein. Das allein wäre kein Grund, den Umbruch zu beklagen. Es wäre ja immerhin denkbar, daß mit dem neuen Zustand an demokratischer Qualität gewonnen würde und mithin jene alten Formen der Mitbestimmung nicht mehr nötig wären. Auch wenn diese

Vorstellung, gemessen an der Wirklichkeit, weitgehend ein Traum bleibt, sollte der technologisch bedingte Umbruch der Erwerbsstruktur dennoch nicht abgelehnt werden, solange er sich produktivitätssteigernd auswirkt. Allerdings muß er dann unbedingt durch eine neue, den veränderten Strukturen angemessene Form der Mitbestimmung demokratisch gestaltet werden. Ein solch dynamisches Verständnis von Sozialverträglichkeit erlaubt es nicht nur, den technologischen Fortschritt selber zu bejahen, sondern beinhaltet zugleich die Aufforderung, die sozialen Folgen und Formen des technologischen Wandels entsprechend vernünftig zu gestalten, das heißt, die Zukunft der Gesellschaft im Sinne der Aufklärung bewußt vernünftig zu machen und den Fortschritt im Sinne der menschlichen Freiheit aus dem Fortschrittsgewinn stets aufs neue zu bestimmen. Gerade die Linke, die ja nie den einst revolutionären Charakter der Dampfmaschine bestritten hat, verlöre jede politische Legitimation, wenn sie mit dem technologischen Wandel nicht mehr die Hoffnung verbände, die Gesellschaft verbessern zu können.

Die Technik muß dienen

Die menschliche Gesellschaft beruht auf Arbeitsteilung – auf der Verteilung der Arbeit nicht nur unter Menschen, sondern auch auf Mensch und Maschine. In dem Maße, wie die Arbeitsteilung für die Gesellschaft konstitutiv ist, bildet auch die Technik ein Konstitutivum der arbeitsteiligen Gesellschaft. Mit anderen Worten: Die Arbeitsteilung begründet die Gesellschaftlichkeit der Technik. In der Anwendung durch die Menschen erfährt die Technik einen gesellschaftlichen Sinn, wird sie zu einem geschichtlich-gesellschaftlichen Projekt, in dem angelegt ist, was eine Gesellschaft und die sie beherrschenden Interessen mit den Menschen und mit den Dingen zu machen gedenken. Die individuelle und nationale Souveränität geht verloren, wenn die Technik den menschlichen Bedürfnissen und Fähigkeiten nicht angepaßt ist, wenn der Apparat neben den Menschen tritt, wenn er sich durch seine Komplexität gegen den Menschen verselbständigt.

Die Gesellschaft muß Herrin der Technik bleiben, damit nicht einzelne gesellschaftliche Gruppen sich ihrer bedienen können, um über andere unlegitimiert zu herrschen. Gerade weil die Technik so überaus gesellschaftlich ist, gerade weil sie konstitutiv ist für die Gesellschaft und ihre Zukunft, gerade weil sie unlöslich an gesellschaftliche Einrichtungen und menschliche Eigenschaften geknüpft ist, gerade deshalb muß sie Gegenstand der Politik sein. Wie konnte die Politik diese simple Tatsache vergessen? Wie konnte vor allem eine sozialdemokratische Reformpartei, die doch stets den sozialen Wandel zum Besseren steuern wollte, vergessen, auch den technischen Fortschritt zum Besseren zu steuern, obwohl sie ja immer gewußt hat, wie entscheidend er den sozialen Wandel prägt?

Im technologischen Höhenrausch haben wir die alte Lehre nicht mehr beherzigt, daß die Vernünftigkeit eines Zieles auch schon in den Mitteln, mit denen es erreicht werden soll, angelegt sein muß. Und in der Wachstumseuphorie der Nachkriegszeit galt allein die Devise, alles zu machen, was technisch machbar war: Die Menschen wollten den Mond erobern, und die friedliche Nutzung der Kernenergie schien ihnen den Weg in eine verheißungsvolle Zukunft zu ebnen. Die Technik war eine Sache, die nur die Wissenschaftler oder Ingenieure, bestenfalls noch die Wirtschaftsmanager zu verantworten hatten; auf keinen Fall aber die Politiker. Erst die mensch- und umweltbedrohenden Risiken der modernen technischen Produktion haben uns wieder bewußt gemacht, welche wesentliche Rolle eine vernünftige Technologiepolitik bei der Gestaltung der Zukunft spielt. Zumindest in dieser Hinsicht war die ökologische Krise der letzten beiden Jahrzehnte ein heilsamer Lernprozeß: Mit wachsendem ökologischen Bewußtsein konnten wir unseren Fortschrittsbegriff neu und vernünftiger bestimmen. Heute ist es höchste Zeit für eine Technologiepolitik, die mehr ist als bloß eine permissive, rein finanzielle Förderung einer jedweden Technologie, die durch ihre kapitalistische Verwertung und internationale Vermarktung Gewinne verspricht.

Ein Politikum ersten Ranges ist die Technik nicht nur, weil sie gesellschaftlich organisiert ist und weil mit dieser gesellschaftlichen Organisation Herrschafts- und Machtinteressen verbunden sind, sondern vor allem deshalb, weil nichts anderes die Gesellschaft so nachhaltig verändert. In einer parlamentarischen Demokratie ist es Aufgabe der Politik, den sozialen Wandel demokratisch zu gestalten. In dem Maße, wie die Politik die Kontrolle der Gesellschaft über die Technologie demokratisch organisiert, ist eine in den technischen Bereich lenkend eingreifende Politik legitim. In einer repräsentativen Staatsverfassung aber wird die Politik in den Parlamenten sanktioniert. Demnach muß die gesellschaftliche Mitgestaltung der Technik auch Sache des Parlaments sein.

Gefährlicher Widerspruch

Die Entwicklung der technologischen Produktivkräfte macht den politischen Eingriff mehr und mehr auch aus sich heraus erforderlich. Unter wirtschaftlichen Gesichtspunkten bedeutet die zunehmende Technisierung des Produktionsprozesses – das heißt technische Systeme ersetzen menschliche Arbeit –, daß anstelle von Arbeit Kapital wirksam wird. Häufig übersteigt die erforderliche Kapitalkraft nicht nur die Möglichkeiten privater Unternehmer, sondern auch die der nationalen Kapitalgesellschaften. Dem Trend zur Multinationalität wirtschaftlicher Organisationen und Entscheidungen liegt nicht zuletzt die Kapitalintensivität der modernen, technisch bedingten Produktion zugrunde. Großtechnologien wie die Raumfahrt oder die Verstromung der Kernenergie wären mit privatwirtschaftlichen Mitteln allein gar nicht zu finanzieren gewesen. Nicht viel anders verhält es sich auf dem Gebiet der mikroelektronischen Informations- und Kommunikationstechnologien, wo ja eine öffentliche Einrichtung, die Post, mit Milliardeninvestitionen sämtliche infrastrukturellen Voraussetzungen schaffen muß. Längst ist also die Großtechnologie nicht nur unter dem Aspekt der Akzeptanz, sondern auch unter dem der Finanzierung zu einer öffentlichen, politischen Angelegenheit geworden.

Doch was bisher den Namen einer staatlichen Technologiepolitik trug, hat mit verantwortlicher politischer Gestaltung der Technik wenig zu tun. Diese Politik steht noch viel zu sehr im Zeichen einer liberalistischen Permissivität, ist viel zu sehr nur Erfüllungsgehilfe von Entscheidungen, die im wirtschaftlichen Bereich fallen, als daß sie den technologischen und somit auch den sozialen

Wandel in eigener Verantwortung mitbestimmen könnte. Infolge seines individualistischen, nicht gesellschaftlich vermittelten Freiheitsbegriffes ist der Liberalismus nicht fähig, die Technik gesellschaftspolitisch zu gestalten.

Wenn allein über den Markt und nicht auch über den öffentlichen Diskurs entschieden wird, was produziert werden soll, bleibt auch die Herstellung der technischen Mittel dem Marktkalkül unterworfen. Eingedenk des immensen Schadenspotentials der Großtechnik liegt hierin ein gefährlicher Widerspruch: Mit den technischen Produkten, die als das Ergebnis gesellschaftlichen und politischen Wollens und Handelns von der Gesellschaft und der Politik ethisch zu verantworten wären, wird umgegangen, als seien sie das Ergebnis eines marktwirtschaftlichen Prozesses. Erst die individualistische Gesellschaftsvorstellung des Liberalismus spricht dem sozio-technischen Wandel jene Eigengesetzlichkeit zu, die ihn der gesellschaftlichen Einflußnahme entzieht und die das Individuum zu seinem ohnmächtigen Gegenstand werden läßt. Um seine Freiheit zu bewahren, muß der Mensch die Technik auf der Ebene beherrschen, auf der sie selber ihre »Herrschaft« ausübt – auf der Ebene ihrer gesellschaftlichen Organisation. In der Konsequenz eines rein individualistischen Gesellschafts- und Freiheitsverständnisses aber kehrt sich die Technik gegen die Gesellschaft und gegen die Freiheit des Individuums. Dies zu verhindern ist Aufgabe der Politik. Sie muß um der Freiheit willen die gesellschaftliche Kontrolle der Technik institutionell verankern.

In der Diskussion der letzten Jahre, die sich von den Produktionsverhältnissen und der Produktionsweise auf die Technik und ihre Produkte verlagert hat, wurde immer wieder betont, daß die Gestaltung der Technik eine politische Aufgabe sei. Technische Innovation muß bewußt geregelt, ihre Gefahren müssen erkannt und abgewehrt, ihre Chancen genutzt werden. Auswahl und Gestaltung technischer Neuerungen müssen sich an den Kriterien orientieren, die auch für ausgewähltes Wachstum gelten: Sie sollen Arbeit humanisieren, Gesundheit fördern, die Zahl der Unfälle mindern, den pfleglichen Umgang mit Natur, Rohstoffen und Energie ermöglichen. Darüber hinaus soll technische Innovation die Ausübung von Grundrechten nicht gefährden, sondern erleichtern; sie soll Räume zur Entscheidung über die persönliche Lebensführung öffnen oder offenhalten; sie soll überprüfbar und revidierbar sein, damit Alternativen realisierbar, neue Entwicklungswege gangbar bleiben. Wir müssen produktbewußter produzieren. Denn nie geht man weiter, als wenn man nicht weiß, wohin man geht, hat Talleyrand einmal treffend gesagt.

Der Staat als Nachtwächter

Solchen Anforderungen kann die derzeitige Technologiepolitik nicht genügen. Meist beschränkt sie sich darauf, die Rahmenbedingungen für die privatwirtschaftliche und marktwirtschaftliche Technikentwicklung zu verbessern, ohne indes diese Entwicklung nach den Kriterien der Vernunft steuern zu wollen. Dazu wäre sie schon unter den heutigen Voraussetzungen durchaus in der Lage, denn der Staat bringt erhebliche finanzielle Mittel auf, um Forschung und Technologie zu fördern, um aufwendige technische Projekte vor- und mitzufinanzieren, um Maßnahmen zu unterstützen, die den privaten Unternehmen nicht ausreichend gewinnträchtig erscheinen. Die großen Technologien – Kerntechnologie, Brütertechnologie, militärische Technologie – sind alle Staats-, nicht Marktprodukte. Nicht Marktversagen, Staatsversagen liegt hier vor.

Noch aber fehlt der Wille zum Regeln und Steuern. Solange das ökonomische Credo gilt, der Staat solle in einem System des wirtschaftlichen »Laisser-faire« die Rolle des Nachtwächters spielen, wird sich dieser Wille auch nicht einstellen. Er wird da sein, wenn sich Ferdinand Lassalles Idee durchsetzt, daß der Staat nicht die Funktion eines Nachtwächters haben darf, sondern daß der Zweck des Staates die Erziehung und Entwicklung des Menschengeschlechts zur Freiheit sein soll.

Und es fehlen zum Steuern auch noch die Kriterien. Solche Kriterien können allein aus der prognostischen Abschätzung der sozialen Folgen, die voraussichtlich bei der Anwendung einer neuen Technologie entstehen, gewonnen werden. Jede Technik muß vor der Anwendung auf ihre Umwelt- und Sozialverträglichkeit geprüft werden. Dafür sind neue Rechtsgrundlagen notwendig, denn mit der herkömmlichen Techniküberwachung ist es nicht mehr getan. Pilotprojekte könnten ein wirksames Mittel der Technikbewertung sein, dürften dann allerdings von den Ingenieuren nicht mehr nur als verlängerte Entwicklungsphase betrachtet werden, sondern auch als ein Test auf Umwelt- und Sozialverträglichkeit. Die feststellbaren, wahrscheinlichen oder möglichen Chancen und Risiken müssen abgewogen und in öffentlicher Diskussion erörtert werden. Bei der gesellschaftlichen Kontrolle der Technik sind wir alle gefordert. Denn die Konflikte, die unvermeidlich zwischen den unterschiedlichen Bedürfnissen und Wertsystemen entstehen, können nur vermittels einer hinreichend diskursiven öffentlichen Erörterung der verschiedenen Alternativen in einen notwendigen demokratischen Konsens übergeführt werden.

Selbstverständlich muß einem demokratischen Gemeinwesen daran gelegen sein, daß seine gesetzgebenden Körperschaften an diesem offenen Bewertungsprozeß teilhaben. Der Deutsche Bundestag sollte sich über das Instrument der Enquete-Kommission hinaus eine Instanz zur Abschätzung der Technikfolgen schaffen. Andere Länder haben für ihre jeweiligen Parlamente solche Einrichtungen gegründet. Am weitesten voran sind die Vereinigten Staaten, die im Jahre 1972 das Congressional Office of Technology Assessment eingerichtet haben. Schon in den frühen sechziger Jahren war dort ein solches Büro im Zusammenhang mit dem Weltraumprogramm gefordert worden. Es sollten Konzepte entwickelt werden, damit Technikfolgen und Risiken in systematischer Weise vorweg erkannt und bewertet werden können.

Der amerikanische Kongreß empfand das Informationsdefizit gegenüber der Exekutive als untragbar. Die Debatte verschärfte sich, als die amerikanische Regierung den Bau eines zivilen Überschallflugzeugs anstrebte. Der Kongreß setzte sich im Dezember 1970 gegen die Regierung durch: Das Flugzeug wurde nicht gebaut. Inzwischen hat das amerikanische Büro für Technikfolgenabschätzung eine Anzahl von Studien für den Kongreß erstellt, so zum Beispiel über »Technik und alte Menschen«, »Informationstechnik und Auswirkungen auf das Bildungswesen«, über »Entwicklung der computergesteuerten Büroarbeit«, über »Elektronische Überwachung und bürgerliche Freiheit«, über die »Sicherheit am industriellen Arbeitsplatz«, über die »Möglichkeiten des Energiesparens« usw. In letzter Zeit ist die Studie über SDI bekannt geworden. Das Büro zweifelt nachdrücklich an den grundsätzlichen Möglichkeiten der technischen Realisierung und warnt darüber hinaus vor einer Gefährdung der internationalen Stabilität.

Natürlich würde es nicht ausreichen, nur beim Parlament eine Instanz zur Abschätzung der Technikfolgen anzusiedeln. Andere Institute müssen vor allem dort eingerichtet werden, wo geforscht wird. Die Beteiligung der Staatsbürger am Prozeß der Technikbewertung muß ebenfalls institutionell abgesichert werden, zum Beispiel durch den Ausbau der Mitbestimmung am Arbeitsplatz.

Bewertung der Technikfolgen

Bisher konnte sich ein Großteil der Technik wildwüchsig aus dem Konkurrenzstreben der Erfinder und Unternehmer entwickeln. Die staatliche Technopolitik wußte ihr »Gewährenlassen« stets mit Wirtschafts- und Arbeitsplatzargumenten zu rechtfertigen. Sie hat es versäumt, durch gestaltende Eingriffe die technologischen Wildwüchse einzudämmen. Doch gegen solche Risiken hilft nur eine normative Technologiepolitik, die den Einsatz der Technik auf der Grundlage eines Systems von Geboten und Verboten regelt. Der Staat greift ja auch in anderen existentiellen Fragen in das Radwerk der Marktwirtschaft ein, ohne es damit anzuhalten. Die Sozialdemokratie will den technischen Fortschritt nicht verhindern – ganz im Gegenteil. Sie will über den Einsatz der Technik politisch entscheiden und den technischen Wandel demokratisch gestalten.

Die Abschätzung der Technikfolgen sollte aber nicht erst dann einsetzen, wenn der Handlungsspielraum durch

Sachzwänge bereits verlorengegangen ist – durch hohe Investitionen zum Beispiel, durch das Wirken von Interessengruppen, durch die weitgefächerte Einbindung der Technik in die Wirtschaftsstruktur. Eine vernünftige Technologiepolitik darf nicht nur reaktiv sein, das heißt, sie darf nicht nur auf die von der Technik aufgeworfenen Probleme reagieren, sie sollte ihnen vielmehr vorgreifen, sollte Schäden verhindern. Gerade das wiederum macht die Technikbewertung so überaus schwierig. Wer vorgreifen will, muß prognostisch bewerten. Und jeder weiß, wie unzuverlässig Prognosen sind, weil nicht alles vorhersehbar ist. Eben weil nicht alles vorhersehbar ist, muß eine vernünftige Technologiepolitik reaktiv sein, muß sie Fehlentwicklungen rückgängig machen können.

Die Bewertung der Technikfolgen wird noch dadurch erschwert, daß sie von einem dynamischen Sozialverträglichkeitsbegriff auszugehen hat. Nicht allein der gegebene Gesellschaftszustand ist zu berücksichtigen, auch der soziale Wandel und die Veränderung des Menschen müssen mit einkalkuliert werden. Denn jede große technische Neuerung verändert auch die Menschen und ihr Bewußtsein. Die Schwierigkeit liegt darin, mit dem »alten« Bewußtsein die Auswirkungen der technischen Innovation auch unter dem Aspekt eines möglicherweise anderen, künftigen Bewußtseins beurteilen zu müssen. Weil diese Auswirkungen falsch kalkuliert sein können, darf die Bewertung nicht endgültig sein, muß sie sich jederzeit überprüfen und modifizieren lassen – gleichsam eine dynamische Bewertung.

Es gibt keine wertfreie, politisch neutrale Einschätzung der Technikfolgen. Die Steuerung und Kontrolle der technischen Entwicklung ist immer Gesellschaftspolitik. Und es gibt auch nicht die eine Zukunft, weil sich immer verschiedene Szenarien für die Zukunft entwerfen und diskutieren lassen. Die Politik muß dafür sorgen, daß Technik und Freiheit nicht Gegner werden, sondern daß ein verantwortungsvoller Umgang mit der Technik sie zur Verbündeten der Freiheit macht.

Dazu reicht es nicht aus, die Technik den gegebenen gesellschaftlichen Zuständen einfach anpassen zu wollen. Auch die konservativen Modernisierungsstrategien setzen mehr und mehr auf eine politisch gestaltete, dem Menschen angepaßte Technik. Von den konservativen Strategien unterscheiden sich die progressiven jedoch dadurch, daß sie nicht die gegebene Gesellschaftsordnung zum Maßstab für ein politisches Gestalten der Technik nehmen, sondern daß sie sich von dem utopischen Bild einer besseren, vernünftigeren und freieren Gesellschaftsordnung leiten lassen.

Natürlich ist die Lage auf unserem Planeten äußerst alarmierend. Jedesmal, wenn ich darüber nachdenke und versuche, logisch zu sein, werde ich sehr pessimistisch. Ich sehe keine Möglichkeit, die Menschen und vor allem die Entscheider so weitreichend und schnell zu verändern, daß gerettet werden kann, was gerettet werden müßte. Aber wenn ich dann mein Herz benütze, mein ehernes Vertrauen in die Menschheit, dann werde ich wieder optimistisch. Dann denke ich, daß sich die Dinge halt nicht immer logisch entwickeln. Daß irgend etwas geschehen wird. Was, weiß ich nicht. Aber es wird eine Situation kommen, die die Menschen aufwecken wird. Und wir werden plötzlich verstehen, daß wir unsere Anstrengungen vereinen müssen. Aber rational kann ich das nicht erklären.

Jacques-Yves Cousteau

Leben
in der Risikogesellschaft

Wer den verlorengegangenen Fortschrittskonsens wiederherstellen will, muß die Ursachen beheben, die zu seinem Verlust führten. Da ist zum einen die unmittelbare Gefahr für das Leben, die mit den atomaren Waffensystemen und den Reaktorunfällen oder chemischen Katastrophen in den letzten Jahren auf unheimliche Weise manifest geworden ist. Da ist zum anderen das Gefühl der indirekten Bedrohung, das infolge der schleichenden Zerstörung der natürlichen Umwelt von den Menschen Besitz ergriffen hat. Da sind außerdem die Befürchtung, die Freiheit zu verlieren, ausgeliefert zu sein an die Megatechnik, und das Empfinden der ohnmächtigen Abhängigkeit von einer undurchschaubar gewordenen gesellschaftlichen Organisation der Technik, das mit der Technisierung aller Lebensbereiche gewachsen ist. Und da ist nicht zuletzt die Angst, von der Technik aus dem Arbeitsprozeß verdrängt zu werden, überflüssig zu werden und den erreichten Lebensstandard einzubüßen. An diesen Ursachen muß die Politik der Zukunft ansetzen. Sie wird mehr denn je eine Politik der Sicherheit sein, darauf bedacht, die Risiken eines technisierten Produktionsprozesses für das menschliche Leben so gering wie möglich zu halten und das friedliche Miteinander der Völker jenseits der atomaren Abschreckung zu ermöglichen. Sie wird eine Politik des ökologischen Umdenkens sein, die allerdings nicht mit dem Rückfall in vorindustrielle Zeiten liebäugelt.

Indem die Menschen ihre Geschichte machen, indem sie ihre Zukunft herbeidenken und durch ihr bewußtes Tätigwerden hervorbringen, stoßen sie auch immer eine Bewegung an, die sie nicht gedacht, nicht gewollt, nicht berücksichtigt haben. Gefährliche Dinge kommen so ins Rollen, entwickeln ihre eigene Dynamik, drohen, sich der menschlichen Kontrolle zu entziehen. Gelingt es nicht, sie einzufangen und in ungefährliche Bahnen umzulenken, wird es nichts werden mit einer menschlicheren Zukunft in größerer Freiheit.

Angst wird produziert

Mit dem exponentiellen Wachstum der Produktion wuchsen bisher auch die gesellschaftlichen Risiken und Selbstbedrohungspotentiale. Nicht nur die Quantität, sogar die Qualität der Risiken verändert sich in bedrohlicher Weise – was mit dem Schrumpfungsprozeß des sekundären Sektors zusammenhängt: In gleichem Maße, wie die Produktionstechniken effizienter werden und die industrielle Produktion rationalisiert wird, gewinnt auch die mitproduzierte Gefährdung an Effizienz. Für den Kernschmelzunfall eines 1300-Megawatt-Reaktors rechnet die deutsche Risikostudie Kernkraftwerke mit 15 000 Toten durch akutes Strahlensyndrom und mit circa 100 000 Toten zu einem späteren Zeitpunkt durch Leukämie und Krebs. Außerdem könne eine Fläche von doppelter Größe des Saarlandes verseucht und dadurch eine Umsiedlung von 2,9 Millionen Menschen notwendig werden. Die Freisetzung einer Grundsubstanz für Pflanzenschutzmittel hat im Dezember 1984 in Bhopal circa 5000 Todesopfer und circa 80 000 Verletzte gefordert. Nach einer Untersuchung des TÜV Rheinland würde eine Explosion eines 30 000-Liter-Phosgen-Tanks 2000 Tote und 20 000 Verletzte fordern. Der Zusammenstoß eines Schiffes mit einem Flüssiggastanker würde nach seriösen Schätzungen wahrscheinlich Tausende Todesopfer und Verletzte fordern – eine Prognose, die Ende 1987 vor den Philippinen traurige Wirklichkeit wurde.

Mit der Entwicklung der Produktivkräfte und der daraus resultierenden Komplexität des gesellschaftlichen Organismus sind nicht nur die Zerstörungskräfte gewachsen, mit der Produktion des Reichtums ist auch die Produktion von Ängsten gewachsen. Das ungezügelte Streben nach wirtschaftlichem Wachstum hat uns in das Dilemma gebracht, daß wir die Steigerung unseres Sozialprodukts mit Risiken und Ängsten bezahlen und daß wir einen großen Teil des Zugewinns dann wieder verschwenden müssen, um sie einzudämmen oder zu behandeln. In einer solchen Situation ist jedes »Weiter so« zynisch. Denn es bedeutet nicht nur weiter so mit dem gesellschaftlichen Wohlstand, es bedeutet auch weiter so mit den Produktionsmechanismen und -techniken, die diesen Wohlstand erzeugen, also weiter so mit allen darin enthaltenen Risiken. Der nächste Supergau ist programmiert. Dieses »Weiter so« ist eine uneingestandene Kapitulation vor den Problemen der modernen Industriegesellschaft. Es zeugt von einem erschreckenden Mangel an Vorstellungskraft, daß es auch anders gehen könnte, besser gehen könnte, gefahrloser gehen könnte.

Natürlich soll es weitergehen, muß es weitergehen. Die

Geschichte kommt nicht zum Stillstand. Sie läßt sich auch nicht zurückdrehen. Ein Rückfall in vorindustrielle Produktionsverhältnisse ist ganz und gar undenkbar. Die technische Entwicklung muß und wird weitergehen, aber sie darf nicht »so« weitergehen. Wir dürfen das Sozialprodukt nicht weiter auf Kosten der Gesundheit und der Lebensangst steigern.

Wäre besseres Wissen allein imstande, Fehlentwicklungen zu verhindern, dann dürfte es die Risikogesellschaft, so wie sie heute ist, gar nicht geben, denn die Einsicht, daß maßloses wirtschaftliches Wachstum und gesellschaftlicher Überfluß mit Gefahren für die Menschen verbunden sind, ist wahrscheinlich schon genauso alt wie die denkende Menschheit. In der »Politeia« beschreibt Platon die gerechte Stadt. Das wirtschaftliche und gesellschaftliche Leben ihrer Bürger richtet sich nach dem, was der Verstand als sinnvoll und erforderlich erscheinen läßt.

»Die so ausgerüsteten ... werden Getreide und Wein ziehen, Kleider und Schuhe machen und Häuser bauen, dabei im Sommer zwar oft unbeschuht und ziemlich entblößt arbeiten, im Winter aber hinlänglich bekleidet und beschuht. Und nähren werden sie sich, indem sie aus der Gerste Graupen bereiten und aus dem Weizenmehl und dies kneten und backen und so die schönsten Kuchen und Brot auf Rohr und reinen Baumblättern vorlegen und selbst mit ihren Kindern schmausen, auf Streu von Taxus und Myrten gelagert, Wein dazu trinken und begrenzt den Göttern lobsingen, und werden sehr vergnüglich einander beiwohnen, ohne über ihr Vermögen hinaus Kinder zu erzeugen aus Furcht vor Armut oder Krieg ... Ich vergaß, daß sie auch Zukost haben werden, Salz ja gewiß und Oliven und Käse und Zwiebeln und Kohl, und was

vom Felde eingekocht werden kann, werden sie sich ein-
kochen. Auch Nachtisch wollen wir ihnen aufsetzen von
Feigen, Erbsen und Bohnen, und Myrtenbeeren und Ka-
stanien werden sie sich in der Asche rösten und mäßig
dazu trinken. So werden sie ihr Leben friedlich und ge-
sund hinbringen und aller Wahrscheinlichkeit nach wohl-
betagt sterben, ihren Nachkommen ein ebensolches Leben hinterlassen.«

Wohlwissend, daß sich die Menschen mit dieser maßvollen und genügsamen Lebensart nicht zufriedengeben,
warnt Platon dann vor den Gefahren einer üppigen, einer
aufgeschwemmten Stadt, in der Polster da sein sollen
»und Tische und anderes Hausgerät und Zukost und Sal-
ben und Räucherwerk und Freudenmädchen und Back-
werk, dies alles aufs mannigfaltigste. Ja auch, was wir
vorher aufstellen, gilt nun nicht mehr, nämlich das Notwendige einzurichten, Häuser, Kleider und Schuhe; sondern man muß die Malerei in Bewegung setzen und die
bunte Weberei, und Gold und Elfenbein und alles dergleichen muß angeschafft werden ...

Also müssen wir die Stadt wiederum größer machen?
Denn jene gesunde ist nicht mehr hinreichend, sondern
sie muß sich nun anfüllen mit einem Haufen Volks, das
nicht mehr des Notwendigen wegen in der Stadt ist, wie
zum Beispiel alle Jäger und Schaukünstler, viele, die es
mit Gestalten und Farben zu tun haben, viele auch mit
der Tonkunst, Dichter und deren Diener, Rhapsoden
und Schauspieler, Tänzer, Unternehmer und Handwer-
ker zu allerlei Geschäften, unter anderem auch für den
weiblichen Putz. Ja, auch mehr Diener werden wir bedürfen. Oder meinst du nicht, daß wir auch Kinderwärter
nötig haben werden und Wärterinnen, Kammermädchen
und Putzmacherinnen, Bartscherer und dann wieder

Bäcker und Köche? Auch Schweinehirten werden wir noch brauchen.«

Der Überfluß birgt die Gefahr

Dies ist, verblüffend einfach, die erste Analyse der Dienstleistungsgesellschaft: Die von Platon beschriebene Tendenz, daß mit der Güterproduktion in einer komplexeren Gesellschaft auch das Bedürfnis nach Dienstleistungen wächst, hätte die Entwicklung der modernen Gesellschaft nicht augenfälliger bestätigen können. Freilich sieht Platon nicht weniger klar, daß mit der Komplexität und dem Reichtum der Gesellschaft auch die Risiken für die Menschen zunehmen: »Und auch Ärzte werden wir gewiß nun weit häufiger nötig haben bei dieser Lebensweise als bei der vorigen? – Bei weitem – . . . und auch der Grund und Boden, welcher damals hinreichte, die Damaligen zu ernähren, wird nun zu klein sein und nicht mehr groß genug . . . Also werden wir von dem Nachbarn Land abschneiden müssen, wenn wir genug haben wollen zur Viehweide und zum Ackerbau, und sie auch wieder von unserem, wenn sie sich gehenlassen und die Grenzen des Notwendigen überschreitend nach ungemessenem Besitz streben . . . Von nun an werden wir also Krieg zu führen haben« – Krieg nicht nur gegen andere Völker, sondern auch Krieg gegen die Natur, so müßten wir heute hinzufügen.

Was Platons Vergleich zwischen der gerechten und der üppigen, aufgeschwemmten Stadt aktuell macht, ist nicht, daß der griechische Philosoph gesellschaftliche Risiken feststellt, sondern die Art, wie er sie erklärt: Die Ursache der Gefahren liegt in der Üppigkeit, in der Aufgeschwemmtheit. Gemessen an der Utopie der gerechten, maßvollen Stadt, ist es der Überfluß, der Gefahr bringt. Platons Allegorie läßt sich durchaus übertragen auf die gegenwärtige Risikogesellschaft, deren Prinzip das Anhäufen, nicht das Teilen ist. Wesentlich für sie ist nicht die Tatsache, daß viele Risiken vorhanden sind, sondern vielmehr die, daß solche Risiken wissentlich und wissenschaftlich, mehr noch, daß manche von ihnen aus dem Überfluß produziert werden. Wahrscheinlich müßte man, wie Platon, zum Vergleich noch die Utopie der gerechten Polis haben, um sich dieser Situation völlig bewußt zu sein. Viele Risiken der heutigen Großtechnologie sind nicht zuletzt dadurch bedingt, daß eine quantitativ auf Wirtschaftswachstum fixierte Gesellschaft das richtige Maß für die sinnvolle Güterproduktion aus den Augen verloren hat. Ein Teil dieser Risiken ist überflüssig, weil er dem Überfluß entspringt. Qualitatives Wachstum heißt, die Risiken zu vermindern.

Das Gefahrenpotential einer Gesellschaft im Überfluß ist nicht mit den Lebensrisiken vergleichbar, die in früheren Zeiten in Europa – oder gegenwärtig noch immer in der Dritten Welt – aus dem Mangel entstanden waren. Das Risiko der großtechnischen Nutzung der Kernenergie zum Beispiel ließe sich ohne nennenswerte Einbußen des Wohlstands vermeiden, wenn wir nur einen anderen Weg der Energieversorgung einschlagen wollten. Auch die Vergiftung der Flüsse wäre nicht ein solches Problem, könnten wir uns bei der Herstellung vieler Produkte zu einer durchaus möglichen, sanfteren Chemie entschließen. Zu viele Produkt- und Produktionsalternativen, die weitaus weniger risikoträchtig sind, bleiben ungenutzt, weil der Markt die Produktion nicht genügend nach ökologischen Kriterien reguliert.

Zweifelsohne war noch im 19. Jahrhundert das Armuts- oder Krankheitsrisiko der Europäer sehr viel höher als heute. Gewiß hätte auch damals eine andere Organisation der Gesellschaft, eine gerechtere Verteilung der Güter das Leben der Menschen erträglicher gemacht, doch gab es grundsätzlich weder gegen den Hunger noch gegen die Krankheit etwas, das eine Alternative bilden konnte zur schnellen Entwicklung der Produktivkräfte, zu denen ja auch die Wissenschaft zählt. Heute sind wir dagegen in der paradoxen Lage, daß uns der Verzicht in manchen Fällen besser bekommen würde als die Steigerung. Verständlich, daß gerade diejenigen, die ihren bescheidenen Wohlstand der kontinuierlichen, undifferenzierten Steigerung des Sozialprodukts verdanken, sich mit der Einsicht schwertun, daß der Verzicht in einigen Bereichen ein vieles mehr in anderen Bereichen bedeuten könnte.

Auch der Sozialdemokratie ist es nicht leichtgefallen, sich aus jener Wachstumseuphorie zu lösen, die im letzten halben Jahrhundert vom ökonomischen Denken Besitz ergriffen hat. Denn niemand hat bis jetzt ein klares Bild davon, wie der Sozialstaat bei sinkenden Wachstumsraten finanziert werden kann. Da sich aber die Linke immerhin die Utopie eines gerechteren Gemeinwesens bewahrt hat, kann sie sich besser als manch andere Partei vorstellen, daß die Lebensqualität der Menschen nicht unbedingt von der Quantität der verfügbaren Güter abhängt. Während daher die SPD schon vor geraumer Zeit von einem rein quantitativen Wachstumsbegriff Abschied genommen und die Verbesserung der Lebensqualität zu ihrem Ziel erklärt hat, sind die bürgerlichen Parteien noch immer dem alten, undifferenziert quantitativen Wachstumsdenken verhaftet.

Es kommt nicht von ungefähr, daß einer wie Kurt Biedenkopf, der die alten Dogmen in Frage stellt, in seiner Partei einen schweren Stand hat.

»Schützen« heißt auch »bewahren«

Sind Reichtum, Risiken und Ängste groß, ist auch das Sicherheitsbedürfnis groß. Entsprechend hoch ist dann der Anspruch an die Politik, diese Sicherheit zu gewährleisten. Sicherheit zu garantieren aber heißt, Schutz zu gewähren – Schutz nicht nur vor den äußeren Feinden, sondern Schutz auch vor den Risiken der Modernisierung im Inneren. Das Sicherheitsbedürfnis der Menschen wird aus zwei Quellen gespeist: Zum einen ist da Trauer über den zivilisationsbedingten Verlust an traditioneller sozialer Geborgenheit, zum anderen Angst vor einer unbestimmten Zukunft. Je größer die Zukunftsangst, desto stärker die rückwärts gewandte Trauer. Je mehr die Zukunft mit Risiken belastet wird, desto notwendiger diese Trauer, die die menschlichen Werte unseres Daseins bewahren hilft. Weil »schützen« immer auch »bewahren« und »bewahren« lateinisch »conservare« heißt, ist der Wunsch nach menschlicher Geborgenheit und einem besseren Schutz des Lebens und seiner natürlichen Grundlagen als konservativ bezeichnet worden.

Ich selber habe oft provokativ von den Linken gesagt, sie seien in diesem Sinne heute die eigentlichen Konservativen. Es ging mir dabei nur darum, durch die irritierende Provokation dieser Formulierung Nachdenklichkeit zu erzeugen. Die Begriffe »fortschrittlich« und »konservativ« bilden eine logische Antinomie, das heißt, der eine Begriff gewinnt seine Bedeutung aus der Gegensätzlichkeit zum anderen. Stellt man den herkömmlichen Sinn des einen der beiden Begriffe in Frage, relativiert man damit zugleich den Sinn des anderen. Die Linke konservativ zu nennen ist gleichsam als Aufforderung an sie gedacht, ihren herkömmlichen Fortschrittsgestus zu überdenken.

Wer das »Projekt Moderne« so lange auf die Steigerung des Sozialprodukts gebaut hat, muß bisweilen zum Umdenken provoziert werden. Da eine Reformpartei, eine Partei der gesellschaftlichen Veränderung auf die argumentative Vermittlung ihrer Zielvorstellungen angewiesen ist, braucht sie Nachdenklichkeit, braucht sie Phantasie, sich gesellschaftliche Alternativen auszumalen.

Natürlich darf nicht die Hoffnung auf ein besseres Leben – die Utopie – von der Zukunft in die Vergangenheit verlagert werden. Vielmehr muß sie mit der Zukunft verbunden bleiben, indem der Begriff des Fortschritts gegen das Gefährdungspotential des Modernisierungsprozesses neu bestimmt wird. In einem fortschrittlichen Sinne konservativ sein heißt die Zukunft bewahren, heißt, gegen die Risiken eine Politik der Sicherheit zu betreiben. Dies ist gewiß nicht der Konservatismusbegriff, der in der Politik gebräuchlich ist. Der politische Konservatismus, so wie er über Jahrhunderte von den sogenannten Konservativen selber verstanden wurde, hat wenig mit der Sicherheit der Menschen zu tun, um so mehr mit der Wahrung von gesellschaftlichen Strukturen, die wirtschaftliche, gesellschaftliche oder politische Macht verbürgen. »Konservativ« steht in der politischen Wortbedeutung für das »Haben« und nicht für das »Sein«.

In einem solchen Sinne konservativ ist das Festhalten an Privilegien, um wirtschaftliche, gesellschaftliche oder politische Emanzipationsbestrebungen abzuwehren. Wenn also die Linke mit dem Etikett »konservativ« spielt oder gar kokettiert, wird sie sich doch davor hüten, die Provokation bis zur Begriffsverwechslung zu treiben und dem politischen Konservatismus ungewollt das ideologische Rückgrat zu stärken. Wer unter konservativ nur den Schutz der Lebensgrundlagen und das Bewahren der menschlichen Werte versteht, wer mit konservativ nur das Bedürfnis nach Sicherheit und Geborgenheit meint, der muß darauf bedacht sein, die Unterschiede zur politischen Bedeutung des Wortes klarzumachen. Sicherheit entsteht letztlich nur durch die Vermeidung von Risiken. Die größten Modernisierungsrisiken sind freilich nur zu vermeiden, wenn die überkommenen wirtschaftlichen, gesellschaftlichen und politischen Machtstrukturen im Zuge einer fortschreitenden Demokratisierung auf der Basis einer neuen Verantwortungsethik umgestaltet werden. Der politische Konservatismus steht mithin der Sicherheit im Wege. Denn nicht der autoritäre, nur der demokratische Staat kann in Zukunft noch Sicherheit gewähren – eine Sicherheit, die aus dem verantwortlichen Handeln aller und nicht aus dem staatlichen Gewaltmonopol erwächst.

Verharmlosung der Risiken

Seit Jahren erfahren wir aus den Umfragen der Meinungsforscher, daß das Sicherheitsbedürfnis der meisten Bundesbürger weit vor dem Wunsch nach einem Mehr an individuellen Entfaltungsmöglichkeiten rangiert. In jeder menschlichen Gesellschaftsordnung, in jedem Gesellschaftsvertrag ist die Garantie der Sicherheit – in der dreifachen Form als äußerer Schutz, innerer Friede und materielle Absicherung – das Kernstück der Verpflichtungen des Staates oder Herrschers. Die Magie der afrikanischen Regenkönige gehört dazu genauso wie die volkswirtschaftliche Verantwortung der Bundesregierung. Das Unvermögen des Staates, die erwünschte Sicherheit zu gewährleisten, führt zur Vertrauenskrise in die staatliche Leistungsfähigkeit, gar zur Legitimationskrise. Genau darauf spekuliert ja der Terrorismus. Jede Politik, die mehrheitsfähig werden will, muß also dem Sicherheitsbedürfnis der Menschen entgegenkommen. Gesellschaftliche Sicherheit und individuelle Entfaltung sind alles andere denn Gegensätze. Das eine kann künftig ohne das andere nicht mehr möglich sein. Die Linke wird diesen Zusammenhang beherzigen müssen, wenn sie eine politische Chance haben will, die Zukunft vernünftig zu gestalten.

Gesellschaft wie Politik der nahen Zukunft werden mehr und mehr durch die Gefahr geprägt sein, in die wir alle gleichermaßen durch die ungewollten Nebenwirkungen einer unverantwortlichen Produktionsweise geraten. Entscheidungen, die bisher unbeanstandet den Wissenschaftlern, Ingenieuren oder Managern vorbehalten blieben, werden politisch brisant. Die Kernenergie ist nicht mehr nur Sache der Physiker. Die Schranken spezialisierter Zuständigkeit fallen, weil die Öffentlichkeit ein vitales Interesse daran hat, technische Details beurteilen zu können. Nichtpolitisches wird zunehmend politisch.

Diese Situation schreit geradezu nach einer Demokratisierung der Verantwortlichkeit, sie schreit nach Veränderung. Die drei Standardsätze des öffentlichen wie privaten Bürokratismus: Das haben wir noch nie so gemacht, das haben wir schon immer so gemacht, da könnte ja jeder kommen – werden in ihrer satten Blödheit durchschaubar! Die herrschende Politik dreht sich im Kreis. Und immer dann, wenn sie einen Zustand zu konservieren sucht, den sie unbedingt ändern müßte, nimmt sie Zuflucht zur Beschönigung. »Ästhetisierung« der Politik lautet hierfür das Fachwort, doch wäre es zu hoch gegriffen, wollte man die Politik der »Wende« ästhetisch nennen. Die Ästhetik der »Wende« ist so trivial wie ihre Politik mittelmäßig. Nicht »Ästhetisierung«, sondern Verkitschung der Politik ist das richtige Wort. Wo das ernste Bemühen um die Veränderung einer ernst gewordenen Lage angebracht wäre, setzt die Regierung nur ihr verharmlosendes Lächeln auf. Während in Moskau ein neues Denken angesagt ist, propagiert man in Bonn ein »neues Grinsen«. Die Verkitschung der Politik treibt seltsame Blüten.

Die Verharmlosung der Risiken ist die eine Seite der Medaille, die Dialektik von Pflastersteinen und Polizeiknüppeln die andere. Denn wer die Risiken verharmlost, bewußt oder unbewußt, wird zu wenig tun, um sie zu beseitigen. Er wird dadurch bei denen, die von der Harmlosigkeit der Risiken nicht überzeugt sind, das Gefühl stärken, daß der eigene Aktionismus, um Gefahren abzuwehren, legitim sei. Demgegenüber kann eine Politik, die die Gefahr nicht in den Technologien sieht, die aber gleichwohl Sicherheit schuldet, sich nur noch dadurch legitimieren, daß sie die Gefahr in den Menschen sieht, die sich gegen die Risikotechnologien wehren. Nicht die Produkte der Technik sind das Sicherheitsrisiko, sondern diejenigen, die dagegen opponieren. Gegen sie muß dann der Machtanspruch des Staates, repressiv und autoritär, durchgesetzt und ausgebaut werden. Auf der Strecke bleiben nach und nach die demokratischen Freiheitsrechte. So entsteht in der Risikogesellschaft, wie dies Ulrich Beck richtig beobachtet hat, eine Tendenz zu einem »legitimen« Totalitarismus der Gefahrenabwehr – und zwar ein Totalitarismus von oben und von unten.

Technikmißbrauch und Freiheit

Unter dem Gesichtspunkt der Freiheit erscheint also die Forderung, daß die Technik die Ausübung von Grundrechten nicht gefährden darf, besonders wichtig. Das erhebliche Schadenspotential einiger Großtechniken macht die Industriegesellschaft verletzlich und erpreßbar und daher sicherungsbedürftig. Sie fordert nicht nur Schutz gegen technisches Versagen, sondern auch Sicherung gegen technischen Mißbrauch, die nur auf Kosten der Freiheit gewährleistet werden kann. Vor einiger Zeit ist bekanntgeworden, daß deutsche »Computer-Hacker« die elektronischen Datenbanken der NASA und anderer großer Forschungseinrichtungen angezapft haben. Schon 1970 wurde in den Vereinigten Staaten aus einem Flugzeug eine Bombe auf eine Raffinerie geworfen. 1979 gelang es Mitgliedern der baskischen ETA auf dem Gelände einer spanischen Nuklearfabrik einen 50-Kilo-Sprengsatz zu zünden, und 1982 jagte die südafrikanische Befreiungsbewegung im AKW Köberg, zehn Kilometer von Kapstadt entfernt, vier Sprengsätze in die Luft.

In der Großtechnik, die eigentlich für den Menschen gedacht und gemacht wurde, wird so der Mensch zum Risikofaktor. Die Katastrophe von Tschernobyl ist durch menschliches Versagen verursacht worden. Diese und ähnliche Unfälle führen zu einer verschärften Überwachung und Kontrolle der Beschäftigten. Sie gelten als

Sicherheitsrisiko. Ihr Privatleben muß durch Zuverlässig-
keitsprüfungen überwacht werden, dabei werden auch
Verwandte, Freunde und Nachbarn mit einbezogen.
Der Staat, der seine Bürger derart kontrolliert und
schützt, bedarf einer neuen Rechtfertigung. Die Freiheit
kann nur gewährleistet werden, wenn die Sachzwänge,
die sie einschränken, vermieden werden. Es ist daher
Aufgabe des Staates, technische Alternativen zu fördern
und ihre Verträglichkeit mit dem Recht auf Freiheit zu
überprüfen. Techniken, die eine ständige Arbeitsüber-
wachung, lückenlose, mehrfach gestaffelte Ein- und Aus-
gangskontrollen, obligatorische Personenüberprüfungen
durch den Verfassungsschutz, weitgehende Einschränkungen der Mitbestimmungsrechte des Betriebsrats oder
gar bewaffneten Werkschutz erfordern, sind abzulehnen.
Selbst wenn es für die eine oder andere solcher Technologien keine Alternative geben sollte, dann wird immerhin
der Verzicht auf sie durch den Wiedergewinn demokratischer Lebens- und Arbeitsformen aufgewogen. Zum
Schutze der Freiheit müßte zumindest die Opposition
gegen gefährliche Produktions-, Informations- und Mili-
tärtechnologien durch verstärkte Kontroll-, Mitbestim-
mungs- und Planungsrechte berücksichtigt werden. Es
kann ja in einer kapitalistischen Gesellschaft kein Sy-
stemfehler sein, die demokratischen und individuellen
Spielräume zu erweitern, wenn die Entwicklung des Kapitalismus selber den Individualisierungsprozeß der Gesellschaft zur Folge hat.

Die Individualisierung schreitet fort

Auch wenn es nicht immer den Anschein hatte, so war doch, im nachhinein betrachtet, der Prozeß der Industrialisierung ein Prozeß der gesellschaftlichen Individualisierung – und wird es aller Voraussicht nach in zunehmendem Maße bleiben. Lange Zeit konnte ja die Linke mit Fug und Recht hoffen – und die Rechte befürchten –, daß sich in der Gesellschaft aufgrund der von der industriell-kapitalistischen Produktionsweise hervorgebrachten Klassenstrukturen ein bisher nie dagewesenes solidarisches Bewußtsein entwickeln würde; Beweis: die Arbeiterbewegung. Mit der Industrialisierung wurden die traditionellen Bindungen der Agrargesellschaft zerschlagen – was in Europa an der Auflösung der Großfamilie deutlich zu erkennen ist. In der frühen Industrialisierungsphase mußte sich das Familienleben der in den industriellen Ballungsräumen zusammengepferchten Proletariermassen auf die Reproduktion der Arbeitskraft beschränken. Zumindest unter rechtlich-institutionellem Aspekt scheint der Auflösungsprozeß einer bis auf den Kern bereits geschrumpften Familie noch immer nicht abgeschlossen. In vielen Ländern der Dritten Welt vollzieht sich derzeit ein ähnlicher Zerfallsprozeß in aller Heftigkeit: Die Industrialisierung zerstört die traditionellen Strukturen der Stammes- oder Familiensolidarität und läßt die Menschen ungesichert in den Slums ausufernder Metropolen verelenden.

In den entwickelten Industriestaaten gelang es der Arbeiterbewegung, eine der industriellen Ordnung gemäße, klassenbewußte Solidarität zu organisieren und auf staatlicher Ebene institutionell durchzusetzen. Die gesellschaftliche Solidarität, die in der traditionellen Gesell-

schaft noch unmittelbar in zwischenmenschlichen Hilfe-
leistungen zum Ausdruck kam, nahm jetzt die Gestalt
großer sozialstaatlicher Versicherungssysteme an, wurde
in der bürokratischen Vermittlung anonymisiert. Zweifelsohne war und ist die staatliche Garantie sozialer Sicherheit eine der größten Errungenschaften der Arbeiterbewegung und darf nicht grundsätzlich in Frage gestellt werden.

Der Umbruch der feudalen Agrargesellschaft zur bürgerlichen Industriegesellschaft stürzte die arbeitenden
Massen in ein grenzenloses Elend. Die aus der Leibeigen-
schaft entlassenen Menschen waren in doppelter Weise
freigesetzt worden: frei, ihre Arbeitskraft feilzubieten,
wo und wem sie wollten; frei, zu verhungern, wenn sich
kein Abnehmer fand. Die materielle Not wurde um so
schärfer empfunden, als mit der Industrialisierung auch
die traditionellen Formen der Zwischenmenschlichkeit
und Solidarität zerbrochen waren und somit zur physi-
schen noch die psychische Verelendung kam. Wie hätte
der Prozeß der Individualisierung unter dem Vorzeichen
eines derart verheerenden Mangels von den betroffenen
Menschen als Gewinn empfunden werden können? Die
einzig wirksame Möglichkeit, der Verelendung zu entrin-
nen, bestand in der Organisierung einer kollektiven,
staatlich geschützten Solidarität.

Inzwischen aber hat sich die Lage qualitativ verändert:
Durch die Entfaltung der industriellen Produktivkräfte
ist aus einer Gesellschaft der materiellen Not eine »Gesellschaft des Überflusses« geworden – was nicht heißen
soll, daß es in der ersten nicht reiche Minderheiten gab
und in der zweiten nicht arme Minderheiten gibt. Mit der
technologischen Entwicklung des Arbeits- und Gesell-
schaftslebens schreitet immer noch die Individualisierung

fort. Die dritte industrielle Revolution, die Revolution durch Mikrochips und Telekommunikation, deren Anfänge wir derzeit erleben, wird das Tempo des Individualisierungsprozesses sogar beschleunigen. Doch heute, unter dem Vorzeichen des materiellen Überflusses, hat die Individualisierung eine völlig andere Qualität gewonnen als früher unter dem Vorzeichen des Mangels. Seit sie nicht mehr mit Verelendung verbunden ist, kann sie durchaus von vielen als positiv empfunden werden: Der Verlust an Sicherheit wird durch den Gewinn an persönlicher Autonomie und Selbstbestimmungsmöglichkeiten mehr als aufgewogen.

Chronischer Mangel an Geborgenheit

Die Freiheit bedarf einer materiellen Basis. Für einen Menschen, der Hunger leidet, bedeutet Selbstverwirklichung vor allem anderen, satt zu werden. Erst wenn er satt ist, wird er seine Entfaltungsräume zu erweitern suchen. Ebenso stellt eine satt gewordene Gesellschaft andere Sicherheitsansprüche als eine hungernde. Was also gegen Ende des 19. Jahrhunderts für die arbeitenden Menschen das Optimum zu sein schien, nämlich die sozialstaatliche Absicherung gegen die Willkür des Arbeitsmarktes und die Zeiten eigener Arbeitsunfähigkeit, ist gegenwärtig dem erweiterten Bedürfnis nach immaterieller Selbstverwirklichung nicht mehr so recht angemessen.

Der technische Fortschritt hat den Menschen zwar Wohlstand gebracht, er diktiert aber auch ihrem Zusammenleben seine Bedingungen. Mehr und mehr werden zwischenmenschliche Beziehungen durch technische Medien vermittelt – die Telekommunikation ist vielfach zum

Ersatz für die menschliche Kommunikation geworden. Was die Technik an menschlichem Miteinander verhindert, ließ sich zum Beispiel an dem Babyboom ermessen, der darauf folgte, als in einer Großstadt wie New York einmal abends der Strom ausfiel. In der hochtechnisierten Welt herrscht ein chronischer Mangel an Geborgenheit.

Solange die Menschen sich um die Befriedigung ihrer materiellen Grundbedürfnisse sorgen mußten, überlagerte diese Sorge den Wunsch nach größerer Geborgenheit und breiterem individuellem Entfaltungsraum. Erst die Wohlstandsgesellschaft konnte sich des Mangels an Geborgenheit und Selbstbestimmungsmöglichkeiten wieder so richtig bewußt werden und ihr neues »postmaterialistisches« Bewußtsein als Anspruch an die sozialen Sicherungssysteme formulieren.

Das Formulieren übernahmen als erste, mit unterschiedlichem Geschick, Grüne, Liberale und Christdemokraten. Geprägt durch die jahrhundertealte Erfahrung der Individualisierung als negativem Ergebnis des Kapitalismus und des Individualismus als seiner heimtückischen Waffe, geprägt auch durch eine ebenso alte Fixierung auf kollektive Solidarität und staatlichen Interventionismus, bemerkte die Sozialdemokratie zu spät, daß die Systeme der sozialen Sicherheit, die sie selber für die Menschen erkämpft hatte, der geänderten Zeit und dem geänderten Zeitgeist nicht mehr ganz gerecht wurden. In gewisser Weise hatte die Neuformulierung des sozialpolitischen Konzepts durch den Brain-Trust der CDU für die »Wende« einen ähnlichen Effekt wie dreizehn Jahre zuvor die Neuformulierung der Ostpolitik für das Zustandekommen der sozial-liberalen Koalition: Sie war Katalysator für die Zustimmung jener Wähler der Mitte, die von

Willy Brandts »Mehr Demokratie wagen« zur Sozialdemokratie gezogen worden waren. Jetzt fielen sie aber
wieder von ihr ab, nachdem die SPD selber die Dynamik
der »Demokratisierung aller Lebensbereiche« abgebro-
chen und sich ihr Reformprojekt verstaatlicht hatte.
War es gegen Ende der sechziger Jahre die CDU, die
von den Fesseln ihrer traditionellen Denkstrukturen
daran gehindert wurde, die Notwendigkeit einer neuen
Ostpolitik einzusehen und das Ausmaß ihrer Akzeptanz
in der Bevölkerung richtig einzuschätzen, so war es gegen
Ende der siebziger Jahre die SPD, die, in den Strickmu-
stern ihres überkommenen sozialstaatlichen Wachstums-
modells verfangen, die gesellschaftliche und politische
Sogwirkung des postmaterialistischen Individualismus
verkannte. Claus Leggewie schreibt in seinem Buch »Der
Geist steht rechts«: »Das Geheimnis des CDU-Erfolges
dürfte wohl darin liegen, daß die Partei ihr traditionelles
Image als staatserhaltende Institution, die die ›Ansprü-
che‹ der Gesellschaft abwehrt und einpfercht, erweiterte;
sie spürte sehr wohl die ›libertären‹ Anklänge des Bewe-
gungs-Protestes der siebziger Jahre und der Verschie-
bung der sozialen Konfliktlinien in der Krise der modernen Wohlfahrtsstaaten: Arbeitsplatzbesitzer versus Arbeitslose, Lebensqualität versus Wachstum, Alltag versus institutionelle Politik.«

Die soziale Frage ist immer noch offen

So gelang es den Christdemokraten sogar, vorübergehend auf dem klassischen Terrain der Sozialdemokratie
die politischen Begriffe zu prägen und den Zeitgeist zu
besetzen. »Entstaatlichung« hieß die neue Losung – und

man muß anerkennen, sie war trefflich gewählt. Der Begriff erweckte nach links hin Sympathien, weil er nach »Rücknahme des Staates in den Staatsbürger« klingt, also linke Freiheitsassoziationen ermöglichte. Und er wirkte nach rechts hin sympathisch, weil er sich vorzüglich im Sinne des Wirtschaftsliberalismus als »Privatisierung« interpretieren läßt. So konnten sich die Unionsparteien mit jener berühmten semantischen »Statt/oder«-Alternative als die Parteien der individuellen Freiheit verkaufen und zugleich den demokratischen Sozialismus als eine Bewegung abstempeln, die das Individuum der Macht des Staates und der Verbände ausliefere.

Natürlich vermochte der Zauber der »Entstaatlichungsformel« die Menschen nicht lange in seinen Bann zu schlagen. Dafür war in ihrer christdemokratischen Ausführung die demokratische Substanz der Formel zu dünn. Zwar konnte sie mit dem Schlagwort der »Hilfe zur Selbsthilfe« nochmals auf einen weiteren einprägsamen Begriff gebracht werden, doch in der Bonner Praxis diente sie weitgehend nur dazu, ein fortschrittliches Mäntelchen um eine Politik des sozialen Kahlschlags zu hängen. Auch in den Ländern und Kommunen haben nur wenige Sozialpolitiker der Union, darunter in erster Linie der Berliner Sozialsenator Ulf Fink, ernsthaft versucht, den hehren Anspruch der christdemokratischen Formeln in die politische Praxis umzusetzen.

Aus dem gesellschaftlichen Fortschritt, den die »Wende« verhieß, ist wahrlich nicht viel geworden: Die »neue soziale Frage«, die man freiheitlich zu lösen versprach, ist eine offene Frage geblieben; die technologischen Modernisierungsstrategien der Union sind zwar in wirtschaftlicher Hinsicht nicht ohne Erfolg, belasten aber die Zukunft mit unabsehbaren Risiken und gefährden die gesellschaftliche Freiheit, weil sie nicht wirklich in ethischer Hinsicht verantwortet sind; ganz zu schweigen von jener unsäglichen »geistig-moralischen Erneuerung«, die sich von Skandal zu Skandal als eine immer absonderlicher anmutende Farce entpuppte, bis sie dann endgültig im Kieler Sumpf verschwand.

Freilich darf sich die Sozialdemokratie durch die Tatsache, daß das neue sozialpolitische Konzept der Unionsparteien nicht gehalten hat, was es versprach, nicht davon abbringen lassen, ihre eigene Sozialpolitik weiter zu demokratisieren. An einer grundsätzlichen staatlichen Garantie und Kontrolle der sozialen Sicherungssysteme kann und darf niemand rütteln. Privatisierung kommt nicht in Frage. Doch in den staatlichen Organisationen muß der Freiraum für die Selbstbestimmung der Betroffenen erweitert werden. Eine Deklassierung der hilfsbedürftigen Menschen zu passiven Almosenempfängern ist nicht der richtige Weg.

Auch im Rahmen staatlicher Organisationen ist es möglich, Formen der sozialen Sicherung zu finden, die über die anonyme bürokratische Zuteilung von finanziellen Mitteln hinaus eine aktive, menschliche Solidarität vermitteln können. Die unterschiedlichen Erfahrungen, die derzeit viele staatlich unterstützte Selbsthilfegruppen auf diesem Gebiet sammeln, könnten durchaus zu einem sozialpolitischen Konzept gebündelt und verallgemeinert werden. Der Gedanke einer sozialen Grundsicherung für alle diejenigen, die keiner Erwerbsarbeit nachgehen können und kein anderes Einkommen haben, ist allein schon deshalb richtig, weil eine solche Sicherung mit einem geringen bürokratischen Aufwand zu organisieren ist. Allerdings sollte man sich weiter überlegen, wie auch eine Grundsicherung mit Organisationsformen unmittelbarer menschlicher Solidarität und individueller Selbstbestimmung verbunden werden könnte. Besser ist es, elternlosen Kindern die Geborgenheit in einer Pflegefamilie zu ermöglichen, als sie in Kinderheime zu überweisen. Besser ist es, durch öffentliche Hilfsmaßnahmen alten Menschen das Verbleiben in der Familie zu ermöglichen, als sie in Altersheime abzuschieben. Es müßte nachdenklich stimmen, daß nur wenige entwickelte Gesellschaften Altersheime nicht kennen. Jedenfalls lebt es sich glücklicher mit weniger Geld in der mitmenschlichen Solidarität einer Gruppe als mit mehr Geld in der Vereinsamung. Die Ausdrucksformen der Solidarität, die in materieller und sozialer Hinsicht stark von der Erwerbsarbeit in industriellen Großunternehmen bestimmt sind, bedürfen der Erweiterung, um mit dem Prozeß der gesellschaftlichen Individualisierung Schritt halten zu können. Wie die Verantwortung darf auch die Solidarität nicht nur mehr oder weniger anonymen Institutionen übertragen werden, sondern sie muß als menschliches Miteinander erfahrbar bleiben.

Sozialpolitik als vorsorgliche Gesellschaftspolitik

Die Sozialpolitik hat immer noch zu sehr einen defensiven Charakter, ist versichernd und reparierend, ist nachträglich und wenig vorsorgend. Vernunft und Verantwortungsbewußtsein aber gebieten Vorsorglichkeit in allen Bereichen der Politik. Genauso wie eine fortschrittliche Technopolitik auf den bewußten, gesteuerten Wandel der Gesellschaft zum Besseren ausgerichtet sein muß, genauso muß die Sozialpolitik auf eine positive Veränderung der Gesellschaft zielen, um progressiv zu sein – Sozialpolitik gleichsam als vorsorgliche Gesellschaftspolitik. Vorsorgen bedeutet, die gesellschaftlichen Ursachen beseitigen, die den Versicherungs- oder den Fürsorgefall wahrscheinlich, die Versicherung oder die Fürsorge nötig machen. Vorsorgen also bedeutet, die Gesellschaft zu verändern.

Die gegenwärtige Arbeitslosigkeit hat ja keineswegs ihre tieferen Ursachen in den wirtschaftlichen Gründen, die zu ihrer Erklärung herhalten müssen. Kurt Biedenkopf sieht richtig, daß die Arbeitslosigkeit heute in erster Linie Ausdruck einer unzureichend intelligenten Organisation der Arbeit und des Arbeitsmarktes ist: »Arbeitslosigkeit existiert, obwohl das Bruttosozialprodukt, die Einkommen der Arbeitnehmer real gestiegen sind und der Wohlstand der Gesellschaft ständig gewachsen ist. Eine Gesellschaft, die in einem historisch bisher nicht vorstellbaren Massenwohlstand lebt und gleichwohl nicht in der Lage ist, alle Menschen, die dies wünschen, durch Arbeit an diesem Wohlstand zu beteiligen, hat sich unzureichend intelligent organisiert. Unbeschadet möglicher ökonomischer Ursachen für die gegenwärtige Arbeitslosigkeit ist es vor allem diese unzureichend intelligente Gestaltung der Ordnung der Arbeit, die zur Arbeitslosigkeit führt.«

Die Formulierung Kurt Biedenkopfs, wir hätten »die Ordnung der Arbeit unzureichend intelligent gestaltet«, verharmlost die Tatsache, daß wir verlernt haben, zu teilen und solidarisch miteinander zu leben. Wer gegen die Arbeitslosigkeit wirklich vorsorgen möchte, der sollte seine Denk- und Tatkraft weniger auf die Organisation und Finanzierung eines Arbeitslosen-Versicherungssystems konzentrieren als vielmehr auf die Gestaltung der

Arbeitsorganisation selber und des Arbeitsmarktes. Das aber heißt, die wirtschaftlichen Strukturen zu verändern, die Gesellschaft zu verändern.

Da die wirtschaftlichen Strukturen zu einem guten Teil Machtstrukturen sind, werden sie sich wohl kaum ändern lassen, ohne den wirtschaftlichen Bereich durchgreifend zu demokratisieren. Von welcher Seite immer man das Problem der sozialen Sicherung betrachtet, ob von den gesellschaftlichen Ursachen oder den gesellschaftlichen Ansprüchen her, ob unter dem Aspekt der Arbeitslosigkeit oder dem der Individualisierung, stets stellt sich mit der Frage nach der Sicherheitseffizienz auch die Frage der Demokratisierung. Die Linke wird in Zukunft nicht umhin können, die soziale Sicherheit der Menschen stärker in Verbindung mit einem fortschreitenden Prozeß der Demokratisierung zu denken. Der Status eines Staatsbürgers, der sich zwar rechtlich geschützt, staatlich abgesichert und bürokratisch versorgt weiß, der aber ansonsten überwiegend unselbständig und weisungsgebunden handeln muß und der in der Erwerbsarbeit oder für die eigene Lebensplanung wenig verantwortlich ist, bedeutet vielen Menschen keinen Emanzipationsgewinn mehr.

Nur ein demokratischer Staat kann friedfertig sein

Gilt im allgemeinen, daß Sicherheit gegenwärtig nur noch im verantwortlichen demokratischen Miteinander zu erreichen ist, dann gilt dies nicht zuletzt auch für die äußere, die militärische Sicherheit. Zeit ihres Bestehens hat die deutsche Sozialdemokratie die Ansicht vertreten, daß letztlich nur ein nach innen demokratisch organisierter Staat nach außen friedfertig sein kann. In ihren Streitschriften für die Idee der Völkerverständigung und des Völkerbundes waren sich Eduard Bernstein und Karl Kautsky, so unterschiedlich sie ansonsten dachten, darin einig, daß Staaten, die im Inneren zur Demokratie nicht fähig sind, schwerlich zu einem vernünftigen, gleichberechtigten und gewaltfreien Umgang miteinander finden werden. Wie sollte auch der, der bei sich zu Hause nichts anderes als autoritäre Verhaltensweisen kennengelernt hat, in Konfliktsituationen mit den Nachbarn anders als autoritär reagieren können?

Noch die nachstalinistische Sowjetunion hat die Konflikte in ihrem Machtbereich auf höchst autoritäre Art gelöst: Sie hat in Budapest und Prag ihre Panzer gegen die Bevölkerung und die Regierungen auffahren lassen – ein undenkbares Vorgehen in einem Bund befreundeter Staaten, die sich den Regeln eines demokratischen Miteinanders verpflichtet wissen. Daß sich jetzt die Sowjetunion auf den Weg gemacht hat, mehr Demokratie zu wagen, ist eine einzigartige historische Chance für einen dauerhaften Frieden, eine Chance, die der Westen nicht ungenutzt lassen darf. Er wäre gut beraten, die Zusammenarbeit mit einem Mann wie Michail Gorbatschow zu suchen, der erkannt hat, daß»die UdSSR die Demokratie braucht wie die Luft zum Atmen«. Noch kann niemand vorhersagen, ob die»Perestroika« auf Dauer gegen die konservative Beharrlichkeit eines Großteils des sowjetischen Machtapparats obsiegen wird. Dies aber ist ein Grund mehr für den Westen, die Verständigungs- und Abrüstungsmöglichkeiten, die sie jetzt eröffnet, durch eine neue Phase der Entspannungspolitik abzusichern.

Schon die Entspannungspolitik der siebziger Jahre hat die Lage in Europa entscheidend verändert und damit den Frieden sicherer gemacht. Nicht nur die Verträge von Moskau und Warschau, das Vier-Mächte-Abkommen von Berlin, der Grundlagenvertrag oder die Konferenz für Sicherheit und Zusammenarbeit in Europa (KSZE) waren wichtige Ergebnisse dieser Entspannungspolitik, auch die Politik der »Perestroika« selber wäre ohne sie wohl kaum machbar gewesen. Die vor allem in den Vereinigten Staaten verbreitete Kritik, die erste Phase der Entspannungspolitik sei nicht durch Abrüstungserfolge gekennzeichnet, vielmehr hätte die Sowjetunion sie benutzt, um weiter aufzurüsten, ist zutreffend. Die richtige Schlußfolgerung daraus kann aber nicht lauten, die Entspannungspolitik aufzugeben, sondern sie muß lauten: sie durch Abrüstung und Rüstungskontrolle zu begleiten. Diese Forderung ist so aktuell wie eh und je, denn während viel von Abrüstung geredet wird, stellen die Supermächte immer noch jeden Tag etwa acht bis zehn nukleare Sprengköpfe her. In hundert Tagen werden also circa achthundert bis tausend neue Atomsprengköpfe produziert. Man muß nur lange genug verhandeln, und schon übersteigt die Neuproduktion die Zahl der zur Verschrottung vorgesehenen Sprengköpfe. Im übrigen, selbst wenn man Sicherheit zuallererst durch Gleichgewicht der Rüstung gewährleistet sieht, steht die Anhäufung der Waffen in Mitteleuropa schon längst in keinem Verhältnis mehr zur Intensität des Konfliktes zwischen Ost und West.

Sicherheit durch Zusammenarbeit

Der Satz, daß die Entspannungspolitik von Abrüstung und Rüstungskontrolle begleitet sein muß, gilt auch umgekehrt: Abrüstung und Rüstungskontrolle müssen durch Entspannungspolitik begleitet werden. Abrüstung und Entspannung sollen sich wechselseitig verstärken. Das INF-Abkommen ruft geradezu nach einer zweiten Phase der Entspannungspolitik. Jede Gelegenheit sollte genutzt werden, um auf allen Ebenen, also auch in bilateralen Verhandlungen mit den Mitgliedstaaten des Warschauer Paktes auszuloten, wo und wie in Mitteleuropa abgerüstet werden kann: kernwaffenfreier Korridor, chemiewaffenfreie Zone oder konventionelle Truppenverdünnung zum Beispiel heißen die Stichworte. Darüber hinaus können vorab auf dem Gebiet moderner Technologie die wirtschaftlichen Kontakte zwischen den westlichen und östlichen Staaten, den Wirtschaftsgemeinschaften (EWG und Comecon) und den Unternehmen (Joint Ventures) verstärkt werden. Sicherheit durch Zusammenarbeit ist das dem konservativen Konfliktmodell entgegengesetzte sozialdemokratische Konzept der Sicherheitspolitik.

Es zielt darauf ab, das Netz der gegenseitigen Bindungen und Abhängigkeiten immer dichter zu knüpfen. Die osteuropäischen Staaten, auch die UdSSR, suchen gute und langfristige Wirtschaftsbeziehungen zum Westen, um die eigenen Volkswirtschaften zu stärken. Ebenso müssen die kulturellen Beziehungen zwischen den ost- und westeuropäischen Völkern systematisch ausgebaut werden. Dazu gehört auch ein nicht abreißender Dialog über die gegensätzlichen ideologischen Positionen, deren Barrieren ohnehin unter den Sachzwängen der technologischen Produktion und der ökologischen Notwendigkeiten mehr und mehr zerbrechen. Diese neue Entspannungspolitik darf nicht auf die offizielle Ebene staatlicher Kontakte beschränkt bleiben: Menschen sollen sich begegnen. Sie muß aber immer behutsam genug sein, um nicht zu provozieren, um niemanden zu überfordern. Die Grenzen der jeweiligen Handlungs- und Bündnisspielräume müssen von der jeweils anderen Seite gesehen und respektiert werden.

Noch vor einigen Jahren konnten im Westen weder die Falken noch die Tauben der Abrüstungsdebatte, ja nicht einmal die sachkundigsten Kreml-Astrologen die »Perestroika« kommen sehen. Selbst im Osten hat wohl niemand, außer vielleicht denen, die sie jetzt machen, darauf zu hoffen gewagt. Mithin stand die Diskussion um den NATO-Doppelbeschluß unter ganz anderen Vorzeichen: Alle mußten davon ausgehen und sind auch tatsächlich davon ausgegangen, daß sich das Konzept der sowjetischen Sicherheitspolitik auf absehbare Zeit nicht grundlegend ändern werde. Ob die Befürchtungen der Friedensbewegung unter solchen Prämissen eingetroffen wären, wird nicht mehr zu beweisen sein, denn Gorbatschow hat das sowjetische Sicherheitskonzept geändert. Allein dadurch wurde die Annahme der Friedensbewegung, daß die westliche Nachrüstung der Mittelstreckenraketen eine beidseitige Abrüstung dieser Raketensysteme erschweren würde, zum Irrtum – ein Irrtum übrigens, über den sich die Friedensbewegung nur freuen kann.

Nicht minder geirrt haben sich diejenigen unter den westlichen Falken, die gehofft hatten, einmal stationierte Raketen nicht mehr abbauen zu müssen. Nur weil sie nicht mit einer Änderung der bisherigen sowjetischen

Haltung rechneten und deshalb nicht ernsthaft an die Möglichkeit der gegnerischen Abrüstung glaubten, sagten sie zu, die nachgerüsteten Mittelstreckenraketen wieder zu entfernen, sobald die der anderen Seite beseitigt würden. Jetzt, da man sie beim Wort nimmt, werden auch die hartgesottenen Falken, widerstrebend, zu Opfern ihres Irrtums – was den Widerstand der Stahlhelmfraktion in der CDU/CSU sowie der Konservativen in den USA gegen das INF-Abkommen erklärt. Gönnen wir also den aufrichtigen Befürwortern des NATO-Doppelbeschlusses die Genugtuung, mit (oder trotz) ihrer Strategie das angestrebte Abrüstungsziel erreicht zu haben.

Die Friedensbewegung hat ja nicht minder Grund zur Genugtuung. Denn viel entscheidender als ihre Forderung nach einem Verzicht der westlichen Raketennachrüstung war die Begründung, die sie dafür gegeben hat. Diese Begründung vor allem hat jenen Prozeß des Umdenkens unterstützt, wenn nicht sogar eingeleitet, der das INF-Abkommen erst ermöglichte. Die Friedensbewegung hatte sich gegen die westliche Nachrüstung in erster Linie deshalb ausgesprochen, weil sie die ihr zugrunde liegende Logik der Abschreckung für unvernünftig hielt. Sie sah in der Strategie eines Gleichgewichts des Schreckens nicht ein Element wachsender Sicherheit, sondern vielmehr eines wachsender Unsicherheit: Würde die Verstärkung des Abschreckungspotentials die Sicherheit tatsächlich erhöhen, dann wäre es unsinnig, die Abschreckungsfähigkeit durch Abrüstungsschritte vermindern zu wollen, denn Abschreckung ist um so wirksamer, je größer das Risiko für den Gegner ist. In der Logik der gleichgewichtigen, wechselseitigen Abschreckung aber wächst mit dem Risiko des Gegners stets auch das eigene Risiko. Jahrzehntelang waren Rüstungsexperten und Politiker bemüht, den Menschen in Ost und West die ständige Steigerung des Risikos unter dem Etikett »mehr Sicherheit« zu verkaufen. Daß ihnen dies zeitweilig so gut gelungen ist, wo doch normalerweise nach jedermanns Logik Sicherheit in einem umgekehrt proportionalen Verhältnis zum Risiko steht, gehört zu den Merkwürdigkeiten des Kalten Krieges.

Das Konzept der »gemeinsamen Sicherheit«

Erst die Friedensbewegung ist gedanklich aus dem Teufelskreis dieser »Unsicherheitspolitik« ausgebrochen und hat versucht, sicherheitspolitische Alternativen zu konzipieren, die auch wirklich mehr Sicherheit bringen. In der Auseinandersetzung mit ihren Überlegungen wurde von Sozialdemokraten (Palme, Bahr) das Konzept der »gemeinsamen Sicherheit« entwickelt. Man begann zu begreifen, daß in Anbetracht der angehäuften atomaren Vernichtungskraft und des labilen Automatismus, der im Falle eines Falles ihren Einsatz regelt, Sicherheit nicht mehr in der gegenseitigen Abschreckung lag, sondern nur noch in der sicherheitspartnerschaftlichen Gemeinsamkeit. Es war der Fehler der Abschreckungsdoktrin, daß jeder nur den eigenen Frieden im Auge hatte. Der eigene Friede aber ist mit der waffentechnologischen Entwicklung zur Schimäre geworden. Die Alternative heißt nur noch: Entweder gemeinsam den Untergang riskieren oder in einem gemeinsamen Frieden leben.

Auf der westlichen Seite hat sich die internationale Sozialdemokratie zum Sprachrohr dieses neuen Konzepts gemacht. Sie hatte das Glück, jenseits des Eisernen Vorhangs auf offene Ohren zu treffen. Auch Michail

Gorbatschow ist von der gefährlichen Unvernunft der atomaren Abschreckung überzeugt, es wäre sonst das INF-Abkommen nicht unterzeichnet worden. Nicht weil der Westen nachgerüstet hat, willigte der Osten in die Abrüstung ein, sondern weil ein neues Sicherheitskonzept die Zustimmung eines neuen Generalsekretärs der KPdSU fand, konnte die Null-Lösung verwirklicht werden. Dieses neue Sicherheitskonzept aber, das sich mehr und mehr durchsetzen wird, ist nicht von den Befürwortern der Nachrüstung erdacht worden. Es konnte von ihnen auch gar nicht erdacht werden, weil es völlig mit den uralten Denk- und Verhaltensstrukturen der herkömmlichen Sicherheitspolitik bricht.

Wegen der geographischen Lage des Atlantischen Bündnisses hatte die Abschreckungsstrategie der massiven Vergeltung von Anfang an eine Glaubwürdigkeitslücke. Daß die Vereinigten Staaten ihre Existenz aufs Spiel setzen würden, um Europa zu verteidigen, erschien vielen nicht glaubhaft – und am wenigsten glaubten daran die Amerikaner selber. »Es ist schwer, sich vorzustellen, daß irgendein amerikanischer Präsident unter irgendwelchen Umständen einen strategischen Schlag auslöst – ausgenommen als Vergeltung für einen atomaren Angriff der Sowjetunion«, schrieb Robert McNamara im Herbst 1983 in »Foreign Affairs«. Also wurde die Strategie der »flexiblen Vergeltung« erfunden, um diese Glaubwürdigkeitslücke zu schließen.

Doch damit wurde das Gleichgewicht des Schreckens nur labiler, wurde die Sicherheit durch Abschreckung noch unsicherer. Denn logischerweise kann man nicht einerseits strategische Atomwaffen anhäufen, um den Ausbruch eines Atomkriegs zu verhindern, und dann andererseits dieses Drohpotential mit taktischen Atomwaffen zu ergänzen suchen, die erlauben, mit der Aussicht auf Sieg einen Atomkrieg zu führen, indem sie ihn regional begrenzen. Aus einer politischen Waffe wurde eine militärische Waffe gemacht – ein kapitaler Fehler. Wer den Atomkrieg nicht will, sollte dafür nicht Kriegführungsstrategien, sondern Kriegvermeidungsstrategien entwickeln. Die strategische Drohung mit massiver Vergeltung wird in dem Maße absurd, in dem sie, um glaubwürdig zu bleiben, taktischer Ergänzungen bedarf, die das wahrscheinlicher erscheinen lassen, was sie gerade unbedingt verhindern soll.

In einem im Herbst 1987 erschienenen Aufsatz schreibt dazu Karl-Heinz Klär: »Weil die flexible Antwort die Glaubwürdigkeit der Kriegsverhütung durch atomare Abschreckung untergräbt und mindert und dadurch, aber auch aus ihr eingeborenen Gründen die Gefahr eines Atomkrieges erhöht, ist sie eine ungeeignete Strategie der militärischen Friedenssicherung im Zeitalter der atomaren Waffen. Sie wird doppelt ungeeignet durch den Umstand, daß unter dem strategischen Regime der flexiblen Antwort eine permanente Modernisierung der atomaren Bewaffnung unerläßlich ist. Jedes neue, die Punkt-für-Punkt-Abschreckung und die Eskalationsleiter besser gewährleistende oder gar verdichtende atomare Waffensystem auf der einen Seite löst postwendend das Verlangen nach einem ebensolchen auf der anderen Seite aus. Gleichgewicht wird so zu einem nie erreichten, ja unerreichbaren Ziel, jeder Versuch, die Rüstungsdynamik zu begrenzen, sie gar im Kern zu brechen, wird zur Sisyphusarbeit.«

Regionales Verteidigungsbündnis
NATO

Die NATO-Strategie der »flexible response« wurde 1968 beschlossen. Diese Strategie sieht den begrenzten Einsatz von Atomwaffen für den Fall vor, daß die konventionellen Streitkräfte der NATO einen Angriff der konventionellen Streitkräfte des Warschauer Paktes nicht mehr aufhalten können. Der ehemalige Oberbefehlshaber der NATO-Streitkräfte in Europa, General Rogers, hat mehrfach erklärt, daß er im Falle eines konventionellen sowjetischen Angriffs bereits nach sechs bis acht Stunden die Freigabe für den Einsatz von nuklearen Gefechtsfeldwaffen fordern müsse. Seit einigen Jahren wird diese Strategie in Europa mehr und mehr in Frage gestellt. Die Friedensbewegung argumentierte zu Recht, daß eine Strategie, die im Falle eines Falles zur Zerstörung all dessen führt, was man zu verteidigen vorgibt, nicht akzeptabel ist.

Einig aber sind sich alle darin, daß jede Strategie eine entscheidende Voraussetzung hat: Sie muß von der Bevölkerung akzeptiert sein. Doch diese Voraussetzung jeder glaubwürdigen militärischen Strategie ist in Europa schon lange nicht mehr gegeben. Helmut Schmidt schreibt dazu: »Eine solche Militärstrategie für Europa zu akzeptieren mag leicht sein für jemanden, der selber in Kalifornien wohnt oder in Georgia. Es ist weniger leicht – eigentlich fast unmöglich –, diese Strategie zu akzeptieren, wenn man in der Mitte Europas lebt.«

Auch der ehemalige amerikanische Verteidigungsminister Robert McNamara, unter dessen Amtsführung die neue Strategie beschlossen wurde, hält sie nicht mehr für vertretbar. In seinem Buch »Blindlings ins Verderben«

kommt er zu dem Schluß: »Militärische Konflikte können schnell eskalieren zu einem Atomkrieg, der zur sicheren Vernichtung unserer Zivilisation führt. Dieses Risiko ist viel größer, als ich aus militärischen, politischen oder ethischen Gründen akzeptieren kann. Ich will dieses Risiko nicht an meine Kinder und Enkelkinder weitergeben.«

Die Westeuropäer begreifen die NATO als ein regionales Verteidigungsbündnis. Sie können und wollen aus ihrer Verpflichtung für das Bündnis nicht für eine globale Weltmachtpolitik in Anspruch genommen werden. Die französische Politik hat daraus ihre besonderen Konsequenzen gezogen. Frankreich ist aus der militärischen Integration der NATO ausgeschieden. Es ist damit aber keineswegs aus der NATO ausgeschieden, sondern bleibt an all ihren politischen Aktivitäten beteiligt. Es nimmt an den Sitzungen des obersten Rates der NATO, dem Atlantischen Rat, teil. Dies gilt auch für alle Unterorganisationen, das politische Komitee, das Wirtschaftskomitee, die Ad-hoc-Gruppen sowie die technischen Komitees für Luftverteidigung, für zivile Notstandsverteidigung und für Fernmeldetechnik. Frankreich hat seinen Platz im internationalen Sekretariat der Organisationen. Es leistet seinen vollen Beitrag zum zivilen Haushalt und zu einem Teil des militärischen Haushalts.

Obwohl es an allen politischen Aktivitäten der NATO beteiligt ist, weigert sich Frankreich, seine Truppen militärisch zu integrieren, da es autonom über seine Beteiligung an militärischen Auseinandersetzungen entscheiden will. In dieser Frage herrscht in Frankreich seit 25 Jahren eine breite Übereinstimmung von links bis rechts. Charles de Gaulle sagte im Januar 1963 auf einer Pressekonferenz: »Seine eigene freie Entscheidungsmöglichkeit zu besitzen und die Fähigkeit, sie sich im Rahmen seiner Mittel erhalten zu können, ist für ein großes Volk ebenfalls ein kategorischer Imperativ, denn Allianzen haben keine absolute Tugend, gleichgültig auf welchen Gefühlen sie beruhen.« In das gleiche Horn stößt der heutige Präsident François Mitterrand in seinem 1980 erschienenen Buch »Sieg der Rose«: »Frankreich ist aus der NATO ausgetreten, das heißt aus dem Oberkommando, einer Nebenstelle des Pentagon ... Man überläßt anderen nicht die Entscheidung, wenn Leben und Tod auf dem Spiel stehen.«

Die Krise am Persischen Golf hat die Debatte um eine globale Verpflichtung der NATO erneut belebt. Schon als Präsident Carter seine schnelle Eingreiftruppe bildete, wurde unter anderem in der Bundesrepublik darüber diskutiert, ob es auch vorstellbar wäre, deutsche Truppen am Golf einzusetzen. Die Regierung Schmidt/ Genscher hatte solchen Überlegungen eine klare Absage erteilt. In der gegenwärtigen Bundesregierung hingegen gibt es starke Kräfte, die diesem Gedanken durchaus aufgeschlossen sind. Immer wieder appelliert die amerikanische Führungsmacht an ihre westeuropäischen Verbündeten, sie bei ihren Verpflichtungen außerhalb des Vertragsgebietes der NATO zu unterstützen. Einer solchen Forderung steht die Verfassung der Bundesrepublik eindeutig entgegen.

Das Sarajewo-Trauma

So ist der amerikanische Appell an die Europäer, Aufgaben außerhalb des NATO-Vertragsgebietes zu übernehmen, auch nicht das eigentliche Problem. Über die Entsendung deutscher Truppen an den Golf hätte nur die Bundesregierung zu entscheiden. Viel wichtiger ist die Frage, ob Auseinandersetzungen der Supermächte am Golf oder andernorts außerhalb des Vertragsgebietes der NATO geographisch eskalieren können. Genau diese Gefahr aber ist bei der gegenwärtigen NATO-Infrastruktur gegeben, da die Weltmacht USA die integrierte militärische Struktur der NATO dominiert und gleichzeitig eine eigene nationale und globale Politik nicht aufgeben will und wird. Zwar werden die Westeuropäer, wenn es bei der gegenwärtigen Struktur bleibt, immer wieder darauf drängen, daß das NATO-Gebiet nicht Gegenstand horizontaler Eskalation werden darf, doch bergen die gegenwärtige militärische Struktur und Technik gerade jenes Risiko in sich, das man politisch vermeiden will.

In ihrem 1962 erschienenen Buch »August 1914« behauptet Barbara Tuchman, daß die Europäer unbeabsichtigt in den Ersten Weltkrieg getaumelt seien. Ein Kapitel des Buches beginnt mit dem Ausspruch Bismarcks, »daß irgendeine ganz lächerliche Angelegenheit auf dem Balkan« den nächsten Krieg auslösen werde. Präsident Kennedy, der darauf bestand, daß jedes Mitglied des Nationalen Sicherheitsrates dieses Buch las, erinnerte immer wieder an den Dialog zweier deutscher Reichskanzler über die Ursprünge des Ersten Weltkriegs. Einer fragte: »Wie ist das geschehen?« Sein Nachfolger antwortete: »Tja, wenn wir das nur wüßten.«

Die meisten Historiker sind indes der Ansicht, daß Europa im Jahre 1914 nicht so zufällig in den Weltkrieg schlitterte, wie es Barbara Tuchman darstellt. Auch die deutschen Machthaber wußten sehr genau, was sie taten und was sie damit auslösen würden. Nichtsdestoweniger ist Barbara Tuchmans Interpretation aktuell – selbst wenn sie eine Erfindung wäre. Präsident Kennedy hat sie nur deshalb seinen Beratern als Lektüre empfohlen, weil er sie für plausibel hielt. Denn die Möglichkeit, daß die Welt unwillentlich und unwissentlich in einen Krieg gerät, ist heute wahrscheinlicher denn je – reicht doch bei der Komplexität der atomaren Waffenautomaten schon ein schlichter Computerfehler aus, um ohne menschliches Zutun den Weltbrand auszulösen.

Eine Veränderung der NATO-Struktur hin zu den beiden Pfeilern USA und Europa, die Präsident Kennedy in seiner berühmten Rede vom 4. Juli 1962 in Philadelphia aus Anlaß des 186. Jahrestages der amerikanischen Unabhängigkeitserklärung genannt hat, ist ein Ausweg aus dieser Situation. Kennedy sagte: »Die Nationen Westeuropas – lange durch bittere Fehden gespalten, die noch viel ernster waren, als wie sie seinerzeit zwischen den dreizehn Kolonien bestanden – schließen sich zusammen und suchen, wie dies unsere Vorväter taten, Freiheit und Vielfalt und Stärke in der Einheit zu finden. Die Vereinigten Staaten blicken auf dieses große Unterfangen mit Hoffnung und Bewunderung. Wir sehen in einem starken und geeinten Europa nicht einen Rivalen, sondern einen Partner. Die Förderung seines Fortschritts ist siebzehn Jahre lang ein grundlegendes Ziel unserer Außenpolitik gewesen. Der Glaube, daß ein geeintes Europa in der Lage sein wird, eine größere Rolle in der gemeinsamen Verteidigung zu übernehmen ... Wir sehen in einem solchen Europa einen Partner, dem wir auf einer völlig gleichen Basis bei all den großen und mühevollen Aufgaben des Aufbaus und der Verteidigung einer Gemeinschaft freier Nationen gegenübertreten könnten.«

Eine solche Entwicklung wäre nicht nur im Interesse der Westeuropäer, die, anknüpfend an die früheren Vorstellungen zur Bildung einer europäischen Verteidigungsgemeinschaft, eine integrierte europäische Verteidigungsstruktur aufbauen müßten, sondern auch im Sicherheitsinteresse ihres amerikanischen Partners, dem ein verteidigungsfähiges und selbstbewußtes Europa gewiß nicht schaden könnte. Es bliebe dann ureigene Entscheidung der Amerikaner, wie stark und wie weit sie sich außerhalb des NATO-Vertragsgebietes engagieren wollen. Niemand kann so blauäugig sein zu glauben, daß es den USA möglich wäre, im Fall eines Einsatzes außerhalb des NATO-Vertragsgebietes um alle ihre Einrichtungen und Truppen im NATO-Vertragsgebiet herumzuoperieren. Die Erfahrung lehrt gerade das Gegenteil.

Gefahr von Vergeltungsschlägen

Als zum Beispiel Präsident Reagan die Entscheidung traf, Libyen wegen seiner terroristischen Aktivitäten zu bestrafen, wurden Einrichtungen der NATO in Mitteleuropa herangezogen. Die nichtintegrierten NATO-Länder verweigerten den Vereinigten Staaten die Überflugrechte. Der libysche Machthaber Gadhafi hatte Griechenland mit Vergeltung gedroht, falls es zuließe, daß die Amerikaner von Kreta aus operierten. Gegenüber dem in der NATO integrierten Italien reagierte Libyen mit einem Angriff auf die kleine italienische Insel Lampedusa, auf der Fernmeldeeinrichtungen standen. Wer kann schon garantieren, daß es auf der einen Seite nur bei Libyen bleibt und auf der anderen Seite nur bei Lampedusa? Genauso gut hätte es schon einmal Berlin treffen können, und der Vergeltungsschlag hätte von einer atomaren Supermacht ausgeteilt worden sein.

Robert McNamara schreibt in seinem Buch »Blindlings ins Verderben«: »Ich glaube, die Berlinkrise begann mit der Invasion der Schweinebucht im April 1961 ... Das Ergebnis – sorgsam von den Sowjets beobachtet – kann man nur als Debakel bezeichnen. Knapp zwei Monate später traf sich der Präsident mit dem sowjetischen Parteichef Nikita Chruschtschow in Wien. Vielleicht als Folge des Mißmanagements der Kuba-Invasion durch die Administration kam Chruschtschow zu der Einschätzung, Kennedy sei unerfahren und nachgiebig. Mit dieser Einschätzung hat er wohl gefolgt, die UdSSR könne ohne großes Risiko Westberlin der Kontrolle des Westens entziehen.«

Nach McNamara war also die Berlinkrise eine Folge der gescheiterten Kuba-Invasion. Er selber fragte damals einen ranghohen NATO-Befehlshaber, wie denn diese Krise in letzter Konsequenz ausgehen könnte. »Mit Atomwaffen«, lautete die Antwort. Vierzehn Monate später, auf dem Höhepunkt der Kubakrise, plädierte die Mehrheit der Berater Präsident Kennedys für einen Luftangriff auf die in Kuba stationierten sowjetischen Raketen. Diese Berater gingen zwar davon aus – so erinnert sich McNamara –, daß die militärische Überlegenheit der Amerikaner in der Hemisphäre den Erfolg der Luftangriffe garantiere, »die Sowjetunion jedoch sehr wahrscheinlich mit militärischen Aktionen gegen die Flanken oder gar den Zentralabschnitt der NATO antworten würde«.

Selbstverständlich ist auch den USA nicht daran gelegen, daß sich regionale Konflikte ausweiten. Wie sehr man sich dieses Problems bewußt ist, geht aus dem hervor, was die Carter-Regierung im Hearing über die Strategie des Atomkriegs vor dem Senatskomitee für Aus-

wärtige Beziehungen am 16. September 1980 unge-
schminkt vortrug: »Es gibt auch keinen Grund für die
Annahme, daß die UdSSR irgendeinen Teil der Welt von
Atomwaffen verschonen würde, selbst wenn dies den
sowjetischen Interessen entspräche. Daher bringt jede
Konfrontation zwischen den USA und der Sowjetunion
das Risiko der Verschärfung und der geographischen
Ausweitung des Konflikts mit sich.«

Der Golf-Konflikt hat auch den Europäern dieses Problem noch einmal ins Bewußtsein gerückt. Man muß
nicht die von Jonathan Dean in seinem Buch »Watershed
in Europe« dargelegte Auffassung teilen, daß der Fall,
für den die NATO geschaffen worden sei, nämlich einen
Angriff der Sowjetunion gegen Westeuropa abzuschrek-
ken, im Laufe der Zeit unwahrscheinlich geworden sei.
Man muß auch nicht dem ehemaligen Bundeskanzler
Konrad Adenauer folgen, der bereits im Jahr 1966 auf
dem Bundesparteitag der CDU erklärte, die Sowjetunion
sei in die Reihe der Völker eingetreten, »die den Frieden
wollen«. Aber man muß aus den Ereignissen der letzten
Jahrzehnte den Schluß ziehen, daß, sollte es zum Konflikt
der beiden Supermächte in Europa kommen, die Ursache
für diesen Konflikt mit hoher Wahrscheinlichkeit außerhalb des NATO-Verteidigungsgebietes liegen wird. Mithin ist es zwingend geboten, in Europa eine europäische
Verteidigungsstruktur aufzubauen, die die oben geschil-
derten Risiken weitgehend vermeidet.

Deutschland und Frankreich
weisen den Weg

So kommt es nicht von ungefähr, daß neuerdings zwischen Frankreich und der Bundesrepublik die Debatte über eine gemeinsame Sicherheitspolitik wieder voll entbrannt ist. Der von Charles de Gaulle und Konrad Adenauer 1963 unterzeichnete deutsch-französische Freundschaftsvertrag verpflichtet die Verteidigungsminister der beiden Länder dazu, auf dem Gebiet der Strategie und der Taktik ihre Auffassungen einander anzunähern, um zu gemeinsamen Konzepten zu gelangen. Weil aber dieser Auftrag viel zu lange nur auf dem Papier stand, schrieb vor einiger Zeit der frühere gaullistische Minister Alain Peyrefitte in einem Leitartikel des »Figaro«: »Ein neuer deutsch-französischer Vertrag, vergleichbar mit dem von 1963, ist wünschenswert geworden. In Sachen Währung und Verteidigung sind Deutschland und Frankreich in der Lage, weiterzugehen als die anderen und damit den Weg zu weisen. Die Zeit dazu ist reif.«

Der Schlüssel zu einer europäischen Sicherheitspolitik liegt also in Paris und Bonn. Sämtliche politischen Kräfte, die sich in Frankreich am Dialog über die europäische Sicherheitspolitik beteiligen, stimmen darin überein, daß ihr Land nicht in die Pentagon-dominierte NATO-Infrastruktur zurückkehren wird. Stellvertretend für alle, stellt dazu Pierre Messmer, ehemals Premier- und Verteidigungsminister, fest: »Eine langfristige Perspektive für die Verteidigung Europas kann nur eine Verteidigung mit europäischen Mitteln sein. Es liegt nicht in der Natur der Dinge, daß die Amerikaner auf Ewigkeit die Sicherheit Europas garantieren. Es geht um ein Bündnis mit den USA, das nicht unbedingt amerikanische Mittel in

Europa verlangt.« Diese Aussage wird von dem ehemaligen sozialistischen Verteidigungsminister Charles Hernu bekräftigt: »Für mich besteht die Lösung nicht darin, daß Frankreich in die NATO zurückkehrt. Die Lösung wäre, daß Deutschland mehr Freiheit hat, die gleiche Freiheit wie Frankreich, so daß es deutsch-französische Verträge geben kann. Es sei an dieser Stelle daran erinnert, daß der Wartime Host Nation Support ein bilaterales Abkommen zwischen den USA und der Bundesrepublik Deutschland ist.«

Die Bundesrepublik muß bereit sein, ihre Sicherheit künftig in der Fortsetzung der Entspannungspolitik und in einer europäischen Verteidigungsstruktur zu suchen. In Frankreich unterstützt nicht nur die Mehrheit der Bevölkerung ein solches Vorhaben, auch die Regierungsparteien und die opponierenden Sozialisten befürworten gleichermaßen diese Idee. Sie haben erkannt, daß sich der französische Wille zur Selbständigkeit in Zukunft nur in einem selbständigen Europa verwirklichen kann. Ebenso haben sie erkannt, daß ein enges Zusammengehen mit der Bundesrepublik ein entscheidender Schritt wäre, dieses Ziel zu erreichen. Viele Politiker in der Bundesrepublik denken mittlerweile in die gleiche Richtung. Der CDU/CSU-Fraktionsvorsitzende Alfred Dregger hat eine deutsch-französische Sicherheitsunion und die Ausweitung des französischen Nuklearschirms auf die Bundesrepublik, wie sie von französischen Politikern vorgeschlagen wurde, bejaht. Es ist richtig, daß man eine gemeinsame deutsch-französische Offiziersausbildung auf den Weg gebracht hat. Es ist richtig, daß gemeinsame Manöver durchgeführt werden. Es ist richtig, daß die Idee einer deutsch-französischen Brigade in beiden Ländern unterstützt wird. Allerdings können sich die Bundesdeutschen nicht davor drücken, die Frage zu beantworten, wie der zukünftige Oberbefehl in Europa gestaltet werden soll. Ich bin nicht für eine französische, sondern für eine europäische Lösung: Im Falle eines deutsch-französischen Zusammengehens sollte der Oberbefehl alternieren. Die französische Atomstreitmacht kann dabei außer Betracht bleiben, da die Entscheidung darüber bis zu einer politischen Einigung Europas einzig und allein dem französischen Präsidenten vorbehalten ist. Davon abgesehen, bleibt die atomare Abrüstung die wichtigste Aufgabe der Politik.

Strukturelle Nichtangriffsfähigkeit

Gerade jetzt, wo ein erneuter Anlauf genommen wird, eine europäische Verteidigungsgemeinschaft zustande zu bringen, ist es notwendig, die unterschiedlichen sicherheitspolitischen Konzepte zu diskutieren und sie mit den politischen Antworten, die die USA und die Westeuropäer auf die Initiativen des Warschauer Paktes geben wollen, abzustimmen. In der sicherheitspolitischen Diskussion fand bisher das Schlußdokument der Konferenz der Teilnehmerstaaten des Warschauer Vertrages vom 28. Mai 1987 zu wenig Beachtung. Dort heißt es: »Die Verminderung der Streitkräfte und konventionellen Rüstungen in Europa auf ein Niveau, auf dem jede Seite bei Gewährleistung der eigenen Verteidigung über keine Mittel für einen Überraschungsangriff auf die andere Seite sowie für Angriffsoperationen überhaupt verfügt«, sei ebenso Ziel des Warschauer Paktes wie »der gegenseitige Abzug der gefährlichen Arten von Angriffswaffen aus der unmittelbaren Berührungszone beider militäri-

144

scher Bündnisse sowie die Verringerung der Konzentration der Streitkräfte und Rüstungen in dieser Zone auf einen vereinbarten minimalen Stand«.

Die Teilnehmerstaaten des Warschauer Vertrages schlagen den Mitgliedstaaten der NATO vor, mittels Konsultationen »die Militärdoktrinen dieser Bündnisse zu vergleichen, ihren Charakter zu analysieren und gemeinsam ihre künftige Ausrichtung zu erörtern, um die mit den Jahren angewachsenen gegenseitigen Verdächtigungen und das Mißtrauen abzubauen, um zu einem besseren Verständnis der beiderseitigen Absichten zu gelangen und zu gewährleisten, daß die Militärkonzeptionen und -doktrinen beider Militärblöcke und ihrer Teilnehmer auf Verteidigungsprinzipien beruhen. Gegenstand der Konsultationen könnten auch entstandene Ungleichgewichte und Asymmetrien bei einzelnen Arten von Rüstungen und Streitkräften sowie die Suche nach Möglichkeiten ihrer Beseitigung sein, und zwar auf dem Weg der Verminderung durch denjenigen, der jeweils vorne liegt, in dem Verständnis, daß diese Verminderungen zu immer niedrigeren Niveaus führen«. Dieses Angebot der Warschauer-Pakt-Staaten, Offensivfähigkeiten abzubauen, sollte von den Westeuropäern und der NATO aufgegriffen werden, weil auch sie ein vitales Interesse daran haben, die militärischen Strukturen defensiver zu machen.

In den Militärdoktrinen der beiden Blöcke müssen offensive Optionen durch defensive ersetzt werden. Die SPD plädiert daher seit Jahren für einen militärischen Zustand »struktureller Nichtangriffsfähigkeit«. Inzwischen aber hat sich die mit diesem Begriff verbundene Forderung durchgesetzt, es beschäftigt sich damit sogar schon die Generalität. In seiner Begrüßungsrede anläßlich des Besuchs von Erich Honecker in der Bundesrepublik im Herbst 1987 sagte auch Bundespräsident Richard von Weizsäcker, daß es heute gelte, auf strukturelle Nichtangriffsfähigkeit hinzuwirken und »systemöffnende Zusammenarbeit zu fördern«.

Wie die meisten amerikanischen Politiker stehen auch die meisten französischen Politiker der Idee eines atomwaffenfreien Korridors skeptisch gegenüber. Sie wenden ein, daß erstens das konventionelle Übergewicht der Warschauer-Pakt-Staaten bei der Realisierung eines solchen Korridors stärker zur Geltung käme und daß zweitens ein solcher Korridor deshalb nicht zu befürworten sei, weil innerhalb von Stunden die Atomwaffen zurückgebracht werden können.

Nun war es ja immer sehr problematisch, die konventionelle Überlegenheit des Warschauer Paktes zu behaupten. Diejenigen, die das Gegenteil vertreten, nämlich eine militärische konventionelle Überlegenheit der NATO aufgrund ihrer Wirtschaftskraft, der Einwohnerzahlen und des technologischen Vorsprungs, haben zumindest ebenso gute Argumente. Daß man beim Kräftevergleich die polnischen Divisionen mitzählt und die französischen nicht, sei nur am Rande vermerkt. Nirgendwo im Warschauer Pakt wird man den Eindruck gewinnen können, daß dort ein konventioneller Angriff auf Mitteleuropa auch nur erwogen wird. Gewiß lassen sich Atomwaffen innerhalb von Stunden an jeden Punkt der Erde transportieren, mit Raketen sogar innerhalb von Minuten. Unter diesem Gesichtspunkt kann es in der Tat nicht mehr einen atomwaffenfreien Korridor geben.

Es ist notwendig, endlich einzusehen, daß militärisch sinnlose taktische Atomwaffen im dichtbesiedelten Europa nichts verloren haben. Atomwaffenfreier Korridor heißt also: Abzug der militärisch sinnlosen taktischen Atomwaffen. Als der polnische Außenminister Rapacki im Jahre 1957 eine atomwaffenfreie Zone in Mitteleuropa vorschlug, ging es ihm schon darum, eine Brücke zum Westen zu schlagen und die Abhängigkeit von der UdSSR zu verringern. Der Vorschlag der französischen Politiker Messmer und Hernu, französische Neutronenwaffen auf dem Gebiet der Bundesrepublik zu stationieren, ist ähnlich unvernünftig wie der von Carters Sicherheitsberater Zbigniew Brzezinski, landgestützte strategische Systeme in Europa aufzustellen.

Osthandel als Lohn oder Strafe

Auch die neu in Gang gekommene sicherheitspolitische Debatte wirft natürlich die Frage auf, wie künftig die Zusammenarbeit zwischen den Vereinigten Staaten und Europa aussehen soll. Die Europäer gehen davon aus, daß John F. Kennedys Wort, die USA sehen in einem starken und geeinten Europa nicht einen Rivalen, sondern einen Partner, weiterhin gilt. Partnerschaft aber heißt, auf der Grundlage einer Respektierung der jeweiligen Interessen den Konsens zu suchen, so wie es der Artikel 2 des Nordatlantik-Vertrages verlangt, der die Vertragsparteien anhält, »Gegensätze in ihrer internationalen Wirtschaftspolitik zu beseitigen und die wirtschaftliche Zusammenarbeit zwischen einzelnen oder allen zu fördern«. Wenn sich die Vereinigten Staaten dazu durchringen könnten, westeuropäische Interessen gebührend zu respektieren, wäre die Kontroverse über einen Energieverbund Westeuropas mit der Sowjetunion schnell beigelegt. Was die aus der allgemeinen Energieverschwendung resultierenden Umweltschäden angeht – die radioaktive Wolke aus Tschernobyl oder die Schwefeldioxidemissionen aus den Kraftwerken der DDR und der Bundesrepublik zum Beispiel –, so haben wir den Verbund ohnehin schon längst.

Ein Land wie die Bundesrepublik, dessen Handelsbilanz einen ungleich höheren Exportanteil aufweist als die der Vereinigten Staaten, muß auch zum Osthandel eine andere Einstellung als diese haben. Kein Zweifel, der Osthandel sichert Arbeitsplätze in den Ländern Westeuropas. Als es um die wirtschaftlichen Interessen nordamerikanischer Farmer ging, haben auch die Vereinigten Staaten nicht gezögert, das von ihnen über die UdSSR verhängte Weizenembargo aufzuheben. Oft hat es den Anschein, als sähen die Amerikaner in den Wirtschaftsbeziehungen zu den Staaten des Warschauer-Paktes nur ein Mittel, »richtiges« oder »falsches« politisches Verhalten zu belohnen oder zu bestrafen. Der Osthandel aber ist ein festes Element der Friedenssicherung und taugt deshalb nicht für eine schwankende Politik des Zuckerbrotes und der Peitsche.

Strittig ist auch die Frage des Technologietransfers zwischen West und Ost. Wenn es stimmte, wie uns manche weismachen wollen, daß die Sowjetunion dem Westen technologisch überlegen sei, dann müßte doch der Westen sehr darauf erpicht sein, möglichst viel von der überlegenen sowjetischen Technologie nach Westen zu transferieren, und das Thema könnte zwischen den Atlantischen Parteien eigentlich nicht kontrovers sein. Die hin und wieder zu vernehmende Behauptung, nur die militärische Technologie der Sowjetunion sei der westlichen überlegen, nicht jedoch die zivile, ist für jeden grotesk, der etwas von Technologie versteht. Doch Scherz beiseite, marktwirtschaftlich organisierte Volkswirtschaften mit ihren weltweit operierenden Konzernen eignen sich kaum für wasserdichte Blockaden des Technologietransfers. Die Ankündigung Präsident Reagans, der Sowjetunion die Ergebnisse der SDI-Forschung zu überlassen, spricht dafür, daß auch in den USA eine Politik der Technologieblockade nicht konsequent verfolgt wird.

Freilich darf nicht der Eindruck entstehen, als seien die Westeuropäer nur für die Geschäfte mit dem Osten, die USA für die Sicherheit gegenüber dem Osten verantwortlich. Gerade deshalb will das Konzept der Sicherheit durch Entspannung und Zusammenarbeit – so die Formel des Harmel-Berichts – die Verteidigungsfähigkeit nicht vernachlässigen; gerade deshalb ist eine selbstverantwortliche europäische Verteidigungsgemeinschaft in Zukunft so überaus wichtig.

Diese europäische Verteidigungsgemeinschaft verstößt nicht gegen amerikanische Interessen, und deshalb begrüßen sie auch viele amerikanische Politiker und sicherheitspolitische Experten. Es geht darum – wie es die »New York Times« vom 11. August 1987 formuliert hat –, die gewachsenen Strukturen und Verhaltensweisen des Kalten Krieges aufzugeben und eine neue Politik zu versuchen. Eine Anzahl objektiver Faktoren fordert eine solche Entwicklung geradezu heraus. Da ist zum einen die Veränderung der sowjetischen Politik nach der Übernahme des Generalsekretariats der KPdSU durch Michail Gorbatschow. Da ist zum anderen die Tatsache, daß es bei den Abrüstungsverhandlungen zwischen den beiden Weltmächten auch um europäische Belange geht, mithin eine stärkere europäische Mitwirkung wünschenswert wäre. Und da ist zum dritten der Prozeß der europäischen Einigung, der weitergeführt werden will, aber nicht weiterkommen kann, solange die Europäer nicht zu einer gemeinsamen Außen- und Sicherheitspolitik finden. Wer die politische Einigung Europas will, der kann nicht, zumal nach dem Beitritt Spaniens zur Europäischen Gemeinschaft, an der gegenwärtigen militärischen Struktur der NATO festhalten wollen.

Für ein europäisches Verteidigungssystem

Gegen Ende des 20. Jahrhunderts sind wir dem jahrhundertealten Traum von einem politisch geeinten Europa ein gutes Stück nähergekommen, am Ziel aber sind wir noch längst nicht. Obwohl doch alle Zeichen in Westeuropa auf Supranationalität stehen – die wirtschaftlichen, die kulturellen wie die zwischenmenschlichen Beziehungen, die Chancen wie die Risiken –, sträuben sich dagegen noch immer die Nationalstaaten. Noch immer klammern sich viele an die Idee der nationalen Souveränität, weil sie sich identitätsstiftende Selbstbestimmung oder Autonomie nur im nationalstaatlichen Rahmen vorstellen können. Das Kernstück jeder Souveränität bildet seit eh und je die Fähigkeit zur nationalen Sicherheit und nationalen Verteidigung. In dem Maße aber, wie diese Fähigkeit schwindet, weil eine wirksame Verteidigung auf nationaler Basis aus strategischen und finanziellen Gründen gar nicht mehr zu realisieren ist, in dem Maße verliert auch die Vorstellung von der nationalen Souveränität ihren Kern. Wer ernsthaft ein vereintes Europa will, wird an einem europäischen Verteidigungssystem nicht vorbeikommen.

Die einzelnen Staaten wenden Unsummen für ihre jeweilige Verteidigungsmaschinerie auf – Unsummen, die anderswo fehlen. Und dennoch können wir uns glücklich wähnen, wenn wir von dieser Verteidigungsmaschinerie niemals Gebrauch machen müssen. Das Beste, was uns passieren kann, ist, diese ganze Maschinerie schrottreif werden zu sehen.

Sollte es nun aber infolge der technologischen und politischen Entwicklungen zu einer integrierten europäischen Verteidigungsgemeinschaft kommen, weil die Verteidigungsmaschinerie auf nationalstaatlicher Ebene nicht mehr zu bewältigen ist, dann hätten die für den militärischen Apparat erbrachten finanziellen Opfer wenigstens einen weiteren positiven Sinn: Wir würden uns damit nicht nur Sicherheit erkaufen, sondern dazu auch noch die politische Einigung Westeuropas.

Mit der Erweiterung der europäischen Gemeinschaft ist auch die Politik der europäischen Einigung in eine neue Phase eingetreten. 1992 soll es zu einem einheitlichen Markt kommen. Was Wunder, daß in einer solchen neuen Phase der gemeinsamen Zukunftsplanung auch die Frage der Verteidigung neu gestellt wird. Warum auch sollte sich eine Gemeinschaft von 320 Millionen Menschen notfalls nicht selber mit konventionellen Mitteln gegen Staaten verteidigen können, die industriell und technologisch weit unterlegen sind? Selbstverständlich muß jede europäische Verteidigungskonzeption von den vorherrschenden Machtstrukturen ausgehen.

Der Zweite Weltkrieg hinterließ ein Duopol der beiden Supermächte USA und UdSSR. Vieles spricht dafür, daß Duopole auf lange Sicht instabil sind. Entweder münden sie letztlich in eine kriegerische Auseinandersetzung, oder sie zerfallen in eine pluralistische Machtstruktur. Mithin ist die Verhütung des Weltkriegs eine Aufgabe, die Behutsamkeit verlangt: Ohne das Duopol zu destabi-

lisieren, das heißt in enger Abstimmung mit den Super-
mächten, muß eine pluralistische Machtstruktur errichtet
werden. Der Aufbau eines europäischen Verteidigungs-
systems als Wegbereiter der politischen Einigung Europas ist dazu ein entscheidender Beitrag.

Radioaktive Wolken kümmern sich nicht um Meilensteine, Nationalgrenzen oder Vorhänge. Also gibt es in der Situation der Endzeit keine Entfernungen mehr. Jeder kann jeden treffen, jeder von jedem getroffen werden. Wenn wir hinter den Leistungen unserer Produkte moralisch nicht zurückbleiben wollen (was nicht nur tödliche Schande, sondern schändlichen Tod bedeuten würde), dann haben wir dafür zu sorgen, daß der Horizont dessen, was uns betrifft, also unser Verantwortungshorizont, so weit reiche wie der Horizont, innerhalb dessen wir treffen oder getroffen werden können; also daß er global werde. Es gibt nur noch »Nächste«.

Günther Anders

Die Überwindung des Nationalstaats

Es hat seine objektiven Gründe, daß wir heute in Ost und West gleichermaßen dazu übergehen, Sicherheit im Miteinander zu suchen. Erstens ist die Bedrohung, die von den in der Welt angehäuften nuklearen, chemischen und biologischen Massenvernichtungsmitteln ausgeht, für alle Menschen gleich groß. Die Überlebenden eines atomaren Krieges würden zum großen Teil in dem darauffolgenden »atomaren Winter« zugrunde gehen. Amerikanische Wissenschaftler haben ermittelt, daß unter bestimmten Bedingungen schon 0,7 Prozent der vorhandenen atomaren Sprengkraft für eine globale klimatische Katastrophe ausreichen würden. Hinzu kommt, daß durch die fortschreitende Automatisierung und Computerisierung der strategischen Waffensysteme das Risiko ihrer Selbstaktivierung infolge menschlichem oder technischem Versagen wesentlich gesteigert worden ist.

Zweitens stellt die dramatisch wachsende Verelendung der »Dritten Welt« – einmal abgesehen von dem moralischen Skandal – eine Gefahrenquelle für die gesamte Menschheit dar. Hunderte Millionen Hungernder sind wie eine Zeitbombe, die jederzeit explodieren und eine Kettenreaktion von Konflikten auslösen kann. Dabei sind ja die Industriestaaten am Elend der »Dritten Welt«

gewiß nicht unschuldig. Derzeit verschärft die von den reichen Nationen zu verantwortende Verschuldungskrise der Entwicklungsländer deren Probleme.

Drittens summieren sich auch die ökologischen Schäden zu einer weltweiten Katastrophe. Die Natur schafft es nicht mehr, die Eingriffe des Menschen selbstregulierend zu bewältigen. Die Entnahme von pflanzlichen und tierischen Lebensmitteln, von Rohstoffen und Energieträgern, von Sauerstoff und Wasser ist zuviel geworden, die Veränderung durch Land- und Forstwirtschaft, durch Städte- und Straßenbau zu großflächig, die Belastung durch industrielle und zivilisatorische Nebenprodukte zu hoch. Und die Umweltschäden spotten aller Landesgrenzen. Mit der Richtung des Windes trug die radioaktive Wolke von Tschernobyl Gefahr in alle Welt. Da die chemische Industrie das Wasser der Flüsse mit hochgiftigen Schwermetallen anreichert, gewinnt die Binsenweisheit, daß die Gewässer bergab fließen, für das nationalstaatliche Souveränitätsprinzip eine ganz andere Dimension. Die von schweizerischen, französischen und bundesdeutschen Industrieunternehmen in den Rhein geleiteten Abwässer bestimmen die Qualität seines Wassers in Rotterdam und gefährden dort die Trinkwasserversorgung der Bevölkerung.

Auch die Risiken der industriellen Produktion reisen ohne Paß und Visum. Unablässlich verletzt der internationale Schadstoffverkehr sämtliche Landesgrenzen und beeinträchtigt die Lebenschancen der Menschen hinter den Grenzen. Dieser »Invasionsschaden« wächst ins Unermeßliche. Sind Schadensersatzansprüche schon auf der nationalen Ebene schwer zu regeln, so ist auf der internationalen kaum daran zu denken. Die Kohlendioxyd-Emissionen der Industrieländer haben sich im Laufe der

Zeit zu einer Art Schutzschicht in der Atmosphäre verdichtet, an der sich die von der Erdoberfläche reflektierte Sonnenstrahlung erneut bricht und auf die Erde zurückstrahlt. Als Folge einer solchen Wärmezufuhr ist in einer anhaltenden Dürreperiode die afrikanische Sahelzone nahezu unbewohnbar geworden. Die weitere Rodung der sauerstoffproduzierenden tropischen Regenwälder wird das Klima global verändern – mit unabsehbaren Folgen für alle Erdteile. Oder ein näherliegendes Beispiel: Als Folge eines ernsten Unfalls in der französischen Nuklearzentrale Cattenom würde auch im Saarland, in Luxemburg und in Teilen von Rheinland-Pfalz auf absehbare Zeit sämtliches Leben erlöschen.

Umweltschädigende nachbarliche »Übergriffe«

Gehört zum Kern der nationalstaatlichen Souveränität die Garantie der territorialen Unversehrtheit und der nationalen Sicherheit, dann wird infolge der ständigen ökologischen Grenzverletzung aller durch alle das Souveränitätsprinzip faktisch außer Kraft gesetzt. Beim gegenwärtigen Stand der industriellen Entwicklung ist der Nationalstaat ganz offenkundig nicht mehr in der Lage, das eigene Territorium gegen umweltschädigende »Übergriffe« des Nachbarn zu verteidigen. Mehr noch, er hat sich sogar der moralischen Berechtigung begeben, gegen solche »Übergriffe« des Nachbarn protestieren zu dürfen, weil er selber nicht einmal mehr verhindern kann, daß vom eigenen Territorium ähnliche »Übergriffe« auf das Nachbarland ausgehen. Der Nationalstaat – um es mit den Worten des Münchner Politik- und Rechtswissenschaftlers Peter Cornelius Mayer-Tasch zu sagen – »ist nicht mehr Staats genug, sich gegenüber den technisch-ökonomischen Rationalitätsvorstellungen der transnationalen Gesellschaft das Maß an souveräner Unabhängigkeit und Eigenständigkeit zu bewahren, dessen er zur Erfüllung auch nur der elementarsten Staatsaufgaben bedarf. Und daß es sich bei der Sicherung der natürlichen Lebensgrundlagen um die elementarste aller Staatsaufgaben handelt, bedarf wohl kaum besonderer Betonung.«

Immer dann, wenn nationale Interessen, wirtschaftliche Interessen vor allem, auf dem Spiel stehen, stellen sich die Emissions-Verursacherstaaten möglichst taub, wenn die betroffenen Nachbarländer ihre Forderungen äußern, denn es gehört zu den Grundsätzen nationalstaatlicher Souveränität dem Ausland gegenüber, die nationalen Interessen zu wahren. Aber gerade das ausdrückliche Pochen auf diesen Grundsatz verletzt die Souveränität der anderen Staaten nachhaltig. Mithin befinden wir uns in der paradoxen Situation, daß das Festhalten an der herkömmlichen nationalstaatlichen Souveränität diese am meisten untergräbt.

Wie in der militärischen Sicherheitspolitik stehen wir auch in der Umweltpolitik vor der Aufgabe, unsere Zukunft gemeinsam zu gestalten, wollen wir überhaupt noch eine Zukunft haben. Die Forderung nach internationaler Solidarität ist wichtiger denn je. Und es mangelt auch nicht an Solidaritätsappellen. Doch Lamentieren allein hilft nicht weiter, und schon gar nicht hilft Resignation. Entschlossenes gemeinsames Handeln tut not. Dem aber stehen nicht nur unser Phlegma im Wege, unser Hang, Probleme zu verdrängen, die uns selber noch nicht unmittelbar und spürbar genug, sondern erst zeitversetzt unsere Kinder und Kindeskinder mit aller Wucht treffen

werden. Im Wege stehen nicht nur unsere Wohlstands-
ängste, womöglich auf ein bißchen Bequemlichkeit verzichten zu müssen. Im Wege stehen auch die handfesten
privatwirtschaftlichen Interessen der multinationalen
Konzerne. Und im Wege stehen vor allem die nationalen
Egoismen und Wirtschaftsinteressen.

Der Interessengegensatz zwischen denjenigen Staaten,
die von der Umweltverschmutzung ihrer Nachbarn wirtschaftlich profitieren, und ebendiesen Nachbarn, die davon nichts anderes als den Schmutz haben, war allemal
stark genug, um eine wirksamere Umweltpolitik zu verhindern. Die Länder mit einer aktiven oder ausgegliche-
nen Emissionsbilanz wie Großbritannien, die Vereinigten Staaten oder die Bundesrepublik haben bisher das
Drängen der Länder mit passiver Emissionsbilanz, wie
Schweden, Norwegen oder Kanada, auf eine schärfere
internationale Emissionskontrolle abgewehrt. Die Interessen der Multis wie die nationalstaatlichen Egoismen
könnten noch am ehesten durch eine supranationale politische Entscheidungsinstanz wirksam begrenzt werden.

Einheitliche Normen für
den Umweltschutz

Bisher war auf dem Gebiet des Umweltschutzes die Zusammenarbeit zwischen den einzelnen Nationalstaaten
wenig effizient. Die seit 1985 von Bruno Simma, Bernd
Rüster und Michael Bock gesammelten und veröffent-
lichten internationalen Verträge, Abkommen und Erklä-
rungen zur Umweltpolitik, füllen inzwischen mehr als
dreißig Bände. Doch diese Vereinbarungen erweisen sich
überwiegend als bloße Absichtserklärungen ohne recht-

liche oder politische Wirkungskraft. Selbst rechtlich verbindliche Verträge verpuffen an der Unbestimmtheit der verwendeten Rechtsbegriffe, die von Staat zu Staat unterschiedlich ausgelegt werden. Was macht es für einen Sinn, internationale Abkommen an solche Kriterien wie »Stand der Technik« oder »wirtschaftliche Vertretbarkeit« zu binden, die in jedem Land etwas anderes bedeuten? Solange die rechtlichen und technischen Normen des Umweltschutzes nicht international vereinheitlicht und präzisiert werden, kann es kaum eine weltweit verbindliche Umweltpolitik geben. Als organisatorischer Rahmen für eine solche Vereinheitlichung der Normen und Meßwerte bieten sich fürs erste die bereits vorhandenen internationalen Organisationen an – Europäische Gemeinschaft, Comecon, OPEC oder die Organisationen der amerikanischen und afrikanischen Staaten.

Wie sollte auch auf der zwischenstaatlichen Ebene eine wirksame Umweltpolitik zustande kommen, wenn sie sich schon auf der innerstaatlichen Ebene so schwer tut? Die Industriegesellschaft westlicher Prägung hat den staatlichen Handlungsspielraum eingeschränkt, dafür aber ihre Legitimationsbedürftigkeit auf den Staat abgewälzt. Der industrielle Komplex hat soviel Durchsetzungs- und Verhinderungskraft, weil die mit ihm verbundenen Arbeitgeber- und Arbeitnehmerinteressen aufs wirksamste organisiert sind. Obwohl die Menschen durchschnittlich nur neun Prozent ihrer Lebenszeit auf die Erwerbsarbeit verwenden, sind nicht nur die Organisationen gewerkschaftlicher Gegenmacht, sondern auch die der traditionellen gesellschaftlichen Solidarität und der sozialen Sicherheit an ihr ausgerichtet. Demgegenüber sind die Nichterwerbsinteressen der Menschen aus den Bereichen, in denen sie durchschnittlich 91 Prozent ihrer Lebenszeit verbringen, sehr schwach organisiert. Dem Grad der Organisation entspricht die Durchschlagskraft der Interessenvertretung. Was ist nicht schon alles mit Arbeitsplatzargumenten »totgeschlagen« worden. Mithin ist es auch im Sinne einer wirksamen Umweltpolitik erforderlich, den gesellschaftlichen Arbeitsbegriff über den Erwerbssektor hinaus zu bestimmen und in diesem erweiterten Bereich menschlicher Tätigkeit die Interessen ebenfalls demokratisch zu organisieren. In der Form von Bürgerinitiativen hat sich bisher zwar auch der Nicht-Erwerbsbereich machtpolitisch zu organisieren versucht, doch blieben die Erfolge so punktuell wie die Organisationsform. Kein Zweifel aber, daß die umweltpolitische Erfolgsbilanz des Staates ohne den Druck der Bürgerinitiativen noch magerer ausgefallen wäre.

Die Schädigung der Umwelt ist ein supranationales Problem – letztlich unlösbar, solange nationalstaatliche Interessen und Egoismen Bestand haben.

Das heißt aber nicht, daß nicht auch eine nationalstaatliche Umweltpolitik erheblich zur Verbesserung der Lage beitragen kann. In dem Maße, wie die Umwelt vernetzt ist und die Umweltschäden global zusammenhängen, wirken sich Erfolge im Umweltschutz, die auf nationaler Ebene erzielt werden, immer auch positiv auf der internationalen Ebene aus. Erstens können die Gifte, die im Inland vermieden werden, nicht ins Ausland gelangen. Zweitens kann jeder Erfolg des einen Staates dem anderen als Vorbild dienen. Und drittens erhöhen die umweltpolitischen Fortschritte im eigenen Land das ökologische und ökonomische Interesse, die gleichen Standards international durchzusetzen – sei es nur, um einer Verzerrung der wirtschaftlichen Wettbewerbsfähigkeit vorzubeugen.

Natürlich gilt auch umgekehrt, daß internationale Erfolge im Umweltschutz auf die nationalstaatliche Ebene durchschlagen. Bis die institutionellen Voraussetzungen für eine supranationale Umweltpolitik geschaffen sind, ist noch eine konsequente nationalstaatliche Umweltaußenpolitik erforderlich. Und nichts spricht dagegen, eine solche Politik gleichsam mit Zuckerbrot und Peitsche zu machen – mit Sanktionen und Subventionen. Eine Sanktionsmöglichkeit zum Beispiel wäre die Importsperre für Strom aus ausländischen Kernkraftwerken. Ein anderes Beispiel einer sinnvollen Subventionspolitik lieferte Bayern, als es sich finanziell an dem Bau einer Kläranlage auf dem Gebiet der DDR beteiligte. Überhaupt liegt es in der Natur der Sache, größere Umweltprojekte von mehreren Ländern gemeinschaftlich finanzieren zu lassen, da die industrielle Entwicklung zwangsläufig zu gegenseitiger Verschmutzung führt.

Grenzüberschreitende wirtschaftliche Aktivität

An der Problematik der Ökologie läßt sich die Zersetzung der nationalen Souveränität zwar deutlich aufzeigen, die globale ökologische Schadensvernetzung aber ist beileibe nicht das einzige Ferment der nationalstaatlichen Auflösung. Seit längerer Zeit liegt auch den wirtschaftlichen Transaktionen die steigende Tendenz zugrunde, nicht nur die jeweiligen nationalstaatlichen Rahmen zu sprengen, sondern sich der Kontrolle durch die nationale Politik schlechthin zu entziehen und somit die wirtschaftliche Souveränität der Nationalstaaten zu untergraben. In seinem nicht ganz ernstgemeinten »Kurzen Abriß der Nationalökonomie« brachte Kurt Tucholsky diese Tatsache auf die lapidare Formel: »Was die Weltwirtschaft angeht, so ist sie verflochten.« In der Tat: Eine Vielzahl nationaler Wirtschaftskreisläufe ist heute durch ein solch hohes Ausmaß an Transaktionen miteinander verbunden, daß sie zu einem einzigen, vielfältig verzweigten Weltwirtschaftskreislauf ineinanderfließen. Schätzungen besagen, daß derzeit mindestens ein Drittel der gesamten, weltweiten wirtschaftlichen Aktivität über die politische Einwirkungsmöglichkeit eines einzelnen Staates hinausgeht. Mehr noch, ein entscheidender Teil dieser grenzüberschreitenden wirtschaftlichen Aktivität ist so organisiert, daß er auch durch zwischenstaatliche Übereinkünfte nicht mehr geregelt werden kann, er sich mithin überhaupt jedem politischen Eingriff entzieht.

Diese Teilautonomie der Wirtschaft gegenüber der Politik beruht vor allem auf dem Zusammenspiel von transnationaler Organisation und zentraler Leitung der großen Konzerne. Die Souveränität der unternehmerischen Entscheidung über Produkt, Standort, Technologie, Forschung, Finanzierung und Marktstrategie bleibt in einer Hand, zugleich aber können die jeweils günstigsten Produktionsfaktoren – etwa die billigere Arbeitskraft – in den unterschiedlichsten Ländern genutzt werden. Auch müssen die Leistungen der einzelnen Teilunternehmen eines multinationalen Konzerns nicht unbedingt nach äußeren, politischen oder Markt-Kriterien bewertet, sondern können intern verrechnet werden und so der manipulativen Optimierung der Ergebnisse dienen.

Kaum einer der 500 umsatzstärksten Konzerne der Welt macht seine Geschäfte in einem einzigen Land. Die Umsatzzahlen der größten Multis erreichen das Budget mittlerer Staaten. Die Summe der von den multinationalen Konzernen kurzfristig verfügbaren Finanzmittel beträgt gut und gern das Doppelte der verfügbaren Mittel aller Notenbanken und anderer Währungsbehörden zusammen. Deutlich kommt der Mangel an politischem Regulierungsvermögen in der Folge eines solchen Mittelungleichgewichts in der Währungsspekulation zum Ausdruck: Die Veränderungsschübe der Währungsparitäten laufen im Grunde weniger nach den politischen Gesichtspunkten der Währungsbehörden ab als vielmehr nach den Interesseneinschätzungen der großen Konzerne. Der hohe Selbstfinanzierungsgrad sichert den multinationalen Unternehmen zwar ein großes Maß an Autonomie, hindert sie aber nicht daran, sich die Forcierung solcher Technologien, an denen ein großes staatliches Interesse besteht, aus der öffentlichen Hand subventionieren zu lassen. Nicht nur die Rüstungs- und Raumfahrtindustrie, sondern auch die Informatik- und Nuklearindustrie sind größtenteils aus Steuergeldern finanziert worden. Die Transnationalität der Konzernorganisation bringt es mit sich, daß ein und dasselbe Unternehmen zur gleichen Zeit aus den Steuertöpfen der unterschiedlichsten Staaten gespeist werden kann, die Staatspolitik aber dennoch, weil sie nicht gleichfalls transnational organisiert ist, wenig Einfluß auf die Konzernpolitik hat.

Die Multis geben den Ton an

Die Fähigkeit, große Finanzmittel souverän für die eigenen Zwecke einsetzen und unter den jeweils kostengünstigsten Standortbedingungen produzieren zu können, macht die Multis den im nationalen Rahmen operierenden Wirtschaftsunternehmen überlegen. Deshalb geben die Multis in der Lohn- und Preispolitik mehr oder weniger für alle den Ton an, denn der wirtschaftliche Prozeß im lokalen oder nationalen Bereich kann nicht von der Dynamik des stärksten Sektors abgekoppelt werden. Mithin ist der strategische Einfluß der transnationalen Wirtschaft weitaus größer, als es die Daten der Außenhandelsbilanzen andeuten. Ab einem gewissen Schwellenwert der Produktion kann eine relativ kleine Zahl von Entscheidungszentren, die über alle Staatsgrenzen hinweg eine Vielzahl von Betriebsstätten kontrollieren, die Entscheidungslogik des gesamten Wirtschaftssystems verändern. Die Multis organisieren und rationalisieren weltweit die Arbeitsteilung.

Wie aber können demokratische Gestaltungswünsche gegen Entscheidungszentren durchgesetzt werden, die nicht mehr für einen beschränkten lokalen oder nationalen Markt, sondern für den Weltmarkt produzieren, die von keinem einzelnen Standort aus politisch zu kontrollieren sind, die zudem einen globalen Zugriff auf alle Rohstoffe und Arbeitskräfte haben und über eine vielfältig aufgesplittete Technologie verfügen? Was die Multis im Binnenraum einiger Länder durch Arbeitskämpfe oder Intervention des Sozialstaats an unternehmerischer Verfügungssouveränität eingebüßt haben, gewinnen sie transnational wieder zurück. Durch ihren weltweiten Zugriff auf die jeweils günstigsten Produktionsvoraussetzungen wird jede Binnensteuerung der Wirtschaft von den technologischen und organisatorischen Innovationen des transnationalen Sektors abhängig, werden alle Instrumente nationalstaatlicher Wirtschaftspolitik untauglich für seine Kontrolle. In ihrer bisherigen Form sind auch internationale

Maßnahmen dazu kaum besser geeignet, können sie doch, als Ausfluß der Außenpolitik von Nationalstaaten, ihren grundsätzlich nationalstaatlichen Charakter nicht verleugnen. Noch sind sämtliche internationalen politischen Einrichtungen auf den Territorialstaat bezogen und auf die nationalen Mächte angewiesen. Auch die gewerkschaftlichen und politischen Kräfte definieren sich in der internationalen Zusammenarbeit national, eine Macht bilden sie nur in den Grenzen des Territorialstaats.

Die Haltung der Öffentlichkeit zu den multinationalen Konzernen ist zwiespältig. Vereinzelt werden sie wegen eines skandalösen Vorgehens – vor allem in den Entwicklungsländern – heftig kritisiert. Es trifft zu, daß einige Multis etwa in Lateinamerika vielfach überhöhte Preise durchdrücken, daß sie eigenständige Entwicklungen der Länder der Dritten Welt zugunsten ihrer Weltmarktproduktion behindern, daß ihre Gewinnrückführung häufig über dem Nettokapitalzufluß liegt. Das trübt aber nicht ihr gutes Verhältnis zu den Regierungen und gesellschaftlichen Organisationen in den Industrieländern. Als Garanten hoher Produktivität und Wettbewerbsfähigkeit, als Vermittler des jeweils höchsten technologischen Standards, als Organisatoren von staatlichen Entwicklungsprojekten werden die Multis hoch geschätzt. Ihre unbestreitbar überlegene Leistungsfähigkeit läßt sie zum begehrten Partner der politischen Instanzen werden. In den USA, in Frankreich oder auch in der Bundesrepublik wird die nationale Energiepolitik wesentlich von multinationalen Energiekonzernen mitgeprägt. Natürlich weckt eine solche Partnerschaft bei den Politikern den Wunsch, den transnationalen Sektor mit den spezifischen Mitteln der Wirtschaftspolitik steuern zu können. Allerdings verbindet sich bei Politikern wie bei Gewerkschaftern die Einsicht, daß eine grenzüberschreitende Antwort auf die Herausforderung der transnationalen Ökonomie notwendig sei, noch nicht mit der Fähigkeit, die dafür geeigneten Instrumente zu schaffen. Einer zentral geleiteten, transnational organisierten wirtschaftlichen Entscheidungsmacht ist mit Verhandlungen und Vereinbarungen zwischen staatlichen Gremien, die keine gemeinsame Macht- und Legitimationsbasis haben, nicht beizukommen. Noch so viele Konsultationen und Konferenzen, eine noch so rege Besuchsdiplomatie, ein noch so starker Ausbau von internationalen Hilfsorganisationen vermögen die fehlende politische Solidarität nicht zu ersetzen. Auch den Gewerkschaften will es trotz aller Bemühungen nicht gelingen, transnationale Solidarität wirksam zu organisieren. So bleibt der vielbeschworene Internationalismus der Arbeiterbewegung weitgehend illusionär, während der Internationalismus des Kapitals und des Zinses real ist.

Transnationale Solidarität gegen transnationale Ökonomie

Nicht weniger illusionär ist die internationale Wirtschaftspolitik. Ein »Weltwirtschaftsgipfel« folgt auf den anderen, ohne sichtbaren Einfluß auf den Lauf der Weltwirtschaft. Nach wie vor glauben viele an die Wirksamkeit nationalstaatlicher Instrumente der Wirtschaftspolitik, vorausgesetzt, sie sind auf der internationalen Ebene richtig koordiniert. Dabei ist doch gerade die zunehmende Häufigkeit internationaler Wirtschaftskonsultationen ein Zeichen dafür, daß die herkömmlichen Instrumente selbst in der zwischenstaatlichen Koordinierung nicht mehr allzuviel zu bewirken scheinen. Es ist höchste Zeit, zu begreifen, daß die transnationale Umlenkung von Handels- und Investitionsströmen, der Transfer von Technologie und Produktion nicht mehr nur als Veränderung außenwirtschaftlicher Rahmendaten abgetan werden kann, sondern als wesentliche Beeinträchtigung der politischen Handlungsfähigkeit des Nationalstaats, als Verlust an nationalstaatlicher Souveränität gesehen werden muß.

Viele Leitprodukte unserer Wirtschaft und unserer Lebensgestaltung – einschließlich der Rüstungsgüter – sind unter Mitwirkung der multinationalen Konzerne entwickkelt worden. Heute haben die Multis das Quasimonopol für die großindustrielle Durchsetzung von Produktinnovationen. Mithin befinden sich viele der neuen Technologien in denselben Händen, in denen noch die alten liegen. Die Konzerne, die bisher Energie aus fossilen Brennstoffen oder aus der Kernspaltung produziert haben, steuern jetzt zugleich auch die alternativen Methoden der Energieherstellung aus Sonne, Wind oder Biomasse – und sie steuern ihre wirtschaftlichen Interessen gewiß nicht auf Kollisionskurs. Die transnationale Steuerung des technologischen Fortschritts nach Profitinteressen kann einer selbstbestimmten, demokratischen Weltgestaltung nicht dienlich sein. Weil aber unsere Zukunft von der gesellschaftlich kontrollierten Veränderung der Industrieprodukte und der industriellen Produktionsweise abhängen wird, können wir uns ein transnationales, gesellschaftliches und politisches Machtvakuum, in dem solidarisches Handeln in demokratischen Formen nicht möglich ist und wirtschaftliche Interessen allein die Gesetze des Handelns diktieren, weniger denn je leisten. Eine Gesellschaft, die eine freiere Zukunft anstrebt, kann nicht zulassen, daß die wichtigsten wirtschaftlichen Vorgänge und Strukturen nicht mehr durch demokratisch legitimierte politische Einrichtungen kontrolliert werden können. Vielmehr muß sie alles daransetzen, gegen die Macht der »transnationalen Ökonomie« eine wirksame, demokratisch legitimierte transnationale Solidarität zu organisieren.

Es wird uns nicht weiterbringen, wenn wir an der gegebenen politischen Struktur festhalten, die durch die Konzentration der politischen Macht innerhalb von nationalstaatlichen Rahmen sowie durch die Machtlosigkeit der internationalen Einrichtungen gekennzeichnet ist. Nur durch eine Änderung dieser Strukturen gleichsam von oben und von unten werden wir die transnationale Ökonomie kontrollieren können. Dazu bedarf es zum einen einer supranationalen politischen Organisation mit eigener, demokratisch legitimierter Entscheidungsbefugnis und zum anderen einer stärker dezentralisierten und stärker selbstbestimmten Produktionsweise innerhalb dieser supranationalen politischen Organisation. Mit anderen Worten: Wir brauchen die schnelle Verwirklichung der politischen Einigung Europas und wären darüber hinaus gut beraten, die Idee des Weltstaats als politische Utopie im Kopf zu behalten; wir brauchen aber gleichzeitig eine Wirtschaftsordnung, die demokratischer, solidarischer und gerechter organisiert ist.

Die Produktion von Gefährdungspotentialen ist weder auf ein bestimmtes Land noch auf eine bestimmte Wirtschaftsordnung beschränkt. Kapitalismus und real existierender Sozialismus wetteifern darin, die natürlichen Ressourcen auszubeuten, die Umwelt zu zerstören, die Risiken zu vermehren und zu verstärken.

Allzulange hat die Linke geglaubt, mit der Aufhebung jenes Grundwiderspruchs zwischen dem gesellschaftlichen Charakter der Arbeit und der privaten Aneignung des Arbeitsertrages, der die kapitalistische Produktionsweise bestimmt, ließen sich zugleich auch alle ausbeuterischen, erniedrigenden und bedrohlichen Verhältnisse aus dem Wirtschaftsleben der Menschen beseitigen. Erst durch die Zuspitzung der ökologischen Krise in den letzten Jahren, von der die sozialistischen Systeme des Ostens nicht minder betroffen wurden als die kapitalistischen Systeme des Westens, kam die Linke zu dem Bewußtsein, daß die künftigen Probleme und Gefährdungen der Menschen weniger aus Wirtschafts- und Gesellschaftsordnungen erwachsen als vielmehr aus der modernen industriellen Organisation selber, das heißt aus der Arbeitsteilung und aus dem Verhältnis der Gesellschaft zu Natur, Wissenschaft und Technik.

Ideologische Differenzen treten zurück

Dieses Verhältnis ist sich heute überall auf der Welt sehr ähnlich, in Ost und West, in Nord und Süd. Überall herrschen Arbeitsteilung und Arbeitszerlegung vor, bestimmen quantitative Kriterien das Wirtschaften, nimmt die Abhängigkeit der Menschen von fremden Leistungen und anonymen Leistungssystemen zu, wächst mit der Rationalität der Technologien nicht nur die Effizienz der Produktion, sondern auch die Effizienz des Gefahrenpotentials. Die Zwangsläufigkeiten und inneren Sachzwänge dieser globalen industrialistischen Lebensgestaltung prägen mehr und mehr die Beziehungen zwischen den Völkern und lassen die ideologischen Differenzen zweitrangig werden. Die gesamte Welt steht vor der Herausforderung, den aggressiv-ausbeuterischen Industrialismus zu besänftigen. In den Ländern des real existierenden Sozialismus tritt er ja der Natur gegenüber nicht weniger ausbeuterisch auf als in den kapitalistischen Ländern. Ob die Zukunft der Menschen menschlicher wird oder nicht, wird in erster Linie von ihrer Fähigkeit abhängen, ihre derzeit vorherrschende Einstellung zur Natur, zur Wissenschaft, zur Technik und zur Arbeit gemeinsam und vernunftgemäß zu ändern.

Daß sich der Industrialismus transnational entfaltet hat und seine notwendigen gesellschaftlichen Folgen die ideologischen Barrieren einebnen heißt nicht, daß die unterschiedlichen Gesellschafts- und Wirtschaftsordnungen überhaupt keine Rolle mehr spielen. Zwar mag ihre Bedeutung für die Entstehung der Modernisierungsrisiken nur noch eine sekundäre sein, sie bleiben nichtsdestoweniger mitbestimmend. In der Form, die sie heute angenommen haben, sind Industrialismus und Kapitalismus in ihrer historischen Entwicklung nur schwer voneinander zu trennen – auch wenn es Kapitalismus ohne Industrie und Industrie ohne Kapitalismus gibt und gegeben hat. Aber da sich unser Verhältnis zur Natur, Technik und Arbeit wohl kaum in den herkömmlichen Denkstrukturen der bürgerlichen Ökonomie neu konzipieren läßt, scheint es ausgeschlossen, daß wir die Nachteile des modernen Industrialismus beseitigen können, ohne die moderne Erscheinungsform des Kapitalismus zu verändern.

Nicht alle Negativfolgen der industriellen Organisation sind ja das Ergebnis ihnen immanenter Zwangsläufigkeit. Und schließlich ändern im Verlauf der industriellen Entwicklung auch diese Zwangsläufigkeiten ihre Richtung.

Bestand bisher aus der Ratio der industriellen Organisation eine Notwendigkeit, die Produktion zu quantifizieren, zu zentralisieren und zu hierarchisieren, so scheint sich mit den neuesten technologischen Entwicklungen zumindest eine Chance zu eröffnen, diesen Trend in Richtung Dezentralisierung, Demokratisierung und Qualifizierung umkehren zu können. Denn die kommenden Jahrzehnte prägend wird vor allem sein, den Produktionsbereich der Gesellschaft mit Information zu durchdringen: Eine wachsende Informationsdichte und Vernetzung von Informationsträgern sowie eine expandierende Zugänglichkeit von Informationsvorräten für eine steigende Zahl von Menschen wird die Strukturen des gesellschaftlichen Wirtschaftslebens verändern. Ob solche Veränderungen den Menschen zum Guten oder zum Schlechten gereichen, wird nicht zuletzt von den politischen und gesellschaftlichen Ideologien abhängen, die sie begleitend gestalten.

Das sieht auch Kurt Biedenkopf nicht anders. »Die technisch-wissenschaftliche Entwicklung« – so schreibt er in einem Zeitungsaufsatz – »verändert schließlich auch unsere kulturelle Haltung, unsere Vorstellungen von der Gesellschaft und dem Leben in ihr. Diese Veränderungen werden häufig mit dem Begriff ›Wertewandel‹ bezeichnet. Sicher ist, daß mit wachsendem Wohlstand, größeren technischen Möglichkeiten, zunehmender Freizügigkeit, mehr Dezentralisation und der damit verbundenen Vermehrung an Autonomie, der wachsenden Bedeutung von Klein- und Kleinstgruppen auch die Haltung der Menschen, ihr Bewußtsein, ihre Lebensentwürfe sich verändern. Diese Veränderungen müssen durch die politischen und gesellschaftlichen Institutionen bewältigt werden. Hier sehe ich die eigentliche Schwachstelle zukünftiger Entwicklung. Das Beharrungsvermögen der Institutionen und der politischen Gruppierungen ist enorm. Es wächst mit der Größe der Organisationen. Es äußert sich bereits im Widerstand gegen die Aufdeckung neuer Sachverhalte. Die Beschreibung der heutigen Wirklichkeit löst zugleich einen Legitimationsbedarf bei solchen Institutionen aus, die sich aus der Wirklichkeit von vorgestern rechtfertigen. Deshalb wollen sie mit der neuen Wirklichkeit nicht konfrontiert werden. So kommt es zu den politischen Auseinandersetzungen über das, was die heutige Wirklichkeit ausmacht: Zum Kampf um die Sachverhalte.«

Für die Zukunftsfähigkeit der europäischen Wirtschaft, so Biedenkopf, gebe es zwei elementare Bedingungen: Die Bewältigung der Umweltprobleme und der Erwerb der Fähigkeit, mit den vorhandenen Ressourcen auszukommen. Diese Bedingungen sind für jede Industriegesellschaft zwingend, unter welchen ideologischen Vorzeichen auch immer sie stehen mag. Es sind Sachzwänge, die dringend einer gemeinsamen Lösung über alle Grenzen hinweg und über alle Ideologien hinweg bedürfen. Die ökologische Herausforderung zwingt Ost und West, ihre Zusammenarbeit zu verstärken. In dem Maße, in dem sie globale Auswirkungen hervorruft, wird sie auch das Verhältnis der Industrienationen zur Dritten Welt verändern. Die naturwissenschaftlich-technisch begründete Vormachtstellung der hochentwickelten Industrieländer wird relativiert werden durch ihre ökologische Abhängigkeit vom Rest der Welt. Wann aber werden wir endlich damit beginnen, die politischen Konsequenzen aus unserer globalen Verantwortung zu ziehen? Und welche Konsequenzen drängen sich auf?

Der Nationalstaat
ist unzulänglich geworden

Die Transnationalität der Ökologie, der Ökonomie und der Technologie stellt die Menschheit vor die Notwendigkeit, ihre Solidarität ebenfalls transnational zu organisieren. Die Umweltschäden und Modernisierungsrisiken sind global und verletzen alle nationalstaatlichen Grenzen. Auch die wirtschaftliche Macht untergräbt durch ihre Transnationalität mehr und mehr die nationalstaatliche Souveränität und entzieht sich jeder demokratischen Kontrolle. Der technologische Industrialismus gleicht weltweit die Ideologien, Sitten, Gebräuche, Moden und Lebensformen einander an. Der Nationalstaat ist unzulänglich geworden. Seine politischen Einrichtungen können der globalen Probleme nicht Herr werden. Es ist an der Zeit, ihn durch demokratisch legitimierte, transnationale politische und staatliche Organisationen zu ersetzen, die wirksam eingreifen können.

Auch unter dem Vorzeichen der globalen Umweltkrise ist die Weltstaatutopie, die weit in die Geschichte des abendländischen Denkens zurückreicht, heute wieder aktuell geworden. Doch machen wir uns nichts vor. Zu stark ist das Entwicklungs- und Wohlstandsgefälle zwischen den Ländern dieser Erde, zu stark sind die kulturellen Unterschiede, als daß die Weltstaatsidee in absehbarer Zeit verwirklicht werden könnte. Sie hatte ja auch nach den beiden Weltkriegen Konjunktur und konnte dennoch nicht viel Wirkungskraft entfalten: Die Organisation der Vereinten Nationen steht heute den Problemen hilflos gegenüber. Eine um so reellere Chance, zur politischen Einheit zu verschmelzen, haben hingegen die regionalen Staatenbünde, die in wirtschaftlicher und kultureller Hinsicht nicht allzuweit auseinanderliegen: Die Vereinigungen der afrikanischen und amerikanischen Staaten zum Beispiel, die Comecon-Länder und gewiß die Europäische Gemeinschaft, die von allen auf dem Weg der Einigung wohl am weitesten vorangeschritten ist.

Europa ist nicht mehr nur eine reine Erfindung der Dichter, wie Heinrich Mann einmal gesagt hat. Europa ist politische Notwendigkeit. Europa ist schon im Aufbruch. Freilich gehören die Selbstzweifel, die Zweifel über die eigene Rolle, zur Identität des »alten« Kontinents ebenso wie das Unbehagen an der Moderne, das immer Bestandteil seines kulturellen Erbes war. Aber dieser Kontinent zeigt keineswegs greisenhafte Züge, wie sie ihm vor wenigen Jahren noch stärker nachgesagt wurden als heute, und seine Zurückhaltung gegenüber der ungebrochenen jugendlichen Aufbruchstimmung in anderen Teilen der Welt ist keinesfalls ein Zeichen von Eurosklerose. Edzard Reuter, der Vorstandsvorsitzende der Daimler-Benz-AG, sieht in dieser »nie genau meßbaren Mischung aus Erfahrung und Erneuerungswillen« die Grundlage für ein Modell, das Europa der Welt anbieten könnte: Eine Industriekultur, die die Fähigkeit zum Fortschritt ständig erneuert, gepaart mit dem Bemühen, die Lehren der Geschichte zu beachten und weniger risikoreiche Pfade einzuschlagen. Jenseits allen kleinlichen Gezänks des bürokratisierten Europa hat sich der Kontinent längst wieder auf den Weg in die Zukunft gemacht.

Allerdings wird das Bild Europas heute verdüstert durch die Schlagzeilen von großen Agrarüberschüssen, von Milliardenbeträgen, die ausgegeben werden müssen, um eine falsch konstruierte Preispolitik zu stützen. Es wird geprägt von der Handlungs- und Reformunfähigkeit, die in den wichtigsten Bereichen wie der Sozial-, Regional- und Umweltpolitik den dringend notwendigen Ausbau der Gemeinschaft verhindert.

Dabei können sich einige Leistungen der europäischen Wirtschaftsgemeinschaft durchaus sehen lassen. Vieles deutet darauf hin, daß das Zusammenwachsen der Gemeinschaft eine wesentliche Quelle der wirtschaftlichen Entwicklung Europas in den vergangenen Jahrzehnten war. So hat sich seit Abschluß der römischen Verträge beispielsweise das Bruttosozialprodukt pro Einwohner in der EG verdoppelt – in den USA ist es im gleichen Zeitraum lediglich um 70 Prozent gestiegen. Gemessen an den Versorgungsengpässen, die noch Ende der fünfziger Jahre existierten, und gemessen an dem enormen Produktivitätszuwachs der europäischen Landwirtschaft erscheinen selbst die gravierenden Struktur- und Finanzprobleme im Bereich der vielgeschmähten Agrarpolitik etwas weniger dramatisch. Dennoch besteht kein Zweifel daran, daß die Agrarpolitik den gordischen Knoten bildet, der durchtrennt werden müßte, um den Weg für eine neue Phase der europäischen Zusammenarbeit freizumachen. Allein schon das alljährlich drohende Finanzdebakel der Gemeinschaft sorgt dafür, daß dieser Schritt gegen den hartnäckigen Widerstand der »grünen Lobby« unumgänglich werden wird. Die EG-Kommission hat bereits 1985 mit der Vorlage eines Grünbuches die Marschrichtung für eine sinnvolle Reform vorgegeben: Sie stellte fest, daß die auf ständigen Produktionszuwachs ausgerichtete Agrarpolitik versagt hat. Um Überschüsse und Kosten zu vermindern, ist es erforderlich, die Preispolitik stärker am Markt auszurichten. Als Ergänzung zu den Erlösen aus marktorientierten Stützungspreisen sollten den Bauern direkte, produktionsneutrale Einkommenshilfen gewährt werden, die die Leistungen für Umweltschutz und Landschaftspflege honorieren.

Die drängenden Probleme im Bereich des transnationalen Umweltschutzes und die Beseitigung der bedeutsamen regionalen und strukturellen Ungleichgewichte erfordern von der Gemeinschaft zusätzliche Initiativen und Mittel, die nur bereitgestellt werden können, wenn es gelingt, die alles erdrückenden Lasten in der europäischen Agrarpolitik zu mindern. Edzard Reuter hat die wirtschaftliche Einigung Europas »eine Bedingung des Überlebens« genannt. Ein entscheidendes Instrument hierfür ist die Errichtung eines einheitlichen Binnenmarktes, die bis 1992 abgeschlossen sein soll. Für Edzard Reuter hat dieses Ziel geradezu eine dramatische Dimension: »Menschen bringen große Leistungen immer erst, wenn ihnen keine andere Wahl bleibt, wenn sie sich nicht mehr mit der Fortsetzung der Tagesroutine durch die Probleme des Alltags hindurchmogeln können. Diese Zeit ist gekommen.«

Einheitliche europäische Technologiepolitik

Damit Europa seine verantwortliche Industriekultur, die zu wesentlichen Teilen in einer hohen Sensibilität für die Risiken und Folgewirkungen des modernen Industriesystems besteht, weltweit einzubringen vermag, bedarf es einer einheitlichen wirtschaftlichen Basis. Dazu gehören der Binnenmarkt ebenso wie eine schrittweise Verstärkung der Rolle der europäischen Währungseinheit Ecu entsprechend den Vorschlägen des Präsidenten der EG-Kommission, Jacques Delors. Dazu gehört angesichts der industriell-technischen Revolution, vor der wir stehen,

auch und vor allem eine einheitliche europäische Technologiepolitik.

Die OECD hat die konkurrierenden Aktivitäten ihrer
Mitgliedsländer zur Förderung neuer Technologien als
»eine Art von technologischem Nationalismus« bezeichnet, »der den Wettbewerb unter Firmen durch einen
Wettbewerb unter Staaten« ersetzt. An diese Feststel-
lung knüpft sie die Warnung, daß künftige Auseinandersetzungen zwischen den hochtechnisierten Staaten nicht
zu vermeiden sein werden, wenn es nicht gelingt, einen
internationalen Konsens über die Forschungsförderungs-
praktiken zu finden. Was wir uns beim gegenwärtigen
Stand der industriellen Entwicklung allerdings am wenigsten leisten können, sind zwischenstaatliche Auseinandersetzungen gleich welcher Art. Sie mögen manchmal
positive Ergebnisse zeitigen; daß sie zu einer wirksamen
gesellschaftlichen Kontrolle der technologischen Entwicklungen beitragen, ist wenig wahrscheinlich. Zudem
braucht Europa eine gemeinsame, eigenständige For-
schungs- und Technologiepolitik, um sich im internationalen Wettbewerb mit Japan und den USA behaupten zu
können. Auf sich allein gestellt könnte kein europäisches
Land in diesem Technologiewettrennen mithalten.

Deshalb auch ist der Vorschlag der französischen Regierung vom September 1983 sinnvoll, als Zwischenstufe
auf dem Weg der europäischen Einigung einen gemeinsamen Raum für Industrie und Forschung zu schaffen. Dieser Raum sollte nicht nur durch den systematischen Aus-
tausch von Wissen und Wissenschaftlern oder den Transfer von Technologien ausgefüllt werden, nicht nur durch
eine antiprotektionistische Vereinheitlichung der technischen Normen, nicht nur durch privatwirtschaftliche oder
öffentliche Projektkooperation, sondern auch durch die

stärkere Einbeziehung des Umweltschutzes in die Modernisierungsstrategien oder durch die sozialverträgliche Steuerung der Neuen Technologien mittels Humanisierung, Demokratisierung und Verkürzung der Arbeitszeit. Es ist an der Zeit, infrastrukturelle Projekte in Angriff zu nehmen, die geeignet sind, die innereuropäischen Grenzen abzubauen – europäische Programme etwa zum Umwelt- und Ressourcenschutz oder zur Humanisierung des Arbeitslebens, ein einheitliches neues breitbandiges Kommunikationsnetz oder ein europäisches Schnellbahnsystem.

In der Vergangenheit haben auf dem Gebiet der Forschungs- und Technologieentwicklung Gemeinschaftsprojekte wie Airbus und Ariane so etwas wie ein europäisches Bewußtsein aufkommen lassen. Hingegen scheint das Gemeinschaftsvorhaben Eureka wenig geeignet, die Integration Europas auf dem Gebiet der Forschung voranzubringen. Dieses Projekt wurde an den europäischen Institutionen vorbeiorganisiert und hat daher eher das Gegenteil, nämlich eine weitere Aufsplitterung, gefördert. Hinzu kommt, daß seine Zielsetzung viel zu unscharf und seine finanzielle Basis viel zu schwach ist, um Erfolge versprechen zu können. Eine deutliche Erhöhung des europäischen Forschungs- und Entwicklungsbudgets wäre erforderlich. Dringlicher aber ist es, im Rahmen einer Reform der europäischen Institutionen die Verantwortung der Europäischen Kommission und des Europäischen Parlaments zu stärken.

Ein Europa der Regionen

Mit der fortschreitenden faktischen Entmachtung des Nationalstaates durch Ökologie, Ökonomie und Technologie verbleiben auch die gravierenden Probleme nicht mehr in seinen Grenzen: Ihre Auswirkungen sind supranational oder regional. Auf der nationalstaatlichen Ebene wirken sie sich nur insofern aus, als die politische Instanz, die die Probleme lösen soll, nationalstaatlich ist. Die Erfahrung aber lehrt, daß sich Probleme wirksamer lösen lassen, wenn der Legitimationsraum der politischen Instanzen, der damit befaßt ist, mit dem Wirkungsraum der Probleme übereinstimmt. Die logische Antwort auf diese Situation kann also nur heißen: In einem politisch vereinten Europa die regionale Selbstverwaltung zu stärken – ein Europa der Regionen statt eines Europa der Vaterländer. Damit die Grenzen im großen verschwinden, müssen sie im kleinen aufgehoben werden. Nicht die interessenorientierte Konzentration der Nationalstaaten, sondern das soziale, ökonomische und kulturelle (Wieder-)Zusammenwachsen der Regionen über die Staatsgrenzen hinweg bedeutete den entscheidenden Fortschritt auf dem Weg zur europäischen Einigung. Jeder europäische Einigungsprozeß wird langfristig zum Scheitern verurteilt sein, wenn nicht die Nationalstaatsgrenzen, die Narben der europäischen Geschichte, insbesondere im Herzen Europas, etwa auf dem Gebiet des einstmaligen lothringischen Zwischenreiches ihren trennenden Charakter verlieren.

Es ist sicherlich kein Zufall, daß die europäischen »Hauptstädte« Brüssel, Luxemburg und Straßburg mehr oder weniger auf dieser tausendjährigen Trennlinie Europas liegen. Seit langem schon herrscht Einigkeit darüber, daß die deutsch-französische Aussöhnung der Schlüssel zur europäischen Einigung war. Die Intensität der deutsch-französischen Zusammenarbeit wird auch weiterhin der Gradmesser für die europäische Einigung sein. Es erscheint sinnvoller, daß sich eine Einheit um einen festen zentralen Kern kristallisiert und nicht um einen Punkt an der Peripherie, weil schon aufgrund ihrer sich einander berührenden geographischen Lage die Interessengemeinschaft der Kernstaaten stärker ist. Dies sollte aber keineswegs bedeuten, daß die weiteren Mitgliedstaaten der Gemeinschaft diskriminiert werden. Im Gegenteil: Sie können von dem guten Einverständnis zwischen Franzosen und Deutschen profitieren, da aus diesem Einverständnis die Schubkraft erwächst, derer die politische Einigung Europas bedarf.

Der Kristallisationspunkt in der Herausbildung der europäischen Regionen sind also die Kulturräume beiderseits der nationalen Grenzen des 17., 18., 19. und 20. Jahrhunderts. Am weitesten fortgeschritten ist dieser Prozeß inzwischen am Oberrhein, wo die Grenzen dreier Nationalstaaten ein Gebiet zerteilen, dessen soziale, wirtschaftliche und kulturelle Verbindungen die Jahrhunderte der Konfrontation überdauert haben: Das »Dreyeckland« ist zum Symbolbegriff für die kulturelle Verbundenheit des französischen Elsaß, der eidgenössischen Baseler Region sowie des Badischen in der Bundesrepublik geworden. Die Verbundenheit dieser Region reicht inzwischen von der grenzüberschreitenden raumplanerischen Kooperation der regionalen Administrationen bis zum gemeinsamen politischen Protest: Wenn badische, elsässische und schweizerische Bürgerinitiativen vereint gegen umweltgefährdende Großprojekte beispielsweise im deutschen Wyhl, im elsässischen Markolsheim oder im schweizerischen Kaiseraugst zu Felde ziehen, deutet dies die neue Dimension grenzüberschreitender sozialer und politischer Zusammenarbeit an. Weitgehend auf den Bereich der administrativen Kooperation beschränkt blieb dagegen bislang die Zusammenarbeit in der »Euro-Region« im Dreiländereck zwischen der Bundesrepublik, den Niederlanden und Belgien.

Ein zweiter Schwerpunkt interregionaler grenzüberschreitender europäischer Zusammenarbeit dürfte in den kommenden Jahren die Region Saar-Lor-Lux werden, die nicht nur geographisch, sondern auch kulturell an das Erbe des blühenden mittelalterlichen karolingischen Mosellandes anknüpfen kann. Eine alte Kulturregion könnte zu neuer Einheit zurückfinden. Allerdings sind hier die spezifisch regionalen Rahmenbedingungen, die den Prozeß des Zusammenwachsens beeinflussen und zum Teil auch behindern, wesentlich komplizierter als am Oberrhein. Probleme bereitet schon die politisch-administrative Vielfalt: Ein kleiner europäischer Nationalstaat, eine französische Region, ein deutsches Bundesland sowie Teile zweier rheinland-pfälzischer Regierungsbezirke müssen eine gemeinsame Sprache finden. Hinzu kommt die Tatsache, daß anders als am Oberrhein nicht eine natürliche Grenze einen äußeren Zwang zur Kooperation ausübt, und hinzu kommen auch noch die Besonderheiten der innerlothringischen Konkurrenz zwischen den regionalen Metropolen Metz und Nancy; das südliche und nördliche Lothringen einerseits und die regionalen Metropolen und die grenznahe industrielle Peripherie des lothringischen Kohlebeckens andererseits.

Trotz Sprachgrenze kulturelle Gemeinsamkeit

Obgleich die Krisen der Montanindustrie im Saarland und in Lothringen, zum Teil auch in Luxemburg, seit fast fünfzehn Jahren einen vergleichbaren Verlauf genommen haben, beginnt erst gegenwärtig, mit Hilfe der Europäischen Gemeinschaft, die Suche nach gemeinsamen Wegen aus der Krise. Dies, der gemeinsame Weg, eine gemeinsame Zukunft, ist die konkrete Utopie des alten europäischen Kerngebiets. Die bereits heute aus zahlreichen Initiativen – von der bürgerschaftlichen Kooperation beiderseits der Grenzen bis hin zu gemeinsamen Vorstößen bei den europäischen Institutionen – bestehende Zusammenarbeit kann trotz der jahrhundertealten Konfrontation auf das »gesunkene Kulturgut« einer ebenso langen gegenseitigen Beeinflussung zurückgreifen.

Die augenfällige Aufdringlichkeit der Nationalgrenzen läßt oberflächliche Betrachter leicht vergessen, daß sich der deutsche und französische Kulturraum beiderseits der Grenzen im Laufe der Geschichte kräftig durchmischt haben. Die linksrheinischen Gebiete, die heute zum Staatsgebiet der Bundesrepublik Deutschland gehören, sind insbesondere seit der Französischen Revolution nicht nur in ihrer Lebensart, sondern vor allem auch in ihrer politischen Entwicklung von Frankreich beeinflußt worden. So war das linke Rheinufer im 19. Jahrhundert das Zentrum der deutschen demokratischen Bewegung schlechthin, erinnert sei in diesem Zusammenhang nur an das Hambacher Fest von 1832. Umgekehrt sind die heute französischen Regionen Elsaß und Lothringen durch die Jahrhunderte vom deutschen Kulturraum beeinflußt worden. Kulturelle Gemeinsamkeit hat sich trotz der Sprachgrenze erhalten.

Unbestreitbar belastet die Vorherrschaft der Nationalstaaten und das Beharrungsvermögen des damit verbundenen zentralstaatlichen Denkens in starkem Maße das
Zusammenwachsen der Grenzregionen. Nicht zufällig ist
in allen genannten Grenzregionen die Auseinandersetzung um Atomkraftwerke von großer Bedeutung. Die
großtechnologische Energieerzeugung mit Hilfe von
Atomzentralen ist nur im Rahmen nationalstaatlicher
Energiepolitik denkbar. Der Großverbund und das diesen bedingende großtechnische Energieweltbild entsprechen den Strukturen des zentralistischen Nationalstaats.
Hingegen ist die Dezentralisierung der Energieversorgung, der sanfte Pfad der Energiepolitik, der alle Poten-
tiale nutzt, Energie einzusparen, verbunden mit dem
Umstieg in eine angepaßte, umweltschonende und nach
Möglichkeit regenerative Energieerzeugung, nur auf regionaler Ebene möglich.

Die Auseinandersetzungen um Atomkraftwerke, vom
schweizerischen Kaiseraugst über das deutsche Wyhl, die
elsässischen Standorte Fessenheim und Gerstheim bis hin
zum lothringischen Cattenom, sind stellvertretend für
den Konflikt der Nationalstaaten. Sie sind das augenfällige Beispiel dafür, daß Nationalstaaten den ökologischen Umbau der Industriegesellschaften behindern, daß
ihre Strukturen einer angemessenen Entwicklung der
menschlichen Lebensräume in beiden Bereichen nicht
mehr gerecht werden. Um die Zukunft menschlicher zu
gestalten, bedarf es in zunehmendem Umfang des »Rück-
baus« der nationalen Staatsgrenzen, bedarf es der Verlagerung von Entwicklungspotentialen in die Regionen. Im
Regionalismus verwischen sich die Grenzen.

Das Europa der Regionen wäre sicherlich unvollstän-
dig, wenn die nationalstaatlichen Grenzen lediglich nach

außen, an den Rand der gegenwärtigen Bündnissysteme verlegt würden. Es wäre unlogisch, die Ost-West-Beziehungen von der transnationalen Zusammenarbeit auszunehmen. So wie ein politisch vereintes Europa auf eine regionale Infrastruktur angewiesen ist, so ist die Entspannungspolitik zwischen Ost und West auf eine Infrastruktur der Begegnung angewiesen.

Die nationalstaatlichen Grenzen überwinden hat nichts mit »Grenzstürmerei« zu tun. Grenzen gehören zur Identitätsbestimmung der Menschen, weil sich die eigene Identität nur über die Abgrenzung gegen das »Nicht-Identische« definieren läßt. Indem die Grenzen aus der Landschaft in die Köpfe der Menschen verlegt werden, können sie ihren trennenden Charakter verlieren und zu einem kulturellen Moment der Identitätsstiftung werden. Wenn es sich um kulturelle oder geistige Grenzen handelt, wenn es darum geht, die eigene kulturelle Identität an einer anderen Kultur zu messen, die eigene kulturelle Identität um die Konfrontation mit einer anderen Kultur zu bereichern, wird die Grenzüberschreitung zur positiven menschlichen Erfahrung. Doch brauchen wir nicht den Nationalstaat, um solche kulturellen Grenzen zu ziehen.

Die deutsche Nation
war zu spät gekommen

Es steht außer Frage, daß der Begriff der Nation in seiner geschichtlichen Entfaltung fortschrittliche Bestrebungen abgedeckt hat. »Nation« sei ursprünglich ein »linker« Begriff gewesen – so wird oft gesagt –, der erst mit dem späteren Mißbrauch durch die Rechte zeitweilig diskreditiert worden sei. Diese Behauptung ist nur richtig, wenn man unter »links« die bürgerliche Linke versteht. Die proletarische Linke hatte sich ja gerade gegen diesen bürgerlichen Nationalismus dem Internationalismus verpflichtet. Der Begriff »Nation« war einst als Kampfbegriff der bürgerlichen Gesellschaft gegen den feudalen Staat entwickelt worden. Folgerichtig brachte die Französische Revolution ihre neue Staatsideologie auf diesen Begriff: Der Nationalstaat war geboren – und in seiner jakobinischen Ausführung weit mehr unter dem Sternzeichen der parlamentarischen Demokratie als unter dem des vaterländischen Chauvinismus. Das bedeutet aber keineswegs, daß dem Nationalstaat selbst in seiner demokratischsten Version nicht immer auch ein vaterländischer Appellcharakter angehaftet hätte. Sein Geburtsmal war der Wille zur Wehrhaftigkeit, der Wille, sich gegen andere Völker abzugrenzen und sich gegen sie notfalls militärisch zur Wehr zu setzen. »Das höhere Prestige der Nation ist mit dem Bilde des Krieges verbunden. In Friedenszeiten ist es wirkungslos«, schreibt Simone Weil zutreffend.

Wo sich Nationalstaaten gebildet haben, geschah dies stets mit der Vorstellung einer bestimmten politischen und gesellschaftlichen Ordnung. In den meisten europäischen Ländern war dies die Vorstellung einer demokratischen Ordnung. Nicht so in Deutschland. Die »verspätete« deutsche Nation ging nicht, wie zum Beispiel die französische, aus einem Bürgerkrieg hervor, den die Demokratie siegreich gegen die Monarchie geführt hatte, sondern aus einem Krieg zwischen staatlichen Bündnissen. In Sedan mußte mit dem Dritten Kaiserreich der Franzosen auch der deutsche Traum von einer vereinten Demokratie kapitulieren. Bismarcks Sieg festigte die preußische Monarchie und lieferte ihr die deutsche Nation samt ihrem Begriff aus, mit dem sich fortan in Deutschland nicht mehr viel Gutes verband:

»Es begann die schäbige, plumpe, ungewaschene Opposition gegen eine Gesinnung, die eben das Herrlichste und Heiligste ist, was Deutschland hervorgebracht hat, nämlich gegen jene Humanität, gegen jene allgemeine Menschenverbindung, gegen jenen Kosmopolitismus, dem unsere großen Geister, Lessing, Herder, Schiller, Goethe, Jean Paul, dem alle Gebildeten in Deutschland immer gehuldigt haben.« Diese Worte stammen aus der Feder Heinrich Heines, und sie waren natürlich auf eine frühere Zeit gemünzt. Aber sie passen wahrscheinlich noch besser auf die Zeiten nach der Reichsgründung, weil sie symptomatisch waren für die steigende Tendenz in der deutschen Nationalbewegung, die eigene Identität negativ über die Ablehnung des Fremden zu bestimmen. »Der Patriotismus des Deutschen«, sagt Heine, »besteht darin, daß sein Herz enger wird, daß es sich zusammenzieht wie Leder in der Kälte, daß er das Fremdländische haßt, daß er nicht mehr Weltbürger, nicht mehr Europäer, sondern nur noch ein enger Deutscher sein will.«

Die deutsche Nation war in jeder Hinsicht zu spät gekommen. Als 1789 die Nation in Frankreich gleichsam von »unten« realisiert wurde, war der dritte Stand, das Bürgertum, konkurrenzlos der Inbegriff des historischen Fortschritts. Als Kampfbegriffe desselben Standes konnten Nation und demokratischer Fortschritt ungestört miteinander verschmelzen. Anders in Deutschland. Als die Nation 1871 quasi von »oben« eingeführt wurde, war bereits ein vierter Stand, die Arbeiterklasse, auf die Bühne der Geschichte getreten und reklamierte vom Bürgertum den Fortschritt für sich im Namen nicht der

Nation, sondern im Namen des Internationalismus. Das verschreckte Bürgertum flüchtete in den Schoß einer autoritären Monarchie, die sich aus Dankbarkeit für das Vertrauen redlich mühte, ihm die »vaterlandslosen Gesellen« mit allen Mitteln staatlicher Repression vom privilegierten Leib zu halten. Die Nation konnte dadurch nicht mehr zur Sache der Demokraten werden und wurde zur Sache der Nationalisten. Und weil sie zur Sache der Nationalisten wurde, ist heute die deutsche Nation wieder auf der Suche nach ihrer Einheit. Wie die deutsche Einheit einst aus einem chauvinistischen Krieg hervorging, so ging sie später in einem noch chauvinistischeren Krieg wieder unter.

Verzicht auf Nationalstaatlichkeit

Inzwischen aber hat sich die deutsche Nation so sehr verspätet, daß sie in ihrem Streben nach Staatlichkeit unzeitgemäß geworden ist. Was macht es noch für einen Sinn, auf lange Sicht nach nationalstaatlicher Einheit zu streben, wo doch schon auf kurze Sicht die politische Idee des Nationalstaats durch die Transnationalität der Probleme faktisch außer Kraft gesetzt wird? Der Nationalstaat hat schon heute die Vernünftigkeit seiner Idee überlebt. Sollten wir nicht endlich aufhören, dieses unter dem Aspekt der Vernunft anachronistische Dasein durch rückwärtsgewandte Utopien auch noch zu verlängern?

Gerade weil uns Deutschen die Vollendung der nationalstaatlichen Einheit versagt blieb und auf absehbare Zeiten versagt bleiben wird, gerade weil wir Deutsche mit einem pervertierten Nationalismus schrecklichste Erfahrungen gemacht haben, gerade deshalb sollte uns

188

schlechthin der Verzicht auf Nationalstaatlichkeit leichter fallen als anderen Nationen, die mit der Entstehung ihres Nationalstaats auch die Entfaltung einer demokratischen Gesellschaftsordnung verbinden konnten und immer noch können. Aufgrund der jüngsten Geschichte sind die Deutschen geradezu prädestiniert, die treibende Rolle in dem Prozeß der supranationalen Vereinigung Europas zu übernehmen. Statt dessen erleben wir im Lager des Neokonservatismus eine Art Renaissance der nationalstaatlichen Idee, eine Art verzweifelter Suche nach den besseren, schöneren Wurzeln der deutschen Nation in der deutschen Geschichte, die einer politischen Realitätsflucht gleichkommt. Man merkt es den Neokonservativen an, wie schwer es ihnen fällt, sich einzugestehen, daß die Bundesrepublik Deutschland ihre Wurzeln auch in Auschwitz hat. Dies zu vergessen oder zu verdrängen, wäre so amoralisch wie gefährlich. Denn reichte unsere bundesdeutsche Nationalidentität nicht mehr bis Auschwitz, sondern nur noch bis in das Jahr 1949 zurück, so verlören wir das Verantwortungsbewußtsein für das, was in dem Jahrzehnt zuvor im Namen des deutschen Volkes geschehen ist.

Während sich ein Teil der Wende-Historiker in apologetischer Absicht befleißigt, den Beweis zu führen, daß die Naziverbrechen nicht einzigartig waren, träumt ein anderer Teil schon wieder den »rechten« Traum von der »starken Mitte«: Ein nationalstaatlich vereintes, militärisch und wirtschaftlich starkes Deutschland in der Mitte Europas als ausgleichende Macht zwischen West und Ost. Welch ein Glück für uns alle, daß dieser Traum eine Schimäre bleiben muß! Nicht minder illusorisch sind die linken Träume von der »schwachen Mitte«: ein nationalstaatlich vereintes, womöglich sozialistisches, neutrales und atomwaffenfreies Deutschland als Puffer zwischen den Blöcken. Es wäre genauso anachronistisch wie sein »starkes« Pendant.

Zu Recht hat Jürgen Habermas im Frühsommer 1987 in einer Rede vor der Universität in Kopenhagen dafür plädiert, die nach dem Zweiten Weltkrieg entstandene Selbstverständlichkeit der bundesdeutschen Westintegration nicht mehr in Frage zu stellen. Unter »Westen« versteht Habermas neben der europäischen Geistesgeschichte vor allem die gesellschaftlichen Lebens- und demokratischen Staatsformen, die sich in der ersten Staatengeneration des neuzeitlichen Europa herausgebildet haben. Kein anderes Thema ist so gut geeignet, die Widersprüche zu veranschaulichen, in denen sich die konservative, auf nationalstaatliche Einheit bedachte Deutschlandpolitik verfangen hat, wie das Thema der Westintegration. Seit den fünfziger Jahren sind ihre bundesdeutschen Kritiker nicht müde geworden, vor der Gefahr zu warnen, daß die von Adenauer forcierte Eingliederung der Bundesrepublik in das westliche Staatensystem – trotz aller Wiedervereinigungsrhetorik gerade der Westpolitiker – objektiv zu einer Zementierung der deutschen Teilung führen würde und geführt hat. Der Westorientierung des einen deutschen Teilstaates entsprach folglich die feste Eingliederung des anderen in das östliche Bündnis.

In der Abrüstungsdebatte sind es nicht die rechten Anhänger einer »starken Mitte«, sondern die konservativen Befürworter einer entschiedenen, auch militärischen Westintegration der Bundesrepublik, die am lautesten dafür streiten, das militärische Gleichgewicht zwischen den Blöcken zu erhalten. Zum militärischen Gleichgewicht zwischen Ost und West gehört aber unabdingbar, daß die Bewaffnung der DDR dem einen und die der Bundesrepublik dem anderen Lager angerechnet werden kann – oder aber die beiden deutschen Staaten wären entwaffnet beziehungsweise ihre Bewaffnung würde keinem der beiden Militärblöcke zugerechnet werden können. Neutralität oder Entwaffnung ist allerdings das letzte, was die konservativen Anhänger der bundesdeutschen Westintegration sich vorstellen können und wollen. Sie wollen die Quadratur des Kreises, und das mit aller Entschiedenheit: Sie wollen die feste Einbindung der Bundesrepublik in die Lebens- und Politikformen des Westens sowie in das nordatlantische Verteidigungsbündnis, sie wollen das militärische Gleichgewicht zwischen Ost- und Westblock erhalten, sie wollen die nationalstaatliche Wiedervereinigung der beiden deutschen Staaten, und mehr noch, sie wollen dies alles zugleich, wollen das logisch Unvereinbare miteinander vereinen.

Die Zukunft heißt Europa

So ist gegenwärtig mit den Abrüstungsbemühungen der Supermächte die Frage der deutschen Wiedervereinigung erneut auf die Tagesordnung der allgemeinen politischen Debatte gesetzt worden. Doch besteht zur Zeit hierzu weder irgendeine realistische Perspektive, noch scheint die Wiedervereinigung in dem Sinne wünschenswert, daß es zur Wiederherstellung eines – wie auch immer konstituierten – deutschen Nationalstaats kommt. Linke wie rechte Träume und Illusionen in dieser Richtung entsprechen nicht der Notwendigkeit, durch den Rückbau der Nationalstaaten zu angepaßteren politischen Organisationsformen zu gelangen. Entscheidend ist unter diesem Gesichtspunkt nicht die (Wieder-)Herstellung einer staatlichen Einheit, entscheidend wird sein, inwieweit die politischen und gesellschaftlichen Organisationsformen – die es neu zu finden und zu gestalten gilt – gestatten, die Freiheitsspielräume der Menschen zu erweitern.

Die Bundesrepublik ist eine juristische Konstruktion, hervorgegangen aus der willkürlichen Aufteilung des Deutschen Reiches unter den alliierten Siegermächten des Zweiten Weltkriegs. Die Mütter und Väter der Verfassung haben sie als ein Provisorium konzipiert und in der Verfassungspräambel ihr späteres Aufgehen in einer größeren staatlichen Einheit festgeschrieben. Gegenwärtig spricht alles dafür, die Bundesrepublik auch weiterhin als eine Art Provisorium zu verstehen. Allerdings ist die staatliche Einheit, in der sie einmal aufgehen soll, von den Verfassungsgebern in den Kategorien herkömmlicher Nationalstaatlichkeit zu eng gedacht worden. Außerdem ist die herkömmliche Nationalstaatlichkeit zu wenig zukunftsträchtig. Die Zukunft heißt Europa. Das allein ist die größere Einheit, in der aufzugehen sich für die Bundesrepublik noch lohnt. Wir Deutschen brauchen Europa, weil sonst unsere kulturelle Identität nach und nach zu verkommen drohte, weil sonst die Zentren des Fortschritts immer seltener bei uns zu finden wären, weil sonst die Konflikte, aus denen die Welt immer wieder neu hervorgeht, uns zu ihrem Gegenstand machen würden, statt sich von uns beherrschen zu lassen.

Den Nationalstaat aufgeben heißt weder die Idee des Staates aufgeben noch die der Nation. Ein transnational vereinigtes Europa kann nur die politische Form eines demokratischen Staates haben, unter dessen Dach Platz für eine Vielfalt von Nationen wäre. Der Begriff der

Nation wäre dann nicht mehr in erster Linie ein Kriterium der politischen Identität, sondern eines der kulturellen Identität – einer europäischen Identität, die sich im kulturellen Spannungsfeld zwischen Nation und Region, zwischen Hochsprache und Dialekt einstellen wird.

Der Nationalstaat hat keine Zukunft mehr. Die moderne industriell-technologische Entwicklung lehnt sich gegen ihn auf. Nur in der freien und gewaltlosen Zusammenarbeit über alle Grenzen hinweg werden die Menschen gemeinsam ihre Zukunft menschlicher gestalten können. Der Traum einer umfassenden politischen Gemeinschaft der Völker ist keineswegs neu. Doch wurde er nie Wirklichkeit. Warum also sollte er ausgerechnet jetzt wirklich werden? Darauf gibt es nur eine Antwort: Die Realitäten fordern so nachdrücklich wie nie zuvor, daß eine solche Gemeinschaft errichtet werde. Es bleibt zu hoffen, daß die Menschen, wissen sie auch nicht immer, Katastrophen zu verhindern, doch vernünftig genug geworden sind, aus ihnen die richtigen Lehren zu ziehen. Die Sozialdemokratie ist seit 125 Jahren der Idee des Internationalismus verpflichtet. Sprechen alle Zeichen der Zukunft für die Notwendigkeit der internationalen Zusammenarbeit, dann kann doch wohl die Behauptung nicht vermessen sein, daß sie aus dieser Tradition heraus eher als andere Parteien fähig und bereit ist, den richtigen Weg in die Zukunft zu erkennen und einzuschlagen.

Wir brauchen internationale Solidarität

Der traditionelle Internationalismus der Arbeiterbewegung war in seinem Kern dem Wunsch entsprungen, das Klassenbewußtsein der Arbeiter genauso global und umfassend zu organisieren, wie sich der Kapitalismus organisiert hatte. Zugleich war er aber auch eine Antwort auf die weltweiten Folgen des Industrialismus. Nicht von ungefähr waren ja die Industriemessen, auf denen der Industrialismus gegen Mitte des 19. Jahrhunderts überschwenglich zelebriert wurde, das Medium, über das die Idee des Internationalismus in die Arbeiterschaft »aller Länder« transportiert wurde. Diese Idee einer internationalen Solidarität der Arbeiterklasse gegen die Herrschaft des Kapitals war stark genug, den internationalen Zusammenschluß der Arbeiterparteien und Organisationen hervorzurufen, aber sie war nicht stark genug, sich auch dort durchzusetzen, wo nationale und internationale Ideen kollidierten.

Viele Debatten auf den Kongressen der Zweiten Internationale waren geprägt von den Auseinandersetzungen über die nationalen Eigenarten der verschiedenen sozialistischen Parteien. So stand der Amsterdamer Kongreß von 1904 im Zeichen einer imposanten Fehde zwischen Jean Jaurès, dem Führer der französischen Sozialisten, und August Bebel, dem Vorsitzenden der deutschen Sozialdemokratie. Jaurès warf der SPD-Führung vor, es sei eine »verderbliche Illusion«, ihre Taktik allen anderen Ländern vorschreiben zu wollen. Denn je stärker die sozialistischen Parteien sein würden, desto mehr würden sie mit den Verhältnissen in ihren Ländern verschmelzen und desto weniger könnten allgemeine Verhaltensvorschriften gültig sein. Die spätere Geschichte sollte Jaurès in dieser Hinsicht auf tragische Weise recht geben. Denn in der Tat gewannen mit der Stärke der sozialistischen Parteien die nationalen Bedürfnisse faktisch die Oberhand gegen die Gebote der internationalen Solidarität. Als es im August 1914 zum Schwur kam, zeigte sich, wieviel die Idee des proletarischen Internationalismus in der Praxis wert war, wenn sie mit nationalstaatlichen Interessen in Konflikt gerät: Der vielbeschworene Internationalismus der Arbeiterbewegung hatte nicht den Hauch einer Chance, sich gegen den nationalen Taumel durchzusetzen und den Ausbruch des Weltkriegs zu verhindern. Konrad Haenisch, früher einer der radikalsten Flugblattfabrikanten des sozialdemokratischen Parteivorstands und später preußischer Kultusminister, hat niedergeschrieben, was damals in vielen Anhängern des proletarischen Internationalismus vorging:

»Leicht ist dies Ringen zweier Seelen in der einen Brust wohl keinem von uns geworden ... Um alles in der Welt möchte ich jene Tage inneren Kampfes nicht noch einmal durchleben! Dieses drängendheiße Sehnen, sich hineinzustürzen in den gewaltigen Strom der allgemeinen nationalen Hochflut, und von der anderen Seite her die furchtbare seelische Angst, diesem Sehnen rückhaltlos zu folgen, der Stimmung ganz sich hinzugeben, die rings um einen herumbrauste und brandete und die, sah man sich ganz tief ins Herz hinein, auch vom eigenen Innern ja längst schon Besitz ergriffen hatte! Diese Angst: Wirst du auch nicht zum Halunken an dir selbst und deiner Sache – darfst du auch so fühlen, wie es dir ums Herz ist? Bis dann – ich vergesse den Tag und die Stunde nicht – plötzlich die furchtbare Spannung sich löste, bis man wagte, das zu sein, was man doch war, bis man – allen erstarrten Prinzipien und hölzernen Theorien zum Trotz – zum ersten Male (zum ersten Male seit fast einem Vierteljahrhundert!) aus vollem Herzen, mit gutem Gewissen und ohne jede Angst, dadurch zum Verräter zu werden, einstimmen durfte in den brausenden Sturmgesang: Deutschland, Deutschland über alles!«

Ganz anders Jaurès. Vielleicht hat er im Sommer 1914 gerade deshalb entschlossener als andere Sozialistenführer versucht, die internationale Solidarität der Arbeiterbewegung gegen den Krieg zu mobilisieren, weil er früher und nüchterner als andere erkannt hatte, daß, wenn es darauf ankommt, die internationalistische Rhetorik gegen die nationalstaatlichen Interessen keinen Bestand haben wird. Hatte nicht der 1913 verstorbene August Bebel in einem Interview mit der Pariser Zeitung »Le Figaro« im Jahre 1892 auf die Frage, ob er im Kriegsfall auf seinen Genossen Jules Guesde – damals Vorsitzender der Sozialistischen Arbeiterpartei Frankreichs – schießen würde, geantwortet: »Ja – aber nur auf Befehl.«

Die Arbeiterbewegung ist in den Grenzen der Nationalstaaten entstanden und mußte, wenn sie politisch wirken wollte, zwangsläufig in dem Maße, in dem jede Politik nationalstaatlich organisiert war, mit den jeweils nationalstaatlich definierten politischen Bedürfnissen verschmelzen. Der Nationalstaat hat die globale Entfaltung der Solidarität verhindert – dies ist, was uns die Geschichte lehrt, und dies gilt noch heute. Um unserer Zukunft willen brauchen wir mehr denn je internationale Solidarität, doch wird sie sich nur entfalten können, indem wir den Nationalstaat überwinden.

Weitgehend überwunden scheint gegenwärtig in Europa der vaterländische Appellcharakter, der den Nationalstaat lange Zeit beseelte und der mit seiner Überhöhung einer falsch verstandenen Männlichkeit auch Sozialisten in seinen Bann schlug. Ernst Heilmann, seit 1909 Chefredakteur der sozialdemokratischen »Chemnitzer Volksstimme«, von 1919 bis 1933 sozialdemokratischer Abgeordneter des Preußischen Landtags, dann von den Nazis ins KZ verschleppt und dort 1940 ermordet, schrieb mitten im Ersten Weltkrieg: »Gegen diese Feinde [hilft] nur eines: Den Daumen aufs Auge und die Knie auf die Brust, und greinen uns ein paar Heilige dazwischen, wie furchtbar das Schicksal der französischen Arbeiter sei, so erwidern wir ihnen: Die französischen Arbeiter bleiben Männer, auch wenn wir mit ihnen Kugeln wechseln, ihr aber seid – alte Weiber. Mögen darum die ewig schwankenden Gestalten plötzlich den Verrina der Internationale spielen – ich gehe zum Hindenburg.«

Wenn der Kugelwechsel ein Attribut der Männlichkeit ist, dann sollten wir es lieber mit den »alten Weibern« halten. Vielleicht können wir über die wirkliche Gleichstellung der Frau in der Gesellschaft jener umfassenden Solidarität zum Durchbruch verhelfen, zu der die von Männern gemachte Politik bisher nicht fähig war.

Alles, was Männer über die Frauen ge-
schrieben haben, muß verdächtig sein,
denn sie sind zugleich Richter und Partei.
Poulain de la Barre

Aufbruch zur Gleichheit

Jede Politik, die sich dem Ziel einer menschengerechten und humanen Zukunft verschrieben hat, jede Politik, die die Utopie der Freiheit mit ihren Werten der Selbstbestimmung, der Gleichheit und der Solidarität konsequent und glaubwürdig verwirklichen will, darf den gesellschaftlichen Emanzipations- und Demokratisierungsbestrebungen ihre politische Unterstützung nicht versagen. Es wäre fatal, wenn sie sich auf die Diskussionen um die Frauenbewegung und innerhalb der Frauenbewegung nicht einließe, wenn sie sich nicht nach Kräften bemühte, deren Forderungen aufzugreifen und deren Zielsetzungen in die Tat umzusetzen. Das aber heißt nichts anderes, als daß zu den ohnehin schwierigen Aufgaben der heutigen Politik eine außerordentliche, eine historisch zu nennende Aufgabe hinzukommt, die seit Jahrhunderten einer Lösung harrt. Gerade die Tatsache, daß die »Frauenfrage« – so wurde im 19. Jahrhundert die Frage nach der künftigen Stellung der Frau in einer demokratischen Gesellschaft bezeichnet – schon so lange offen ist, zeigt, wie stark die Kräfte des Beharrens sind.

Die Lage der Frau in der Gesellschaft ist nicht nur hier und jetzt eine besondere, sondern sie war es, soweit wir zurückblicken können, überall und jederzeit. Sie erfordert in allen Politikbereichen ein klares und konsequentes Handeln. Statt dessen müssen wir immer noch erleben, daß die Debatte über frauenpolitische Probleme und Forderungen unter den männlichen Mitgliedern des höchsten parlamentarischen Gremiums der Bundesrepublik vor allem Heiterkeit erzeugt.

Auch das Verhältnis der Sozialdemokratie zur »Frauenfrage« ist im Verlaufe der Geschichte weder von ungetrübtem Wohlwollen und Verständnis noch von auffallender Tatkraft gekennzeichnet. Eingedenk der großen politisch-sozialen Integrationsleistungen, die die Sozialdemokratie erbracht hat, wird sie soviel Selbstkritik wohl verkraften und sich auch erlauben können. Immerhin kommt ihr zugute, daß sie nicht, wie manche andere, die »Frauenfrage« erst im ausgehenden 20. Jahrhundert für sich entdeckt hat, sondern schon vor mehr als hundert Jahren. Sie glaubte schon damals, daß die Frauenfrage eng mit der bürgerlichen Erwerbs- und Eigentumsordnung verknüpft ist, die bis heute unsere Gesellschaft prägt. Es kann deshalb auch nicht überraschen, daß trotz einiger erheblicher Fortschritte in der gesellschaftlichen und rechtlichen Stellung der Frauen die Forderungen der Frauenbewegung noch dieselben sind wie vor einem Jahrhundert. Die Einsicht, daß die Frauenfrage in ihrem Kern ein strukturelles Problem der Industriegesellschaft ist, war in Ansätzen zwar in der frühen bürgerlichen Frauenbewegung vorhanden, stieß damals aber in der Gesellschaft auf größten Widerstand und weitverbreitetes Unverständnis. In der neuen Frauenbewegung hat sie sich voll durchgesetzt und beginnt auch in den Köpfen der Männer zu gären.

Immerhin kann die Sozialdemokratie in ihrer Geschichte an zwei für die Emanzipationsbewegung der

Frauen bedeutende Ereignisse anknüpfen, die mit den Namen eines ihrer »Gründungsväter«, August Bebel, und dem einer sozialdemokratischen »Gründungsmutter« des Grundgesetzes, Elisabeth Selbert, verbunden sind. August Bebels Schrift »Die Frau und der Sozialismus« (1879), die über mehrere Jahrzehnte in vielen Auflagen erschien, hat, wenn schon nicht die sozialdemokratische Politik bestimmt, so doch den Kampf der Frauen um ihre Rechte nachhaltig gefördert und das gesellschaftliche Selbstbewußtsein vieler Frauen gestärkt. Elisabeth Selbert hat trotz des Widerstandes oder der mangelnden Unterstützung in den eigenen Reihen – also von Frauen und Sozialdemokraten – bei den Beratungen des Parlamentarischen Rates für die Aufnahme des Gleichheitsartikels in unser Grundgesetz erfolgreich gekämpft.

Die lapidare Bestimmung »Männer und Frauen sind gleichberechtigt« ist allerdings eine der merkwürdigsten in unserer Verfassung. Denn sie ist unter historischen Gesichtspunkten ebenso denkwürdig, wie sie unter verfassungsrechtlichen Gesichtspunkten in einem wirklich demokratischen Grundrechtskatalog eigentlich überflüssig ist. Die Tatsache, daß eine Bestimmung in die Verfassung aufgenommen wurde, die nach den Prinzipien ebendieser Verfassung selbstverständlich wäre, zeigt deutlich, daß das Selbstverständliche in der Gesellschaft noch nicht selbstverständlich ist. Es gehört zum Wesen der Demokratie, daß in ihr alle Bürger ohne Ausnahme rechtlich völlig gleichgestellt sind. Nichts anderes besagt ja der Gleichheitsartikel, der zudem bekräftigt, daß niemand wegen seines Geschlechtes benachteiligt oder bevorzugt werden dürfe. Warum also meinte Elisabeth Selbert, auf der ausdrücklichen Formulierung der Gleichberechtigung der Frauen bestehen zu müssen?

Schwesterlichkeit war nicht vorgesehen

Die politische Literatur des Zeitalters der Aufklärung, der bürgerlichen Emanzipation und der demokratischen Revolutionen – Gesellschaftstheorien, Unabhängigkeits-, Menschen- oder Bürgerrechtserklärungen, Verfassungen und Verfassungsentwürfe – durchzieht ein Wort, das für eine freiheitliche Gesellschaftsvision so verheißungsvoll klang, wie es für die gesellschaftliche Wirklichkeit trügerisch war: das Wort »alle«. Sämtliche Grundwerte der modernen Demokratien sind »für alle« gedacht: Freiheit, das heißt Selbstbestimmung im privaten, gesellschaftlichen und politischen Leben für alle; Gleichheit, das heißt gleiche Rechte und Chancen für alle; Brüderlichkeit, das heißt soziale Gerechtigkeit für alle.

Doch hier schon wird der Wortgebrauch verräterisch: Schwesterlichkeit war nicht vorgesehen. In die Wirklichkeit übersetzt hieß »für alle«: für die männliche Hälfte der Gesellschaft. Von dem, was die Gesellschaft an Freiheit, Gleichheit und Brüderlichkeit zuließ, blieben die Frauen weitgehend ausgeschlossen. Zwar waren »für alle« gleiche politisch-staatsbürgerliche Rechte proklamiert worden, doch den Frauen wurde bis ins 20. Jahrhundert hinein das Wahlrecht verwehrt. Lange durften sie an politischen Versammlungen nicht teilnehmen, geschweige denn politischen Vereinigungen beitreten. Zwar galten gleiche bürgerliche und Eigentums-Rechte »für alle«, doch in weiten Bereichen blieben die Frauen der Vormundschaft von Männern unterstellt, waren nicht rechtsfähig oder rechtlich sehr viel schlechter gestellt als die Männer. Bildung und Berufswahl standen »allen« frei, doch ließ man die Frauen bis weit in die zweite Hälfte des letzten Jahrhunderts nicht auf die höheren Schulen und gab ihnen keine qualifizierte Berufsausbildung, mit Ausnahme der sehr bescheidenen Ausbildung zur Lehrerin an Volks- und Mädchenschulen.

So unterschiedlich die Situation in den europäischen Ländern auch war, insgesamt war sie gekennzeichnet durch eine weitgehend politisch-bürgerliche Rechtlosigkeit der Frauen. Selbstbestimmung und freie Entfaltung der Persönlichkeit existierten für sie nicht einmal auf dem Papier, geschweige denn in der Wirklichkeit des Alltags. Die Geschichte lehrt uns, daß die Emanzipation der Frauen durch die Frauen allein nicht durchgesetzt werden konnte und nicht durchgesetzt werden kann. Zu schwer lastet auch noch gegenwärtig die jahrtausendealte »Normalität« der gesellschaftlichen Unterdrückung der Frauen auf unseren Denk- und Verhaltensstrukturen, als daß es ihnen künftig ohne die Solidarität der Männer gelingen könnte, ihre andauernde gesellschaftliche Benachteiligung endgültig abzubauen.

Doch die Geschichte lehrt noch ein anderes, noch ein Wichtigeres. Sie lehrt, daß auch die Grundwerte der Aufklärung, die allmählich erfolgreich durchgesetzt wurden, über weit mehr als ein Jahrhundert keine Änderung in den Lebensbedingungen der Frauen bewirkten. Von den Männern wurde dies so gut wie nicht wahrgenommen. John Stuart Mill und August Bebel, die beiden bekannten Anwälte der Frauenemanzipation, waren in der männlichen Welt jenen sprichwörtlichen Schwalben vergleichbar, die noch keinen Sommer machen. Es beruhte gewiß nicht auf professoraler Vergeßlichkeit, daß die Aufklärer ihre Gesellschaftsentwürfe an den Frauen vorbeidachten. Es beruhte auch nicht auf mangelnder menschlicher Solidarität.

Die Aufklärung ging an den Frauen vorbei, weil man wollte, daß sie an ihnen vorbeiging. Ausdrücklich wurden sie von der für das gesellschaftliche Leben in der Moderne fundamentalen »Entdeckung« der Aufklärung ausgenommen, daß die Menschen ihre Geschichte selber machen, daß gesellschaftliche Strukturen, Funktionen, Rollen, Hierarchien und Herrschaftspositionen letztlich auf menschlichem Handeln und menschlicher Übereinkunft beruhen und daß solche Strukturen keineswegs »natürlich« gewachsen und damit gleichsam unveränderbar sind – auch wenn sie mit der Zeit so sehr erstarren, daß es größter Anstrengungen bedarf, sie zu verändern.

Nein, man hatte die Frauen nicht vergessen, im Gegenteil: Die Fähigkeit, Geschichte zu machen, wurde ihnen schlichtweg nicht zugestanden. »Der Mann macht Geschichte, das Weib ist Geschichte«, sagt Oswald Spengler. Und wie zur Ergänzung schreibt José Ortega y Gasset: »Deshalb braucht der grundlegende Anteil der Frau an der Weltgeschichte auch nicht in Taten, nicht in Unternehmungen zu bestehen, es genügt die stille, reglose Anwesenheit ihrer Person.« Doch wer den Frauen ihrer »Natur« nach die Fähigkeit zur Selbstbestimmung abspricht, spricht ihnen die Voraussetzung zur Freiheit ab.

Die Bestimmung der »weiblichen Natur«

Die fundamentale Ungerechtigkeit, die den Frauen widerfährt, liegt nicht einmal so sehr in ihrer konkreten Benachteiligung auf fast allen Gebieten, sie liegt vielmehr darin, daß ihnen die Fähigkeiten nicht zugetraut werden, sich auf allen Gebieten, die ihr Interesse finden, ebenso erfolgreich betätigen zu können, wie Männer das tun. Noch im Jahr 1987 hat ein deutscher Oberlandesge-richtspräsident der Öffentlichkeit kundgetan, daß er Frauen – wohlgemerkt nicht eine einzelne Frau – nicht für fähig hält, ein Richteramt auszüben. Wie aber sollen wir in Erfahrung bringen, wozu Frauen fähig oder unfähig sind, wenn sie ihre Fähigkeiten nicht unter Beweis stellen können?

Decken wir die gesellschaftlichen Wurzeln der Benach-teiligung von Frauen nicht auf, so werden wir diese Be-nachteiligung nicht abbauen, werden wir individuelle Freiheit, Gleichheit und soziale Gerechtigkeit nicht wirk-lich für alle erreichen können. Eine dieser Wurzeln liegt im Bewußtsein der Menschen, in ihren Vorurteilen und überkommenen Gesellschaftsbildern. Eine andere liegt in der strukturellen Entwicklung der Gesellschaft, insbe-sondere der Arbeitswelt. Beide hängen mit der Entwick-lung der bürgerlichen Gesellschaft und der Industrialisie-rung zusammen.

Im großen und ganzen läßt sich für die letzten zweihun-dert Jahre sagen, daß die Bestimmung der sogenannten »weiblichen Natur« und die gesellschaftliche Rolle der Frau einer Tendenz unterlagen, die zu den freiheitlichen geistigen, politischen und gesellschaftlichen Tendenzen eher gegenläufig war. Geistige Aufklärung und Liberali-tät, politische Demokratisierung und Verfassungsstaat-lichkeit bedeuteten den Abbau von Schranken, Hinder-nissen und Festlegung auf Rollen, bedeuteten, daß sich bisher nicht gekannte rechtliche Möglichkeiten und ge-sellschaftliche Chancen privater, öffentlicher und beruf-licher Entfaltung eröffneten. Was immer gegen die be-sitzbürgerliche Gesellschaft in der Folge der Amerikani-schen und Französischen Revolution einzuwenden ist, jedenfalls hat sie enorme emanzipatorische Kräfte freigesetzt und einen gewaltigen Demokratisierungsschub bewirkt: verfassungsgemäß verankerte Freiheits- und Bürgerrechte, Gleichberechtigung und gleiche Eigentumsrechte, freie Berufswahl, Freizügigkeit, religiöse Toleranz und anderes mehr. Auch konnte die Arbeiterbewegung in langanhaltenden und mitunter heftigen Auseinandersetzungen die politische und soziale Gleichberechtigung der Arbeiterschaft mehr und mehr durchsetzen.

Demgegenüber hat sich die benachteiligte Lage der Frauen zeitweilig sogar noch verschärft. Zum einen wurden ihre Entfaltungsmöglichkeiten durch das bürgerliche Frauenideal, das ihnen als einzige legitime gesellschaftliche Rolle die der verheirateten Frau, der Haus-, Ehefrau und Mutter zuwies, auf den häuslich-privaten Lebensbereich beschränkt, so daß ihnen, ohne Zugang zu Bildung, Ausbildung und qualifizierter Erwerbstätigkeit, keine Alternative zur Ehe übrigblieb. Zum anderen wurden sie durch die Aufspaltung der gesellschaftlich notwendigen Arbeit in unbezahlte, häuslich-private Familienarbeit und in bezahlte, organisierte Erwerbsarbeit zum Gegenstand wirtschaftlicher Ausbeutung.

Bürgerliche und proletarische Frauen

Das ideologische Frauenbild, das von der bürgerlichen Gesellschaft propagiert wurde, weist gewisse Ähnlichkeiten auf mit Ortegas Wort von der allein nötigen »stillen, reglosen Anwesenheit« der Frau. Für dieses Frauenideal, dem Anschein nach eine recht bequeme Existenz, trafen allenfalls die Lebensbedingungen der verheirateten Frauen des wohlhabenden Bürgertums zu. Doch selbst für sie bedeutete es keinen wirklichen Fortschritt, eher einen Rückschritt. Durch die Verlagerung vieler hauswirtschaftlicher Arbeiten in die außerhäusliche Produktion, in Industrie und Gewerbe, wurde der früher erhebliche Wirtschafts- und Arbeitsfaktor »Haushalt« auf den »Privathaushalt« reduziert und die Tätigkeit der bürgerlichen Hausfrau auf jene berüchtigten drei »Ks«: Kinder, Küche, Kirche. Die tatsächlich anfallende Arbeit wurde jedoch vom – meist weiblichen – Dienstpersonal erledigt.

Die »Müßigkeit« der Hausfrau war aber in Wirklichkeit weder Segnung noch Befreiung, sondern die Folge ihrer zunehmenden Funktionslosigkeit, wobei ihre gesellschaftliche Bewegungsfreiheit noch durch die Regeln der »Schicklichkeit« eingeschränkt wurde. Für die beträchtliche Zahl nichtverheirateter Bürger- und Beamtentöchter bedeuteten solche Bedingungen nur allzuoft, daß sie zur »armen Verwandten«, zur Almosenempfängerin absanken oder sich in die »allein schicklichen«, nicht weniger abhängigen »Stellungen« der Gouvernante oder Gesellschafterin begeben mußten. In welch hohem Maß das bürgerliche Ideal der von Arbeit weitgehend »befreiten«, von ernstem Studium verschonten Frau antiemanzipatorisch war, spiegelt sich deutlich in den beiden Herausforderungen, die die bürgerliche Frauenbewegung durch das ganze letzte Jahrhundert hindurch mit absolutem Vorrang erhob: dem Recht auf Bildung und dem Recht auf Erwerbsarbeit.

Das bürgerliche Frauenideal war jedoch nicht nur antiemanzipatorisch, es stand außerdem in krassem Widerspruch zur Alltags- und Arbeitswirklichkeit einer großen Anzahl von Frauen, die zwar den Status der Rechtlosigkeit, aber keineswegs auch den der unfreiwilligen Müßigkeit teilten. Während die bürgerliche Frau stickte, strickte, Dienstboten beaufsichtigte und Klavier spielte, absolvierte ein ganzes Heer von Frauen in den Fabriken und der Landwirtschaft einen zwölf- und mehrstündigen Arbeitstag und versorgte, natürlich nebenher, Kinder, Haushalt sowie einen Ehemann, der nicht selten trank und schlug. Im Vergleich zu ihren Lebens- und Arbeitsbedingungen ließe sich die Lage des weiteren Heeres arbeitender Frauen, der weiblichen Dienstboten, fast privilegiert nennen: bezahlte Arbeit im Vergleich zur unbezahlten Arbeit der Bäuerin, im allgemeinen weniger harte Arbeitsbedingungen als in der Fabrik und der Landwirtschaft und nicht zuletzt keine Doppelbelastung durch eigene Kinder, eigenen Haushalt und eigenen Ehemann. Daß solche durchaus unfreiwillige Freistellung von weiblicher Reproduktionsarbeit sehr häufig in uneheliche Schwangerschaften und Prostitution führte, sollte nicht verschwiegen werden.

Erbärmlich war das Los der Fabrikarbeiterin. Sie arbeitete aus Not, nicht aus eigenem Drang zur Selbstverwirklichung. Sie besaß keinerlei sozialen Schutz und erhielt einen Hungerlohn, der schon damals niedriger war als der ihrer männlichen Kollegen, bei denen sie überdies als billige Arbeitsmarktkonkurrenz nicht wohlgelitten war. In dieser Konkurrenz hat der proletarische Antifeminismus seine Wurzeln: Die proletarische Frauenbewegung, die sich später entwickelte als die bürgerliche, hatte deshalb mit »Bildung« und »Recht auf Arbeit« wenig im Sinn. Sie kämpfte erst einmal für bessere Arbeitsbedingungen.

Die Entwicklung der kapitalistischen Industriegesellschaft setzte einen politischen und wirtschaftlich-sozialen Rahmen, in den die allseitige Benachteiligung der Frau strukturell eingebaut war. Die Tatsache freilich, daß die bürgerliche Industriegesellschaft ohne diese strukturelle

Benachteiligung der Frau gar nicht hätte funktionieren können, beachteten erstaunlicherweise die Theoretiker und Kritiker der kapitalistischen Gesellschaft nicht. Auch Marx und Engels fanden sie der Analyse nicht wert, all ihren Auslassungen über die Familie, das Bürgertum und das Elend der Arbeiterklasse zum Trotz. Wenn sich die politischen Parteien heute anschicken, ihre Programme zu überdenken, dürfen sie diesen Fehler nicht wiederholen.

Die Ausgrenzung der Frau muß aufgehoben werden

In allen früheren Gesellschaftsformationen, von denen wir Kenntnis haben, in der Sammler-und-Jägergesellschaft, der Hortikulturgesellschaft und der Agrargesellschaft, hatten die Frauen einen großen, teilweise sogar den größeren Anteil an der gesellschaftlich notwendigen, der Erhaltung dienenden Arbeit. In fast all diesen Kulturen war die Frau – von einzelnen Bereichen abgesehen – dem Manne mehr oder weniger untergeordnet. Aber die Lebenswelten und Lebensbedingungen der Frauen und Männer unterschieden sich in den meisten Fällen nur wenig voneinander. Gemeinsame Arbeit, Mitarbeit der Frau in Landwirtschaft, Handel und Gewerbe, die Einheit von Wohn- und Arbeitsstätte verknüpften männliche und weibliche Rollen zeitlich, räumlich und funktional relativ eng miteinander.

Die bürgerlich-industrielle Gesellschaft hingegen schuf Trennungslinien, Aus- und Abgrenzungen und extrem polarisierte Geschlechterrollen in einem nie dagewesenen und für die Frauen höchst nachteiligen Ausmaß. Mit der Trennung von Wohn- und Arbeitsstätten ging die Trennung von Familien- und Arbeitsleben einher. Die industrielle Arbeit wurde entsprechend den Bedürfnissen der Produktion gestrafft, die gesamtgesellschaftlich notwendige Arbeit in unbezahlte Familienarbeit und bezahlte Erwerbstätigkeit geschieden. Damit waren die Haus- und Familienarbeit als Nichterwerbstätigkeit aus dem gesellschaftlichen Arbeitsbegriff ausgegrenzt und die Frau als ausschließlich dafür zuständig erklärt worden. In der Konsequenz einer extrem gegensätzlichen Auffassung von männlicher und weiblicher »Natur« sowie einer rigiden Festschreibung von geschlechtsspezifischen Rollen wurde die große Mehrzahl der erwerbstätigen Frauen auf die niederen Ränge der Arbeitswelt verwiesen. Schließlich wurden die Privatsphäre zur Domäne der Frau und die politisch-öffentliche Sphäre zur Domäne des Mannes erhoben.

Wenn es stimmt, daß die Benachteiligung der Frauen strukturell in der Industriegesellschaft angelegt ist, daß deren System gar nicht funktionieren kann, ohne Frauen zu benachteiligen, dann kann der politische Schlüssel zur Lösung der Frauenfrage nur in einer Veränderung der industriellen Strukturen liegen. Entscheidend dabei ist die Neudefinition des Begriffs der Arbeit und ihre Bewertung in der Gesellschaft. Die notwendige gesellschaftliche Arbeit setzt sich immer aus der Haus- und Familienarbeit, die Versorgung und Erziehung der Kinder eingeschlossen, und der Arbeit zur Herstellung der lebensnotwendigen Güter zusammen. Heute wissen wir, daß es im Prinzip völlig gleichgültig ist, wer welche Arbeit leistet, ob die Frauen diese, die Männer jene oder umgekehrt oder beide gemeinsam oder je zur Hälfte oder zu welchem Anteil immer. Es hat sich gezeigt, daß Männer und

Frauen gleichermaßen fähig sind, sowohl diese wie auch jene Art von Arbeit zu verrichten.

Unterschiedliche gesellschaftliche Rollen

Industrielle Arbeit ist organisierte Arbeit. Sie wird an einer Arbeitsstätte ausgeübt, die nicht zugleich Wohnstätte ist. Sie ist bezahlte, fremdbestimmte, abhängige, nach Arbeitszeit und -dauer genau festgelegte und unter übergeordneter Planung stehende Arbeit. Zwar konnten auch vorindustrielle Arbeitsweisen einzelne dieser Merkmale aufweisen, doch in der Kombination waren sie nicht üblich. Die agrarische Arbeitsweise kann in diesem Sinne als typische nicht-organisierte Arbeitsweise gelten. Die industrielle Arbeitsweise eroberte im Laufe der Zeit fast den gesamten Bereich der Güterproduktion – und damit auch den einen Teil der gesellschaftlich notwendigen Arbeit. Heute ist, von wenigen Ausnahmen abgesehen, der gesamte Bereich der nicht-selbständigen Erwerbstätigkeit nach dem Muster der industriellen Arbeit organisiert. Die moderne Arbeitswelt erfordert in aller Regel den vollerwerbstätigen Menschen, der für die gesamte Dauer eines acht- oder mehrstündigen Arbeitstages ständig zur Verfügung steht, und das ein ganzes Arbeitsleben lang. Demgegenüber ist die Haus- und Familienarbeit als der andere elementare Teil der gesellschaftlich notwendigen Arbeit im großen und ganzen nicht-organisierte Arbeit geblieben. Die Merkmale dieser nicht-organisierten Haus- und Familienarbeit entsprechen genau dem Typus der vorindustriellen Arbeit: im Wohnhaus ausgeübte, selbständige, nicht-fremdbestimmte, nicht-geregelte, unbezahlte und als solche nicht sozial abgesicherte Arbeit.

Sie erfordert jedoch ebenso wie die Erwerbstätigkeit eine ausschließlich für sie vorhandene Person, die zwar nicht immer kontinuierlich, dafür aber nicht selten 24 Stunden am Tag verfügbar sein muß.

Unter den in der modernen Gesellschaft vorherrschenden Bedingungen des Arbeitens und des Zusammenlebens schließen sich die Bereiche der organisierten und der nicht-organisierten Arbeit gegenseitig aus, sie werden zu unterschiedlichen gesellschaftlichen Rollen. Das heißt, ein und dieselbe Person kann sie in der beschriebenen Form ohne private oder öffentliche Hilfe grundsätzlich nicht miteinander vereinbaren. Diese Unvereinbarkeit von Erwerbstätigkeit und Familienarbeit bildet heute bei weitem den gravierendsten Hinderungsgrund für die Verwirklichung der Gleichberechtigung von Frau und Mann auf allen gesellschaftlichen Gebieten. Die beiden Rollen oder Arbeitsbereiche sind ja gerade nicht getrennt und ökonomisch unabhängig voneinander existierende Berufsfelder. Sie sind eng verzahnt durch das Zusammenleben von Frauen, Männern und Kindern in der Kleinfamilie. Ökonomisch sind sie völlig ungleichwertig, da die unbezahlte Familienarbeit keine selbständige, unabhängige individuelle Existenzsicherung ermöglicht. Darüber hinaus sind beide Arbeitsbereiche aufeinander angewiesen, weil einerseits die Organisation der Arbeitswelt stillschweigend voraussetzt, daß die Erwerbstätigen von der Familienarbeit freigesetzt werden, während andererseits die Familienarbeit der wirtschaftlichen Absicherung durch die Erwerbstätigkeit bedarf. Beide Bereiche sind ungleich zwischen den Geschlechtern verteilt, weil die Haus- und Familienarbeit in den überkommenen gesellschaftlichen Rollenvorstellungen als »Frauenarbeit« gilt – und es in der Wirklichkeit auch immer noch weitgehend ist. Natürlich schränkt die Familienarbeit auch erheblich die Möglichkeit ein, am politisch-öffentlichen Leben teilzunehmen.

Der Schein trügt

Vermutlich wird man gegen eine solch strenge analytische Bestandsaufnahme eine ganze Reihe von Einwänden erheben: Daß das Bild in Wirklichkeit so düster nicht ist, wird man sagen; daß gerade für die letzten zwei bis drei Jahrzehnte Fortschritte zu verzeichnen sind; daß traditionelle Rollenbilder im Umbruch, gar in Auflösung begriffen und viele Vorurteile längst abgebaut sind; daß mit der behaupteten Unvereinbarkeit etwas nicht stimmen könne, da doch rund 40 Prozent der erwerbstätigen Bevölkerung Frauen sind; daß es bei uns mehr als eine Million alleinerziehender Mütter gibt, von denen nicht wenige sich und ihre Kinder selber »versorgen«; daß der weitaus überwiegende Teil aller Mädchen heute eine Ausbildung erhält und meistens auch abschließt; daß Umfang und Niveau der schulischen, akademischen und beruflichen Qualifikation von Frauen einen nie dagewesenen Stand erreicht haben; daß Frauen in »Männerberufen« keine Ausnahmen mehr sind; daß Frauen auch in der Politik, der Wirtschaft und der Gesellschaft Spitzenpositionen einnehmen können; und daß schließlich allerorten in unserer Gesellschaft in Theorie und Praxis auf die Beseitigung der Benachteiligung hingearbeitet wird, denken wir nur an die zahlreichen Aus- und Fortbildungsprogramme, Modellversuche, Förderpläne, Frauenbüros, Frauenforschungsprojekte, Quotierungspläne und dergleichen mehr. Sind wir also nicht schon längst dabei, die historisch-ideologisch begründete gesellschaftliche Diskriminierung der Frauen abzubauen?

Zweifel sind angebracht, weil der Schein in vielen Fällen trügt. Nach wie vor ist der Arbeitsmarkt stark segmentiert, das heißt, Frauen arbeiten mehrheitlich in untergeordneten Positionen und erzielen entsprechend niedrigere Einkommen als Männer. Der Anteil der in Männerberufen arbeitenden Frauen ist schon wieder rückläufig. 92 Prozent der Teilzeitarbeitsplätze sind mit Frauen besetzt. Die Zahl der abhängig erwerbstätigen Frauen ist seit 1970 um rund eine Million gestiegen, ihr Gesamtarbeitsvolumen aber ist gleichgeblieben. Obwohl der Mädchenanteil bei den Auszubildenden 1985 bei immerhin 41 Prozent lag, verteilten sich 66,5 Prozent davon auf nur fünf typische Frauenberufe – Kauffrau, Verkäuferin, Bürogehilfin, Arzthelferin, Friseuse. Noch immer haben Frauen nur eine minimale Chance, in berufliche Spitzenpositionen aufzusteigen. Nur 2,5 Prozent aller Hochschullehrstühle zum Beispiel sind mit Frauen besetzt, obwohl der Frauenanteil bei den Hochschulabsolventen ständig steigt und in einzelnen Fächern bereits 40 Prozent beträgt. Auch in den Parlamenten hat sich die Anzahl der weiblichen Abgeordneten gegenüber der im Jahr 1919 kaum erhöht. Der etwas höhere Anteil von Frauen im gehobenen öffentlichen Dienst ist auf den hohen Anteil von Lehrerinnen zurückzuführen – dem traditionellsten aller modernen Frauenberufe.

Es führt kein Weg an der Tatsache vorbei, daß erwerbstätige Frauen mit Familie doppelt belastet sind, sofern sie nicht bezahlte oder unbezahlte Hilfsleistungen in Anspruch nehmen. Derartige Entlastungsleistungen – die Mehrheit der Kinder von erwerbstätigen Müttern wird von den Großmüttern versorgt – gehen in die Berechnung der gesamtgesellschaftlichen Kosten oder des Anteils der Frauenarbeit in unserer Gesellschaft nicht ein. Die Frage, ob die Benachteiligung von Frauen in den vergangenen zwei bis drei Jahrzehnten wirklich und endgültig abgenommen hat, ist schwer zu beantworten, in der Tat. Männer können Beruf und Familie miteinander vereinbaren, weil sie nicht selber die notwendige Familienarbeit leisten müssen. Die Tatsache, daß heute eine zunehmende Zahl von Frauen Familienarbeit und Erwerbstätigkeit miteinander vereinbaren müssen, darf uns nicht zu falschen Schlüssen verleiten.

Das im 19. Jahrhundert geprägte Rollenbild der Frau ist zwar nach wie vor im gesellschaftlichen Bewußtsein wirksam, es zeigt aber deutliche Auflösungserscheinungen. Die rechtlich-formalen, wie auch die tatsächlichen Chancen der Frauen haben sich erheblich verbessert und werden von vielen auch erfolgreich wahrgenommen. Allen häuslichen Belastungen und Nachteilen des Arbeitsmarktes zum Trotz, drängt es die Frauen von ihrer traditionellen Rolle weg. Mehr und mehr wollen sie berufstätig sein, mehr und mehr bleiben sie auf Dauer im Beruf. Kein Zweifel, die Frauen sind emanzipierter, sind freier und »gleicher« geworden, nicht zuletzt auch selbstbewußter. Haben sich demnach die Einstellungen und Erwartungen von Männern und Frauen, ihre Erfahrungen und Verhaltensweisen einander angenähert? Anschein und Wirklichkeit stimmen nicht überein. Während sich die gesellschaftliche Lage und das entsprechende Bewußtsein der Männer nur wenig geändert hat, sind sich die Frauen ihrer Ungleichheit bewußter geworden, weil sie die Veränderung ihrer gesellschaftlichen Situation mit allen Vor- und Nachteilen unmittelbar erfahren. Das unterschiedliche Bewußtsein führt zu Konflikten, die fast ausschließlich im privaten, ehelich-familiären Bereich bewältigt werden müssen und zur Zerreißprobe für die zwischenmenschlichen Beziehungen werden.

Die Auffassungen von Familie und Ehe wandeln sich

Die meisten Männer – dies belegen die neuesten Umfragen – halten am herkömmlichen Familienmodell, an der traditionellen Aufteilung von weiblicher und männlicher Rolle in der Kleinfamilie fest. Das bedeutet freilich auch, daß es den Männern infolge dieses tradierten Rollenverhaltens von der Gesellschaft schwergemacht wird, ihre Lebensentwürfe und Lebensplanungen frei zu wählen.

Indem die Frauen die Fesseln ihrer herkömmlichen gesellschaftlichen Rolle sprengen, stellen sie mehr und mehr das gesamte System der industriellen Arbeitsorganisation und -verteilung in Frage, das die unbezahlte Familienarbeit zur notwendigen Voraussetzung hat. Ihr Aufbruch in die Berufswelt läßt sie mit aller Deutlichkeit erfahren, daß sie ihre Gleichberechtigung mit einem Teilverzicht auf Familienleben zu bezahlen haben und daß umgekehrt ihr Familienleben sie daran hindert, die neuen Chancen richtig wahrzunehmen und zu nutzen. Sie bekommen zu spüren, daß ihre Ausbildung und ihre Berufsqualifikationen in einem augenfälligen Mißverhältnis zu ihren Karriere- und Aufstiegsmöglichkeiten stehen. Ihre sogenannte »Doppelverdienerrolle« bringt ihnen wohl Doppelbelastung, reicht aber meist nicht aus, ihre eigenständige Existenz zu sichern. So betrug im Oktober 1986 das durchschnittliche monatliche Arbeitslosengeld für verheiratete Männer fast das Doppelte dessen, was die Frauen erhielten.

Die Frauen haben dafür gekämpft, einen Beruf frei wählen zu können. Doch wollten sie dafür nicht Ehe und Kinder aufgeben müssen, sondern mit dem Beruf vereinbaren können. Aufgrund der gesammelten Erfahrungen ist vielen Frauen inzwischen bewußt geworden, wie schwer dieser Wunsch unter den vorherrschenden Bedingungen der Arbeitsorganisation zu verwirklichen ist. Die Frage von Meinungsforschern, ob etwas Wahres daran sei, daß es für Frauen nur die Möglichkeit gäbe, entweder Kinder großzuziehen oder berufliche Karriere zu machen, beantworteten im Januar 1986 57 Prozent aller Frauen – und 59 Prozent aller Männer – mit Ja. Während die Heiratsabsichten junger Frauen und die tatsächlichen Eheschließungen ständig abnehmen, wächst die Zahl der nicht-ehelichen Lebensgemeinschaften. Auch die nach Einführung des Zerrüttungsprinzips drastisch gestiegene Zahl der von Frauen eingereichten Scheidungsanträge gibt zu denken. Selbst Schwangerschaft und Geburt eines Kindes sind für viele Frauen kein Grund mehr, zu heiraten. Mitunter wird eine Mutter-Kind-Familie ohne Eheschließung bewußt geplant.

In der Bundesrepublik sind mehr als 80 Prozent der Alleinerziehenden Frauen. Während 1962 89 Prozent der Mädchen und 90 Prozent der Jungen es für wichtig oder sehr wichtig hielten, daß eine Frau verheiratet sei, wenn sie ein Kind bekommt, waren es 1982 zwar noch immer 63 Prozent der Jungen, aber nur mehr 40 Prozent der Mädchen. Aus einer repräsentativen Untersuchung der Lebenssituation alleinerziehender, erwerbstätiger Mütter aus dem Jahre 1986 geht hervor, daß diese Frauen trotz der anstrengenden Mehrfachbelastung ihre Situation als eher vorteilhaft ansehen, ihre alleinige Zuständigkeit für Beruf und Kinder eher als weniger konfliktträchtig empfinden und eine Partnerschaft zwar nicht allgemein ablehnen, davon aber eher zusätzliche Belastungen erwarten. Kein Zweifel – die Welt der Frauen ist in Bewegung geraten. Mit ihr wandeln sich aber auch die traditionellen Pole der weiblichen Existenz: Ehe und Familie. Hingegen sind die fundamentalen Strukturen der männlich geprägten Berufs- und Arbeitswelt vergleichsweise stabil geblieben. Dementsprechend hartnäckig halten sich die Vorstellungen vieler Männer, wie die jeweiligen Welten, die Welt der Frau und die Welt des Mannes, beschaffen sein sollten.

»Gleicher« und aus dem Gleichgewicht geraten

Eine Gesellschaft im raschen Wandel ist, wie die historische Erfahrung lehrt, immer auch eine Gesellschaft im Ungleichgewicht. Bewußt oder unbewußt eingeleitete Veränderungen von Teilbereichen der Gesellschaft wirken sich häufig auf andere Bereiche in einer Weise aus, die wir nicht immer zu überschauen oder gleich zu erkennen vermögen. Aus emanzipatorischer und demokratischer Sicht war das ursprüngliche System der bürgerlichen Industriegesellschaft infolge seiner Aufspaltung in Familien- und Arbeitswelt, in weibliche und männliche Rollenstrukturen so ungleich wie ungerecht. Nichtsdestoweniger aber war es gleichgewichtig, war in seiner funktionalen Bezogenheit der beiden »Hälften« aufeinander ausbalanciert. In der gegenwärtigen Entwicklungsphase ist dieses System zwar »gleicher« und gerechter geworden, aber zugleich auch aus dem Gleichgewicht geraten, weil die beiden ineinander greifenden Teile nicht mehr aufeinander abgestimmt sind.

Mit der Forderung, daß die Verteilung der Arbeit nicht mehr in Erwerbsarbeit einerseits und Haus- und Familienarbeit andererseits gespalten sein soll, ist es nicht getan. Es reicht auch nicht aus, zu fordern, daß die Erwerbsarbeit nicht mehr den Männern zugeordnet und hochbewertet und die Haus- und Familienarbeit den Frauen überlassen und niedrig bewertet sein soll. Mit gesellschaftspolitischen Maßnahmen allein läßt sich die Lage der Frauen kaum verbessern: Die Strukturen der Gesellschaft müssen verändert werden.

Für viele Frauen ist doch die Arbeit schon längst nicht mehr gespalten, sondern zur Doppelbelastung vereint. Haus- und Familienarbeit ist und wird Haus- und Familienarbeit bleiben – putzen, kochen, einkaufen, waschen, Kinder versorgen, pflegen und erziehen –, wie auch immer sie verteilt und bewertet wird. Haben uns deshalb alle Verbesserungen der jüngeren Vergangenheit – Bildung und Ausbildung, Zugang zu Berufstätigkeit und »Männerberufen« usw. – dem Ziel so wenig nähergebracht? Sind vielleicht die gegenwärtig diskutierten Frauenförderpläne oder Quotierungen gar untauglich? Sind die Frauen womöglich schlecht beraten, wenn sie heute selbstbewußt fordern: »Her mit unserer Hälfte!« Ja und nein. Denn wenn wir nur alle denkbaren Quotierungen festschrieben, sonst aber nichts veränderten, würde sich damit die Diskriminierung der Frauen nur langsam beseitigen lassen, weil unter sonst gleichbleibenden Bedingungen viel zuviele Frauen nicht die Zeit fänden, solche Quotierungen zu nutzen.

Die volle und wirkliche Gleichberechtigung der Frauen

in der Gesellschaft der Zukunft läßt sich nicht in den Strukturen der Gesellschaft von gestern und vorgestern verwirklichen. Die Linke darf aber ihre bisherigen Anstrengungen, die Benachteiligung von Frauen abzubauen, nicht aufgeben. Vielmehr sollte sie ihren Blick verstärkt auf das gesamtgesellschaftliche Umfeld richten, von dem die Lage der Frauen abhängt. Die bisherigen Vorschläge zielten direkt auf die Gleichberechtigung. Doch wie auch in anderen Bereichen der Politik werden wir dieses Ziel nur erreichen können, wenn wir zudem Wege einschlagen, die mittelbar und indirekt dorthin führen.

Ein neues Gleichgewicht muß hergestellt werden

Es wird also weiterhin darum gehen, Rollenklischees aufzulösen und Vorurteile abzubauen, die weibliche Ausbildung zu verbessern, Frauen den Zugang zu einer breiteren Palette von Berufen zu erleichtern sowie ihre beruflichen, gesellschaftlichen und politischen Aufstiegschancen zu mehren. Die berufliche Ausbildung von Frauen läßt noch viele Wünsche offen. Vor allem gilt es aufzupassen, daß die Frauen nicht von vornherein den Anschluß an Ausbildung und Tätigkeit in den Feldern der neuen Technologien verpassen. Denn hier droht neue Benachteiligung: Mangels fachlicher Qualifikationen könnten die Frauen von der Entwicklung, der Gestaltung und der Diskussion über die Verwendungsmöglichkeiten, Chancen und Risiken von neuen Technologien wiederum ausgeschlossen werden, dürften weder mitreden noch mitentscheiden, wären statt dessen nur, auf niedrigstem

Qualifikationsniveau und leicht ersetzbar, das Opfer ihrer breiten Anwendung.

Gesellschaftliche Strukturveränderungen brauchen Zeit. Kein politisches System kann sie von heute auf morgen durchsetzen. Deshalb kann auch weiterhin nicht auf Mittel verzichtet werden, die in relativ kurzer Zeit ihre Wirkung entfalten, auch wenn damit nur Teilerfolge zu erreichen sind. Derzeit am meisten umstritten ist die Quotenregelung. Sie ist sicherlich nicht der Königsweg zur Gleichberechtigung, aber dennoch wäre sie ein direkter Weg zu mehr Emanzipation und mehr Demokratie. Sie würde es einer größeren Zahl von Frauen in relativ kurzer Zeit ermöglichen, mehr Mitsprache, Mitverantwortung und Einfluß auszuüben und ihre Interessen selber zu vertreten. Weil offenkundig mehr Frauen als Männer durch ihre Erfahrungen für das gesellschaftliche Ungleichgewicht sensibilisiert worden sind, würde die Einführung einer Quotenregelung wahrscheinlich mithelfen, eine auf strukturelle Gesellschaftsveränderung zielende Politik umzusetzen.

Eine Politik der Gleichberechtigung muß vor allem jene Strukturen verändern, die der Verwirklichung der Gleichberechtigung grundsätzlich entgegenstehen. Die Versuche, Familienarbeit und Erwerbstätigkeit in einem System zu vereinbaren, das gerade auf deren Unvereinbarkeit angelegt ist, haben einerseits nur mäßige Erfolge gezeitigt, haben andererseits aber zu jenem Ungleichgewicht geführt, hinter dem sich ein wachsendes Maß an Unzufriedenheit, Enttäuschung, Belastungen und Konflikten verbirgt.

Mithin ist die Herstellung eines neuen Gleichgewichts, das heißt die Suche nach neuen, auf die Vereinbarkeit von Haus- und Erwerbsarbeit abgestimmten Formen des

Arbeitens und des Zusammenlebens das oberste Gebot einer fortschrittlichen Frauenpolitik. Jede Politik, die die alten Formen begünstigt, führt zwangsläufig in eine anti-emanzipatorische und antidemokratische Richtung. Solange wir nicht entsprechend umdenken, werden wir die in den gesellschaftlichen Prozessen und Diskussionen vorhandenen emanzipatorischen Ansätze nicht kreativ weiterdenken können.

Das Umdenken sollte mit den Begriffen »Arbeit« und »Familie« beginnen. In ihrer herkömmlichen Bedeutung sind die beiden Begriffe unzeitgemäß geworden. »Arbeit« kann, wie bereits ausgeführt, heute nicht mehr nur Berufsarbeit und organisierte Arbeit heißen. Der zeitgemäß definierte Arbeitsbegriff umfaßt die gesamte gesellschaftlich notwendige Arbeit, die organisierte wie die nicht-organisierte. Dasselbe gilt für alle gesamtwirtschaftlichen Berechnungen des tatsächlichen Arbeitsvolumens in der Gesellschaft und für die Fragen, wieviel Arbeit insgesamt zu leisten und zu verteilen ist. Die übliche Art, die geleistete Arbeit zu berechnen, gibt ein irreführendes Bild unserer wirklichen Arbeitswelt wieder. Es wird dabei nur ein Teil der geleisteten Arbeit gezählt, der andere wird nicht zur Kenntnis genommen. Diese Art der Berechnung verleitet zu der irrigen Annahme, die gesamtgesellschaftlich notwendige Arbeit werde allein während der geregelten Erwerbsarbeitszeit erbracht. Die Nichtberücksichtigung eines großen Teils der notwendigen gesellschaftlichen Arbeit, der informellen Arbeit, führt darüber hinaus zu falschen Einschätzungen des Arbeitsbedarfs beziehungsweise der Arbeitsnachfrage.

Eine der gravierendsten Folgen dieser Nichtberücksichtung ist, daß sich in der organisierten Arbeitswelt eine familienfeindliche Struktur herausbildet – eine Struktur, die, solange Familienarbeit fast ausschließlich von Frauen geleistet wird, auch frauenfeindlich ist. Denn die Arbeitswelt ist grundsätzlich für Menschen eingerichtet, die nicht Familienarbeit zu leisten haben. Um es einmal kraß auszudrücken: Für den gefragten Arbeitnehmer-Prototyp ist Familie nur als Freizeit-, Feierabend- und Wochenendgestaltung vorgesehen, nicht aber als alltägliche Lebensform und Arbeitsanforderung.

Neue Modelle des Familienlebens

Soll die Struktur der organisierten Arbeitswelt und damit die Struktur unserer Gesellschaft tatsächlich frauengerechter werden, dann muß sie in erster Linie familienfreundlicher werden. Das kann nur gelingen, wenn das heute gültige Leitbild des typischen Arbeitnehmers umgeformt und die organisierte Arbeitswelt umgestaltet wird. Es ist der Erwerbstätige, der ohne Rücksicht auf Kinder und einen ebenfalls berufstätigen Partner seinem Beruf nachgehen, Überstunden leisten und beliebig seinen Arbeitsort wechseln kann. Das Leitbild des arbeitenden Menschen in der Gesellschaft der Zukunft hingegen ist der (Berufs-)Tätige, der alleinerziehend oder mit einem (berufs-)tätigen Partner gemeinsam auch Haus- und Familienarbeit verrichtet.

Kaum weniger problematisch als der Arbeitsbegriff erscheint auch der Begriff »Familie«. Er meint gegenwärtig mehr denn je die Kleinfamilie, die eheliche Lebensgemeinschaft mit – meistens zwei – Kindern. Unsere Familienpolitik, unsere Ehe- und Familiengesetze, unser Steuerrecht, unsere Wohnungen sowie unsere Lebensgewohnheiten sind auf die Kleinfamilie zugeschnitten. Vor allem die organisierte Arbeit bedarf der arbeitsteilig funktionierenden Kleinfamilie.

Eine Politik, die sowohl frauenfreundlich wie familienfreundlich sein will, befindet sich mithin in einem Dilemma. Einerseits kann eine Politik der Gleichberechtigung nicht unter dem Motto »Zurück zur Familie« stehen. Andererseits kann eine familienfreundliche Politik nicht unter dem Motto stehen: »Weg von der Familie«. Oder vielleicht doch? Es käme darauf an, wie das »Weg von der Familie« zu verstehen ist. Die Familie ist die private Form und Organisation des Zusammenlebens. Haus- und Familienarbeit wirft nicht zuletzt deshalb so viele Probleme auf, weil sie privat verwaltet wird. »Weg von der Familie« könnte in diesem Sinne heißen: weg von privat verwalteter, hin zu gesellschaftlich und marktwirtschaftlich organisierter Haus- und Familienarbeit. Das ist denkbar und machbar und nicht ohne historische Beispiele. Haus- und Familienarbeit ließen sich durchaus, wie andere Arbeit auch, teils im Haus, teils außer Haus professionalisieren und institutionalisieren, also auf die Beschäftigten dafür betriebener Einrichtungen übertragen. Da eine solche Organisation der Haus- und Familienarbeit die Funktion der Familie weitgehend aufheben würde, ist sie nicht mit dem Modell einer Gesellschaft vereinbar, in der die Menschen solidarisch füreinander einstehen. Das, was der einzelne in der Familie an Zuwendung erfährt, können Dienstleistungsbetriebe nicht ersetzen.

»Weg von der Familie« kann aber auch etwas ganz anderes bedeuten. Nämlich weg von den isolierten Kleinfamilien und hin zu neuen und größeren Modellen des Familienlebens – weg auch vom starren Muster der intakten Kleinfamilie als dem allein maßgeblichen für Politik und Gesetzgebung. Der Begriff der Familie läßt sich durchaus ohne Verlust an Privatheit und menschlicher Zuwendung weiter fassen, so daß er neue Möglichkeiten des Zusammenlebens mit einschließt, die nicht nur in der Verwandtschaft oder der Ehe begründet sind, sondern auch in Interessengemeinschaften zur Bewältigung von Alltags- und Familienarbeit.

Ähnlich einem neuen Arbeitsbegriff muß auch ein neuer Familienbegriff die Vereinbarkeit von Berufs- und Familienleben fördern. Unter den gegebenen Verhältnissen ist das Modell der isolierten Kleinfamilie für einen der beiden Partner – de facto ist es die Frau – berufsfeindlich. Eine familienfreundliche Organisation der Berufswelt und eine berufsfreundliche Veränderung des Familienlebens hingegen werden auf lange Sicht das gestörte gesellschaftliche Gleichgewicht wiederherstellen und die beiden Bereiche der gesellschaftlich notwendigen Arbeit funktional aufeinander abstimmen. Die Politik kann durch Reformen einem neuen Familienbegriff zum Durchbruch verhelfen und ihm durch öffentliche Diskussionen die notwendige Zustimmung verschaffen.

Der Utopie der Freiheit verpflichtet, müssen wir in dieser Richtung Fortschritte erzielen, damit die Gleichberechtigung der Frauen in der Gesellschaft der Zukunft Wirklichkeit wird.

Wir vereinigen in uns die Sorge um unser
Haus und zugleich um unsere Stadt, und der
verschiedenen Tätigkeiten zugewandt, ist
doch auch in staatlichen Dingen keiner
ohne Urteil. Denn einzig bei uns heißt einer, der daran gar keinen Teil nimmt, nicht
ein stiller Bürger, sondern ein schlechter,
und nur wir entscheiden in den Staatsge-
schäften selbst oder denken sie doch richtig
durch. Denn wir sehen nicht im Wort eine
Gefahr fürs Tun, wohl aber darin, sich nicht
durchs Reden zuerst zu belehren, ehe man
zur nötigen Tat schreitet.

Thukydides

Der mündige Mensch

Die europäische Aufklärung ist an den Frauen vorbeige-
gangen. Der rationale Mensch, den sie meinte, war der
Mann. Schuld daran aber sind nicht die Prinzipien der
Aufklärung selber – schuld daran sind die Vorurteile der
Gesellschaft, die stark genug waren, zu verhindern, daß
die Prinzipien der Aufklärung für alle Menschen galten.
Sie nur auf den Mann anzuwenden, war Verrat an diesen
Prinzipien. Mithin kommt es heute nicht so sehr darauf
an, den Wert der aufklärerischen Prinzipien anzuzwei-
feln, wie vielmehr darauf, sie endlich zu verwirklichen,
sie endlich auf alle Menschen anzuwenden, gleichermaßen auf die Frauen wie auf die Männer. Die menschliche
Zukunft wird nur dann eine freie sein, wenn wir sie in
allen Bereichen rational und vernünftig, das heißt »aufgeklärt« gestalten.

Nicht nur in der Frauenbewegung, auch in der Ökologiebewegung – selbst in der sozialistischen – ist die Aufklärung in Verruf gekommen. Und nicht nur die Vertre-
ter des neokonservativen Liberalismus verkünden laut-
hals das Ende des sozialdemokratischen Jahrhunderts,
auch sozialistische Theoretiker sprechen von einer Krise
des »aufgeklärten« linken Fortschrittmodells. Doch sprechen sie nicht von einer Endkrise, sondern von einer

heilsamen Anpassungskrise, aus der eine nach wie vor unentbehrliche Linke gestärkt und runderneuert hervorgehen soll.

Einer der unkonventionellsten, provokativsten und anregendsten dieser Theoretiker ist der Österreicher Günter Nenning. Er stellt fest, daß sich Sozialdemokratie und Kapitalismus in einem »welthistorischen Gelegenheitsverhältnis wechselseitiger Unentbehrlichkeit« befanden. Der Kapitalismus brauchte die Sozialdemokratie als ausgleichende Ordnungsmacht. Hätte es die Sozialdemokratie nicht gegeben, der Kapitalismus hätte sie erfinden müssen. Genauso aber brauchte die Sozialdemokratie den Kapitalismus als Existenzgrundlage, denn hätte es den Kapitalismus nicht gegeben, die Lohn- und Gehaltsabhängigen hätten auch der sozialdemokratischen Interessenvertretung nicht bedurft.

Doch mit der dritten industriellen Revolution, so Günter Nenning, sei diese wechselseitige Unentbehrlichkeit in Frage gestellt worden. Jetzt, da nur noch wenig Wachstumsüberschüsse zu verteilen sind, frage sich der Kapitalismus: »Wenn ich die Fabriken und Büros menschenleerer machen kann – wozu brauche ich die Sozialdemokratie als Ordnungsmacht in der Arbeitswelt? ... In der neuen Phase des kapitalistischen Industriestaates wird die Sozialdemokratie als bisher unentbehrliche Ordnungsmacht ersetzt durch den Computer als die billigere Ordnungsmacht. Werden die Arbeiter und Angestellten wegrationalisiert, wird auch die Sozialdemokratie wegrationalisiert. Das ist der historische Grund für die Existenzkrise der Sozialdemokratie.«

Natur als Gegenstand der Politik

Der technische Fortschritt, dem die Sozialdemokratie bisher als fanfarenblasender Herold voranlief, droht sie einzuholen und zu überrollen. Mit dem Wandel der Produktionstechniken ändern sich die Lebensverhältnisse, auch die sozio-kulturellen und politischen Einstellungen der Menschen. Die Sozialdemokratie würde in der Tat entbehrlich werden, wenn sie sich jetzt damit abfände, dem technologischen Fortschritt fluchend und nörgelnd hinterherzuhinken. Vielmehr muß sie sich an seiner Spitze behaupten, um die Richtung angeben zu können.

Günter Nenning sieht in der »Existenzkrise« der Sozialdemokratie eine historische Chance für einen neuen Sozialismus, der für ihn allerdings »nicht bürgerlich-revolutionär-progressiv-aufklärerisch« sein soll, »sondern konservativ-religiös-antikapitalistisch. Er ist ein Kampf um den Wiederanschluß des Menschen an die Natur, auf deutsch: an die Schöpfung«. Nennings »Neuer Sozialismus« macht die Natur zum Gegenstand der Politik. Dagegen ist nichts einzuwenden, denn »Natur ist eine gesellschaftliche Kategorie« – so bestätigt es auch Georg Lukács in »Geschichte und Klassenbewußtsein«: »Was auf einer bestimmten Stufe der gesellschaftlichen Entwicklung als Natur gilt, wie die Beziehungen dieser Natur zum Menschen beschaffen sind und in welcher Form seine Auseinandersetzung mit ihr stattfindet, also was die Natur der Form und dem Inhalt, dem Umfang und der Gegenständlichkeit nach zu bedenken hat, ist stets gesellschaftlich bedingt.«

Es spricht auch nichts dagegen, den neuen Ökosozialismus als religiös zu bezeichnen, wenn man – wie Nenning – religio als Bindung übersetzt: Gesucht wird eine neue

Bindung des Menschen an die Natur. Klaus Meier-Abich ist ebenfalls der Ansicht, daß wir nur durch eine neue Naturfrömmigkeit Frieden mit der Natur schließen können. Ist dieser »neue Sozialismus« – wie Nenning meint – aber wirklich in dem Sinn antikapitalistisch, daß er mit dem Kapitalismus nicht mehr in einem Verhältnis der wechselseitigen Unentbehrlichkeit steht? Einmal abgesehen davon, daß auch die »alte« Sozialdemokratie niemals nur eine Interessenvertretung gewesen ist, scheint Nenning auch zu verkennen, daß der Kapitalismus nicht überdauern kann, wenn er sich weiter durch eine exzessive Vergeudung der Ressourcen und unkontrollierte Zerstörung der Umwelt seiner natürlichen Grundlagen beraubt. Gäbe es die Ökologiebewegung nicht, der Kapitalismus müßte sie erfinden!

Auch die Träger des »neuen« Sozialismus stünden also zum Kapitalismus in einem Verhältnis wechselseitiger Unentbehrlichkeit. Denn gäbe es die Produktionsweise nicht, die den Menschen dem natürlichen Gegenstand seiner Arbeit entfremdet, müßten wir eine neue Bindung des Menschen an die Natur gar nicht erst suchen. Warum also sollte der »neue Sozialismus« weniger »bürgerlich« als der alte sein? Und warum vor allem sollte er weniger »progressiv-aufklärerisch« sein? Günter Nenning versteht die Ökologie-Bewegung als »neue Romantik«, als eine Art »Kampf für die Wiedergewinnung der Schönheit«.

Angesichts jener häßlichen Künstlichkeit der von Menschen gestalteten Umwelt, wird das Bedürfnis nach natürlicher Schönheit verständlich. Asphalt und Beton haben die gewachsenen Strukturen der Städte zerstört, einfallslose Wohnsilos und Einfamilienhaus-Siedlungen haben die Landschaft zerfressen. In der Hektik der Expansion ist die Ästhetik zu kurz gekommen. Dahin ist die Zeit, in der Häuser und Straßen der Landschaft angepaßt wurden, in der sich die Ortschaften mit ihrer Umgebung zu einem harmonischen Landschaftsbild zusammenfügten. Kunst ist zum Beiwerk zurückgestuft worden, zum Schnörkel, mit dem man die öffentliche Häßlichkeit hie und da verziert. Der bildende Künstler gestaltet die Städte nicht mehr, er wirkt nur noch am Rande mit. Nichts also gegen die Wiedergewinnung der Schönheit durch die gefühlsbetonte Hinwendung zur Natur.

Rückbesinnung auf die Werte der Aufklärung

Aber muß sie sich, verbunden wohl mit der Absage an den aufklärerischen Rationalismus, unbedingt als »neue Romantik« geben? Wie leicht kann dieser Begriff mißverstanden werden. Wie schnell können die Flucht in die Ästhetik und der Rückzug auf die Innerlichkeit das politische Handeln und den Einsatz für eine Veränderung des öffentlichen Bewußtseins ersetzen. Diese postmoderne Haltung ist derzeit in Mode. Ihr gegenüber ist der Vergleich mit der historischen Romantik, die sich einst theoretisch und politisch gegen die Aufklärung formierte, gar nicht so verkehrt. Ökologisches Denken aber kann sich darauf nicht einlassen, es wäre ein theoretischer Rückfall hinter die Aufklärung, ein Rückfall hinter die Moderne.

Mit jener »Antiquiertheit des Menschen«, die Günther Anders meint, hätte ein solcher Rückfall nichts zu tun. Im Gegenteil. Für Günther Anders ist das »aufgeklärte« Menschenbild, an dem er selber festhält, ja nur deshalb antiquiert, weil die moderne Gesellschaft die Werte der

Aufklärung verraten hat. Den Menschen als antiquiert zu bezeichnen, kommt mithin der Aufforderung gleich, sich auf die Werte der Aufklärung zurückzubesinnen, um die Moderne aus ihren geistigen Ursprüngen erneuern zu können. In diesem Sinn muß sich ein »neuer Sozialismus« genauso progressiv-aufklärerisch geben wie der »alte«, oder es ist kein Sozialismus mehr.

Jedem Fortschritt wohnt untrennbar ein Moment des Bewahrens inne: der jeweilige Fortschrittsgewinn, sofern es ein Gewinn an Menschlichkeit ist, muß festgehalten werden. So gesehen hat Günter Nenning recht, wenn er sagt, daß der »neue Sozialismus« auch konservativ sein muß, daß er auch bewahren muß. Denn wir können nicht mehr übersehen, daß es zum Wesen der modernen Gesellschaft gehört, sich im Verlauf des eigenen Fortschreitens, sich im Zuge der Entfaltung der eigenen Möglichkeiten selber zu gefährden. Das Schlimme am Fortschritt ist, daß er nicht scheitert, sagt Nestroy.

Eine politische Debattenkultur ist notwendig

Kein Zweifel also, daß es an der Zeit ist, eine neue aufklärerische Verantwortungsethik aus den veränderten gesellschaftlichen Bedingungen zu entwickeln. Eine solche Verantwortungsethik muß universalistisch sein – ein System von Normen sozusagen, das von allen akzeptiert wird. Das setzt voraus, daß sich die Gesellschaft auf ein Wertesystem einigt. In den früheren, religiös legitimierten feudalen Gesellschaftsordnungen war die »geistliche Macht«, die Kirche, zugleich die von allen anerkannte normsetzende Instanz der Gesellschaft. In einer demokratischen Gesellschaft aber kann sich ein normativer Konsens nur im breiten gesellschaftlichen Diskurs einstellen. Wir brauchen in stärkerem Maße eine politische Debattenkultur, die dem Geist der antiken Polis, jener Wiege der Demokratie, entspricht.

Nicht von ungefähr ist ja die Sozialdemokratie bestrebt, ihr neues Grundsatzprogramm aus einem öffentlichen Diskurs heraus zu entwickeln, anstatt es wie früher von einigen wenigen Parteitheoretikern formulieren zu lassen. Eine auf breite Zustimmung angewiesene normative Politik kann es nicht geben, wenn nicht auch die konkurrierenden Wertsysteme im gesellschaftlichen Diskurs allgemein konsensfähig werden. Wer den gesellschaftlichen Konsens nicht sucht, kann die eigene Gruppenidentität nur noch negativ über den Widerstand gegen die Mehrheit definieren. Erst mit der Einwilligung in einen gesellschaftlichen Konsens, der den Normen die individuelle Willkür nimmt und ihnen dafür einen verpflichtenden Charakter gibt, kann die individuelle Identität positiv definiert werden und konstruktiv in der Gesellschaft wirken.

Der gesellschaftliche Diskurs will organisiert sein, wenn er allgemeinverbindliche Normen stiften soll. Dazu will er politisch institutionalisiert sein, weil sich in jedem gesellschaftlichen Diskurs über kurz oder lang auch eine politische Machtfrage stellt. Der gesellschaftliche Diskurs ist praktisch angelegt, da er sich meistens an gesellschaftlichen Mängeln oder Risiken, an der Erfahrung sozialer Ungerechtigkeit oder der Untüchtigkeit von Institutionen entzünden wird. Mithin kann er neue ethische Standards hervorbringen, von denen sich das politische Handeln leiten lassen muß. Die Technikdebatte, die zur Zeit in vollem Gange ist, zeigt, daß dies möglich ist. Auch der öffentliche Diskurs über die Rolle der Geschlechter wird neue Verhaltensstandards zur Folge haben. Erinnern wir uns nur, mit wieviel Unverständnis und Mißtrauen vor gerade einem Jahrzehnt die Mehrheit denjenigen begegnet ist, die die Debatte über die Zerstörung der Natur anzettelten. Was haben diejenigen nicht alles zu hören gekriegt, die damals zu behaupten wagten, durch den Umweltschutz entstünden neue Arbeitsplätze. Niemand würde heute mehr wagen, dies zu bestreiten. Weit in alle gesellschaftlichen Schichten und Gruppierungen hinein, weit über alle Partei- und Verbandsgrenzen hinweg hat die Umweltdebatte zu dem Konsens geführt, daß wir nicht mehr alles machen dürfen, was technisch machbar ist, daß wir die Energie und Ressourcen der Natur unbedingt schonen müssen. Die einzelnen Elemente für eine neue Verantwortungsethik im Umgang mit der Natur hat der gesellschaftliche Diskurs schon geboren.

Natürlich läßt sich nicht leugnen, daß in jeder gesellschaftlichen Debatte die Argumente von Interessen getragen werden. Was aber spricht dagegen, daß ethische Normen Interessen berücksichtigen? Ist nicht auch das wirtschaftliche Interesse in einem marktwirtschaftlichen System von ethischem Wert? Und warum sollte es ethisch verwerflich sein, wenn Winzer und Bauern ein Interesse daran haben, nicht in der Nähe eines Atomkraftwerks zu leben und zu arbeiten? Eine Verantwortungsethik, die nicht auch von der Wirtschaft anerkannt werden könnte, wäre keine taugliche Handlungsanleitung für die Politik.

Aufklärung über die Risiken
der Technik

Der gesellschaftliche Diskurs wirkt aufklärerisch nicht nur im philosophisch-historischen Sinne des Wortes, sondern vor allem im Sinne seiner allgemeinen Bedeutung: Er ist dazu angetan, das Problembewußtsein in der Gesellschaft zu schärfen und das gesellschaftliche Wissen über die drückenden Probleme zu erweitern und zu vertiefen. Karl-Friedrich von Weizsäcker schreibt in seinem Buch »Deutlichkeit«: »Verzicht auf die fortschreitende Technik ist, auch wo er heilsam wäre, in einer unerleuchteten Menschheit wie der heutigen politisch und ökonomisch nicht durchsetzbar; in einer ihrer Situation bewußteren Menschheit aber wäre er vermutlich überflüssig. Bewußtseinsentwicklung ist die Aufgabe, welche die technische Entwicklung uns stellt.« Technologische Aufklärung kann sich nicht damit begnügen, das technische Wissen der Menschen zu verbessern, um sie mit der Technik vertraut zu machen, vielmehr muß sie stets auch die Risiken der jeweiligen Technik darstellen und so die Menschen anhalten, mit dieser Technik verantwortlich umzugehen.

Es darf allerdings nicht dazu kommen, daß Politiker in die Rolle der Kassandra schlüpfen, nur um eine Stimmung der kollektiven Angst zu erzeugen, in der sie leichter ihr machtpolitisches Süppchen kochen können. Die Risikoaufklärung durch die Politik muß darauf zielen, einen gesellschaftlichen Konsens herzustellen. Sie muß jenes Problembewußtsein wecken helfen, aus dem die ethischen Wertkriterien des verantwortlichen Handelns erwachsen.

In einer Kritik der Thesen von Ulrich Beck zur »Risikogesellschaft« hat der Frankfurter Soziologe Karl-Otto Hondrich in dem Magazin »Der Spiegel« die Gegenthese verfochten, daß die Risikogesellschaft der Gegenwart »eine Gesellschaft abnehmender Risiken bei wachsendem Risikobewußtsein« sei. »Die neuen, wissenschaftlich produzierten Großrisiken«, sagt Hondrich, »drohen zwar mit schwersten Folgen, produzieren aber zugleich über ein geschärftes Gefährdungsbewußtsein ihre soziale Selbstkontrolle mit. Sie entsorgen sich selbst.«

Mit diesem liberalistisch anmutenden Glauben an die selbstheilenden Kräfte der Gesellschaft – eine Art List der Geschichte – ist der Durchsetzung der Vernunft wenig gedient. Eine spezifische Eigenschaft mancher der neuen Großrisiken ist doch gerade die, daß sie sich nicht selber entsorgen können, weil sie überhaupt nicht mehr zu entsorgen sind. Denken wir bloß an die Atomkraft, das größte der modernen Risiken. Selbst wenn wir jetzt alle vorhandenen Kernreaktoren abschalteten, hätten wir das Strahlenrisiko nicht entsorgt. Es bliebe erhalten – auf eine an der Dauer eines Menschenlebens gemessen unendlich lange Zeit. Wir können den atomaren Müll noch so gut verpackt in Salzstöcken lagern, wer kann schon garantieren, daß nicht in tausend Jahren infolge einer Erdverwerfung die tödlichen Strahlen wieder freigesetzt werden.

Gesteigertes Risikobewußtsein macht den Eintritt des Risikofalls unwahrscheinlicher, gewiß, schließt ihn jedoch nicht aus. Hölderlins Ausspruch: »Wo aber Gefahr ist, wächst das Rettende auch« ist sicherlich nicht falsch. Doch bleibt die Frage, ob das Rettende aus sich heraus stark genug wächst, um die Gefahr zu bannen. Die Geschichte lehrt uns zweifeln. Wie oft verkümmerte das Rettende gerade in den Momenten der Gefahr! Was nützt uns ein noch so geschärftes Bewußtsein für unsere Gefärdung, wenn wir heute Risiken produzieren, deren Folgen wir uns nicht ausmalen können. Wir dürfen uns nicht auf die gesellschaftliche Selbstentsorgung der Risiken verlassen, wir müssen durch ein rechtzeitiges verantwortliches Eingreifen dafür sorgen, daß unabsehbare Risiken gar nicht erst entstehen.

Der vor kurzem aufgedeckte Hanauer Atommüll-Skandal hat uns drastisch vor Augen geführt, daß der Glaube an die gesellschaftliche Selbstentsorgung der Risiken ein verhängnisvoller Irrglaube ist. Noch ist das ganze Ausmaß des Skandals nicht abzusehen. Fest steht, daß hochradioaktives Material in großem Umfang illegal in der Bundesrepublik gelagert worden ist. Entgegen den Beteuerungen der Atomwirtschaft gibt es kein technisches Verfahren zur Endlagerung des gefährlichen Atommülls. Bis heute, Ende Januar 1988, ist es nicht auszuschließen, daß waffenfähiges Plutonium an Drittländer geliefert worden ist. Wieder einmal erweist sich der Versuch, die zivile von der militärischen Nutzung der Kernenergie zu trennen, als ein unmögliches Unterfangen. Hochradioaktives Material, das 500 000 Jahre die Umwelt belastet, überfordert die Verantwortungsfähigkeit des Menschen.

Wie kann man also heute noch auf die List der Geschichte bauen, wenn doch die Geschichte uns vor allem eines gelehrt hat: daß sie nicht listig ist? Da der technische Fortschritt nicht von selber Vernunft annimmt, müssen wir ihn dazu bringen. Zur Wiederherstellung eines aufklärerischen Fortschrittskonsensus in der Gesellschaft muß die Technik konsensfähig werden. Sie muß konsensfähig werden, weil sie für die arbeitsteilige Gesellschaft konstitutiv ist und weil Gesellschaft nicht ohne Konsens sein kann. Eine vernünftigere, freiere Zukunft miteinander ist nur über den Weg einer verantwortungspolitisch begründeten, normativen Technopolitik zu erreichen.

Unkritischer Fortschrittsoptimismus

In den liberalistischen und neokonservativen Modernisierungsstrategien wird den neuen Technologien die mythologische Fähigkeit zugesprochen, den mit der Umweltzerstörung verlorengegangenen gesellschaftlichen Technik-Konsens schon aus sich heraus wieder herstellen zu können. Indem die neuen Technologien die Umweltzerstörung, die Ressourcenknappheit und die Arbeitsplatzvernichtung – allesamt Strukturprobleme ihrer Vorgängerinnen – überwinden helfen, werden sie aus der Sicht Lothar Späths zum Katalysator des neuen gesellschaftlichen Fortschrittskonsensus. Auch Hans-Dietrich Genscher teilt diese Ansicht, wenn er in einem Aufsatz über die »Technologische Herausforderung« die Meinung vertritt:

»Die neuen Technologien sind umweltschonend, ja umweltfördernd. Dies gilt bereits für die Mikroelektronik und Optoelektronik, die in großem Umfang Rohstoffe und Energie sparen helfen. Und dies wird vor allem für die Biotechnologie gelten, die alte umweltbelastende Produktionsverfahren durch ›natürliche‹, umweltverträgliche Verfahren ablösen wird. Wer die neuen Technologien vorantreibt, kann also auch den Umweltschutz vorantreiben ... Rationalisierung hat die Wettbewerbsfähigkeit der Industrie erhöht und eine arbeitsplatzschaffende Steigerung der Produktion mit sich gebracht. Neue Arbeitsplätze entstehen aber vor allem in großer Zahl in den Industrien, die die neuen Produkte: die Roboter, die Computer usw., herstellen.«

Aus dieser Einschätzung klingt ungebrochen jener alte Fortschrittsoptimismus, der unsere Zukunft mit solch großen Risiken belastet hat. Über die wahrscheinlichen und möglichen negativen gesellschaftlichen Folgen der neuen Technologien schweigen sich die wirtschaftsliberalen und neokonservativen Modernisierungsstrategen allerdings aus. Der unkritische Fortschrittsoptimismus weiß nicht viel anzufangen mit jenen Menschen, die, von der Modernisierungswelle überrollt, auf der Strecke bleiben. Welch trügerische Hoffnung, zu glauben, man könne jemals in der Gesellschaft einen Fortschrittskonsens jenseits der Sozialstaatlichkeit erzielen, einen Fortschrittskonsens, der nicht sozialstaatlich vermittelt wäre. Wie sollte sich denn bei den Menschen so etwas wie Fortschrittsoptimismus einstellen, wenn sie am Fortschrittsgewinn nicht beteiligt sind, wenn sie statt dessen infolge des Fortschritts aus dem Erwerbsleben ausgeschieden und innerhalb der Gesellschaft herabgestuft werden? Wie sollten diejenigen zu Optimisten werden, die sich vom technischen Fortschritt bedroht fühlen?

Die neoliberalen und neokonservativen Modernisierungsstrategien sind wenig geeignet, unsere Zukunft menschlicher zu gestalten, weil sie von einem individualistischen Freiheitsbegriff ausgehen, dem die Dimension der Solidarität fehlt. Die großen Risiken für ein Leben in Freiheit, die auch den neuen Technologien innewohnen, werden in diesen Strategien viel zu beiläufig behandelt: Die technopolitische Verantwortung des Staates zielt in erster Linie darauf ab, ein möglichst effizientes und möglichst profitables Wirtschaften zu sichern, nicht aber darauf, dessen Risiken für die Gesellschaft möglichst klein

zu halten. An frommen Warnungen vor einer Verselbständigung der Technik mangelt es diesen Strategien genauso wenig wie an Lippenbekenntnissen, den technologischen Wandel gesellschaftlich zu kontrollieren und zu
gestalten.

Die Linke muß
das »Projekt Moderne« retten

Doch es fehlt – was allein entscheidend ist – der Wille, auf
jener Entscheidungsebene gestaltend einzugreifen, auf
der die technologischen Weichen gestellt werden. So erleben wir derzeit ein merkwürdiges Paradox: Während
die Linke die Konsequenzen aus den technologischen
Fehlentwicklungen der jüngeren Zeit gezogen hat und
bereit ist, den naiven, technikgläubigen Fortschrittsoptimismus der Vergangenheit gegen eine neue technopolitische Verantwortungsethik einzutauschen, feiert die ursprünglich links motivierte – selbst der Gedanke des wirtschaftlichen Wachstums entstammt ja dem Arsenal mar-
xistischer Theorien – technologische Fortschrittsgläubig-
keit in neuem konservativem Gewand fröhliche Urständ.
Mit einem solchen Sieg des auch von ihr lange Zeit gehseg-
ten Denkens kann die Linke nicht einmal zufrieden sein,
findet er doch ausgerechnet zu einem Zeitpunkt statt, zu
dem sie selber merkt, daß dieses Denken die Gesellschaft
in eine gefährliche Sackgasse führt. Jetzt muß die Linke
das »Projekt Moderne«, ihr ureigenes Projekt, auch gegen strukturkonservative Modernisierungsstrategien ret-
ten. Letzteren wird nur so lange die Aura des Progressiven anhaften, wie sie durch ein strukturkonservatives,
statisches Verständnis von Sozialverträglichkeit bestätigt

und nicht durch eine Politik der verantwortungsethischen Gestaltung des Fortschritts herausgefordert werden.

Was aber bedeutet es konkret, eine Politik zu betreiben, die sich ihrer gesellschaftlichen Verantwortung bewußt ist? Seit Lassalle gehört es zum Selbstverständnis sozialdemokratischer Politik, daß der Staat gezielt eingreifen muß, um den gesellschaftlichen Mangel an Vernunft auszugleichen. Eine verantwortungsvolle Politik ist, wie bereits dargelegt, eine vorsorgende Politik; eine vorsorgende Politik ist eine eingreifende, regelnde Politik. Das häufig beklagte politische Versagen des Staates resultiert aus der Nachträglichkeit staatlicher Maßnahmen. Die Politik ist ständig im Verzug, reagiert auf Probleme; sie bekämpft Symptome statt Ursachen. Das politische Staatsversagen, schreibt Martin Jänicke in »Staatsversagen«, »ist Folge eines Verzichts auf politische Gestaltung und vorsorgliche Intervention«. Dieser Interventionsverzicht, sagt Jänicke weiter, wirke auch noch selbstverstärkend: »Je weniger der Staat präventiv eingreift und je mehr er nachträglich und teuer repariert, desto stärker wächst – mit dem Finanzbedarf – seine Abhängigkeit von der Steuerdividende der Wachstumswirtschaft. Und die verstärkt das Interventionstabu.«

In der politischen Philosophie des Liberalismus ist der staatliche Verzicht auf verantwortliche, vorsorgliche Intervention im wirtschaftlichen Bereich ideologisch begründet: Gesellschaftliche Vernunft und gesellschaftliche Freiheit sollen zwar den staatlichen, nicht aber den wirtschaftlichen Teil der Gesellschaft bestimmen. Eine demokratische Gesellschaft aber muß frei sein, ihren Wohlstand gerecht zu verteilen. Doch wie soll dies funktionieren, wenn der Staat die wirtschaftlichen Prozesse nicht entsprechend beeinflussen kann? Aufgrund ihrer unvermeidlichen Mängel bedarf die Marktwirtschaft ständiger politischer Korrekturen, um annähernd auf dem Kurs der Menschenwürde und der Gerechtigkeit zu bleiben. In Anbetracht des Risikopotentials einer hochtechnisierten Produktion können wir uns weniger denn je den liberalistischen Irrglauben leisten, daß die gesellschaftlichen und wirtschaftlichen Kräfte, wenn man sie nur sich selber überläßt, irgendwann zu einem vernünftigen Gleichgewicht finden. Die mathematische Logik, daß man eine positive Summe enthält, wenn man zwei Zahlen mit negativen Vorzeichen multipliziert, gilt nicht für das menschliche Handeln. Das unvernünftige Handeln der einen wird nicht durch das unvernünftige Handeln der anderen zu einem vernünftigen Ganzen ausgeglichen. Die Summe der Unvernunft führt in die Katastrophe. Als Ergebnis vernunftgeleiteten Denkens zielt der Interventionismus darauf ab, die gesellschaftliche Freiheit auch in den marktwirtschaftlichen Prozessen sicherzustellen. In seinem Aufsatz »Zukunftsentwurf und Arbeiterbewegung« stellt Karl Georg Zinn fest: »Die Unvollkommenheit und Komplexität der sozialökonomischen Realität verlangt gesellschaftliche Korrekturen, also den regelnden Interventionismus. Es gibt keinen von der Natur oder von Gott vorgegebenen optimalen Zustand der Wirtschaft; sondern was als richtig und gerecht anzusehen ist, wird von Menschen bestimmt, und die Menschen müssen versuchen, den von ihnen erwünschten Zustand herzustellen. Dies bedeutet, die Freiheit auch im wirtschaftlichen Bereich ernst zu nehmen: nämlich die Freiheit, jene Politik zu realisieren, die den Vorstellungen über eine gerechte und richtige Wirtschaft dient.«

Der Markt leistet oft nicht
das dringend Notwendige

Ohne den lenkenden Eingriff des Staates ist eine vernünftige wirtschaftliche Strukturpolitik derzeit nicht möglich. In der Idealvorstellung eines demokratischen Gemeinwesens sollten die Entscheidungen von denen, die sie treffen, gesellschaftlich verantwortet werden. Demnach wären Unternehmer und Manager für die Durchsetzung einer vernünftigen sektoralen und regionalen Strukturpolitik zumindest mitverantwortlich. Die Unternehmenspolitik richtet sich jedoch in erster Linie nach den Gewinn- und Rentabilitätsgesetzen des Marktes. Der Markt leistet oft das dringend Notwendige nicht: die Lenkung der Investitionen auf unbefriedigte Bedarfsfelder, die aus vernunftgemäßen, verantwortungsethischen Erwägungen entstanden sind. Der Staat ist gefordert, dieses Defizit der Marktwirtschaft auszugleichen.

Eine qualitative staatliche Nachfrageförderung kann die ökologische Umstrukturierung der Wirtschaft beschleunigen. Ihre Methoden sind bekannt: Strukturpolitisch vorrangiges Konsum- oder Investitionsverhalten wird steuerlich begünstigt, unerwünschte Aktivitäten werden steuerlich diskriminiert oder gar verboten. Umweltschutzauflagen zwingen die Unternehmen zu Neuinvestitionen, verstärken also die umweltschutzbezogene Nachfrage. Sektorale und regionale Strukturschwächen, die in den »altindustriellen« Ballungsräumen meistens deckungsgleich sind, können allein auf der Grundlage eines ausgewogenen gesamtwirtschaftlichen Konzeptes vernünftig behoben werden. Es wäre besser, den so kostspieligen wie ineffektiven Ansiedlungswettkampf zwischen Bundesländern und Gemeinden durch eine gesellschaftspolitisch und gesamtwirtschaftlich ausgleichende, standortgerechte und investitionslenkende Ansiedlungspolitik des Bundes zu ersetzen. Die Steuerhoheit des Bundes sollte konsequent genutzt werden, den Wirtschaftsprozeß verantwortlich zu lenken. Warum denn nicht die Arbeitslosigkeit einer Region noch stärker und verpflichtender zum ausschlaggebenden Kriterium für staatliche Fördermaßnahmen machen? Gewiß käme eine solche Bevorzugung strukturschwacher Regionen einer Benachteiligung der Regionen mit niedriger Arbeitslosigkeit und gesunder Industriestruktur gleich. Aber verlangt nicht unser Grundgesetz, in dem es allen Bundesbürgern gleiche Lebensbedingungen garantiert, gerade eine solche Politik des Ausgleichs?

Selbstverständlich wird auch eine vernünftige gesamtwirtschaftliche Strukturpolitik nicht umhin kommen, diejenigen strukturschwachen Bereiche nach und nach aufzugeben, die endgültig nicht mehr wettbewerbsfähig sind und aus versorgungs- oder sicherheitspolitischen Gründen nicht dauerhaft subventioniert werden können. Doch dürfte der Schrumpfungsprozeß, wäre er das Ergebnis einer vernünftigen Politik und nicht eines unkontrollierten marktwirtschaftlichen Prozesses, nur im Gleichschritt mit der Erstellung neuer Arbeitsplätze voranschreiten. Mit anderen Worten: Eine verantwortliche Strukturpolitik des Staates dürfte sich im Falle struktureller Bereinigung nicht auf das bloße soziale Abfedern beschränken, sondern hätte den Aufbau neuer Arbeitsplätze zu fördern, ehe sie den alten die finanzielle Hilfe streicht. Die aktuelle Krise in den Montanrevieren verlangt geradezu eine neue regionale Strukturpolitik.

Prinzip Verantwortung
in der Marktwirtschaft

Auf eine solche vernunftgeleitete Wirtschafts- und Strukturpolitik werden wir allerdings warten müssen, bis anstelle der marktwirtschaftlichen Permissivität das Prinzip
Verantwortung getreten ist. Nicht der Mensch hat sich
den Belangen der Wirtschaft unterzuordnen, sondern die
Wirtschaft den menschlichen Bedürfnissen. Dies ist
durchaus kein Plädoyer für eine bürokratische Planwirt-
schaft. Es gibt kein System, das die menschlichen Bedürfnisse besser befriedigt hätte als die Marktwirtschaft. Das
Prinzip Verantwortung soll also den Marktmechanismus
keineswegs aushebeln, es soll ihn vernünftigen Regeln
aussetzen. Statt die Angebote des Marktes daraufhin zu
prüfen, ob sie menschlichen Zwecken entsprechen, wäre
es sinnvoller, zunächst die menschlichen Zwecke zu bestimmen und dann erst entsprechende Angebote über
den Markt zu machen.

Im Grunde genommen würde dies nichts anderes bedeuten, als die auf Gewinnmaximierung ausgerichteten
Marketingmethoden, die in den Entwicklungsabteilun-
gen großer Unternehmen gang und gäbe sind, auf gesellschaftliche und politische Zielsetzungen hin zu verallge-
meinern. Das Prinzip Verantwortung in die Marktwirtschaft einzuführen, müßte nicht unbedingt »mehr Staat«
bedeuten. Es wäre zu wünschen, die Wirtschaft selber
träfe ihre Entscheidungen nicht nur in betriebswirtschaft-
licher, sondern sehr viel stärker auch in gesamtgesell-
schaftlicher Verantwortung. Noch aber ist es nicht soweit, noch bedarf der Markt des regelnden Ausgleichs
durch den Staat, noch brauchen wir den Sozialstaat und
mehr denn je auch eine staatliche Korrektur des Marktes

zum Schutze der Umwelt. Aufgrund ihrer sozialstaatlichen Kompetenz scheint die Sozialdemokratie wie keine andere Partei geeignet, die ökologisch orientierte Wirtschaftspolitik der Zukunft in die Tat umzusetzen.

Die bundesdeutsche Gesellschaft ist heute viel zu wohlhabend, als daß der Modernisierungsprozeß, wie noch vor einem Jahrhundert, allein schon deshalb gerechtfertigt wäre, weil er den Wohlstand weiter hebt. Die Modernisierungspolitik der Zukunft kann nicht mehr nur wirtschaftlich motiviert sein: Ihr Ziel muß es nicht so sehr sein, den Mangel zu beheben, als vielmehr die Produktionsrisiken zu beseitigen und die menschliche Freiheit zu erweitern. Doch ohne Verantwortung keine Freiheit. Die neoliberalen und neokonservativen Modernisierungsstrategien scheuen den verantwortlichen politischen Eingriff auf der Basis einer gesellschaftlichen Ethik, weil sie auf den »freien« Marktmechanismus fixiert sind. Wo aber die Freiheit des Marktes zum Selbstzweck wird, schränkt sie die Freiheit der Menschen ein.

Der Modernisierungsprozeß kann erst dann in der Gesellschaft wieder konsensfähig werden, wenn er sichtbar »aufgeklärt« und vernünftig verläuft. Nach den herkömmlichen liberalen oder konservativen Rezepten wird es wohl kaum gelingen, den gesetzlichen und institutionellen Rahmen für eine an normativen Kriterien orientierte Modernisierung der Industriegesellschaft zu schaffen. Die Zukunft der Moderne werden diejenigen gestalten, die ihren Strategien einen überwirtschaftlichen, allgemein-reformerischen Sinn geben.

Was wird eigentlich produziert?

Auch in der bisherigen Praxis der Arbeiterbewegung standen notgedrungen die wirtschaftlichen Erwägungen so sehr im Vordergrund, waren die Menschen so sehr bestrebt, eine bezahlte Arbeit zu erhalten, daß darüber hinausgehende, in der Theorie immer vorhandene Überlegungen in den Hintergrund traten. Erst durch die Umweltdebatte des letzten Jahrzehnts wurde vielen bewußt, daß die Frage, was da eigentlich produziert wird und was da als Nebenwirkung mitproduziert wird, nicht weiter vernachlässigt werden darf.

Hauptsache Arbeitsplätze, hieß die Parole. Auf die Idee, die Herstellung bestimmter Produkte wie Waffen, Atombomben oder Atomkraftwerke zu verweigern, kam man erst gar nicht, zumal die große Mehrheit mit der Produktion von Teilen beschäftigt war, die so vielseitig verwendbar waren, daß sie nicht nur zur Herstellung der genannten Produkte benötigt wurden. Zwar gab es im Ersten Weltkrieg noch Arbeiter, die sich weigerten, Munition zu produzieren, weil damit ihre proletarischen Brüder umgebracht würden, aber solche Entscheidungen blieben die Ausnahme. Im allgemeinen verhielten sich auch im sozialdemokratischen Umfeld die Arbeiter so, wie es Karl Retzlaw – damals 18 Jahre alt, Sozialdemokrat, einer von neunzig Arbeitern einer Schuhfabrik – in seinen Erinnerungen an den August 1914 schildert:

»Man sprach über den Krieg wie etwa über ein Erdbeben, man nahm ihn hin wie ein Naturereignis ... Auch in der Zeit, in der es täglich um Tod und Leben von Tausenden Einzelpersonen und ganzen Völkern geht, gehen die kleinen täglichen Sorgen der eigenen Existenz vor. So diskutierten die Kollegen um diese Zeit mehr über Betriebsfragen als über den Krieg. Die Fabrikleitung hatte neuartige Zweckmaschinen gekauft. Monteure der Maschinenfabrik und andere ausgebildete Maschinenarbeiter waren mit dem Einbau beschäftigt; mehr als ein Drittel der Belegschaft befürchtete Arbeitslosigkeit. Da die Fabrikleitung es nicht für nötig hielt, die Belegschaft über ihre Pläne zu informieren, ob die Produktion erweitert werden würde oder ob Entlassungen geplant waren, lastete eine quälende Ungewißheit über den Arbeitern. Alle atmeten auf, als Heeresaufträge hereinkamen.«

Die Auseinandersetzungen in der Arbeitswelt gingen um die Höhe der Löhne, um die Arbeitszeit oder um die Arbeitsbedingungen; um die Frage, was da eigentlich produziert wird, so gut wie nie. Das entscheiden ja die Konsumenten, werden die Verfechter der reinen Marktlehre einwerfen. Aber entscheiden sich die Konsumenten wirklich für Atomwaffen oder Atomkraftwerke? Wenn sie könnten, würden viele Konsumenten gern auf diese Ware verzichten.

In dem Bewußtsein dieser Problematik haben vor einiger Zeit die amerikanischen Bischöfe einen Appell an die Christen in den Vereinigten Staaten gerichtet, insbesondere an die Männer und Frauen in der Rüstungsindustrie: »Auch ihr steht vor besonderen Fragen, weil die Rüstungsindustrie unmittelbar an der Entwicklung und Produktion von Massenvernichtungswaffen beteiligt ist, die uns in diesem Brief beschäftigen. Wir meinen keineswegs, daß es eindeutige Antworten zu vielen eurer persönlichen, beruflichen und finanziellen Entscheidungen gibt, die ihr je nach eurer besonderen Verantwortlichkeit zu treffen habt . . . Alle Katholiken in allen Bereichen der Rüstungsindustrie können und sollen die in diesem Brief genannten moralischen Grundsätze benutzen, um ihr Ge-

Gewissen zu schärfen ... Wer sich in seinem Gewissen entscheidet, daß er nicht länger mit Rüstungsaktivitäten zu tun haben sollte, sollte in der katholischen Glaubensgemeinschaft Hilfe finden.«

Weltraumforschung stößt auf Kritik

Solche Appelle werden wenig fruchten, solange die Aufgabe eines sicheren Arbeitsplatzes in der Rüstungsindustrie nicht durch den Wechsel auf einen gleichwertigen anderen Arbeitsplatz kompensiert werden kann, sondern mit deklassierender Arbeitslosigkeit bezahlt werden muß. Gleiches gilt für die Beschäftigten in den Atomkraftwerken. In ernsthaften Szenarien zum Ausstieg aus der Kernenergie müssen Konzepte der Arbeitsplatzverlagerung enthalten sein. Ähnlich wie der kollektive Streik sollte auch das individuelle ethische Handeln gesetzlich geschützt werden. Erst kürzlich wurden drei Wissenschaftler des Pharmakonzerns Beacham-Wülfing in Neuß gekündigt, die sich weigerten, sich an einem Forschungsprojekt zu beteiligen, in dem ein »Antikotzmittel« entwickelt werden sollte, das Soldaten bei der Verstrahlung länger einsatzfähig macht. Das Arbeitsgericht bestätigte die Kündigung dieser Wissenschaftler mit der Begründung, das Verhindern des Erbrechens stelle keinen Verstoß gegen Paragraph 138, Absatz 1 des BGB dar.

In den letzten Jahren hat sich der Schwerpunkt der Diskussion von der Produktionsweise und von den Produktionsverhältnissen auf die Produkte verlagert. Im Mittelpunkt der gesellschaftlichen Auseinandersetzungen standen Produkte wie Pershings, Cruise-Missiles, Atomkraftwerke, schnelle Brüter, Hochtemperaturreaktoren, Wiederaufbereitungsanlagen, Atomwaffen. Zur Zeit wird darüber gestritten, ob wir uns an dem Bau der Raumfähre Hermes und Kolumbus beteiligen, ob wir die neue europäische Rakete Ariane V entwickeln, ob wir einen europäischen Nachrichtensatelliten bauen sollen usw. Diese Vorhaben stoßen auch im Bereich der Wirtschaft auf Kritik.

Der Geschäftsführer der Heraeus GmbH, Jürgen Heraeus, warnt davor, nach der Atomforschung die Weltraumforschung zum Schwerpunkt der Forschungspolitik zu machen: Eine solche Politik wäre eine eklatante Fehlentscheidung, schreibt der Chef des in vielen neuen Technologien wie Quarzglas, Opto-Elektronik führenden deutschen Unternehmens. Die deutsche Industrie müßte sich künftig mehr auf den Wettbewerb mit Japan einstellen. Eine Konzentration der Förderungsmittel auf ein Prestigeobjekt mit geringem volkswirtschaftlichem und zweifelhaftem wissenschaftlichem Wert wäre eine Tragödie. Die Innovationskraft der Weltraumforschung hat nach Meinung dieses Unternehmers den Zenit bereits überschritten. Die Förderung der Weltraumforschung käme ohnehin fast nur wenigen, von Großkonzernen kontrollierten Unternehmen zugute, die meist außerhalb marktwirtschaftlicher Konkurrenz von Staatsaufträgen lebten. Eine solche Schwerpunktbildung würde auf Jahre hinaus den hochqualifizierten technischen Nachwuchs aufsaugen.

Heute diskutieren wir darüber, ob wir das biotechnische Verfahren der In-vitro-Fertilisation anwenden dürfen, und suchen nach Kriterien dafür. Wir sind besorgt, daß die Menschen konstruiert, geklont werden könnten. Günther Anders, der sich wie kein anderer seit langem über die Produkte der menschlichen Arbeit Gedanken macht und dessen Kritik sich zusammenfassen läßt in dem Satz, daß wir heute keine Vorstellung von dem mehr haben, was wir herstellen, schrieb, daß spätestens da die Grenze des Verantwortbaren erreicht werde, wo in der Biotechnologie der Mensch sich selber zum Rohstoff wird.

Die Würde des Menschen ist unantastbar

Die Aufklärung hat es als den höchsten sittlichen Grundsatz bezeichnet, den Menschen stets als Zweck und nicht als bloßes Mittel zu betrachten. Zweifelsohne ist es Aufgabe des Staates, abzuschätzen, welche Gefährdung der Freiheit und der Identität des Menschen bei der Anwendung von Gen- und Reproduktionstechnologien droht. Nach den Erfahrungen mit dem menschenverachtenden Nationalsozialismus wurde die Unantastbarkeit der Menschenwürde im Grundgesetz garantiert. Das Bundesverfassungsgericht hat festgestellt, daß es ihr widerspräche, »den Menschen einer Behandlung auszusetzen, die seine Subjektqualität prinzipiell in Frage stellt«. Es besteht auch kein Zweifel darüber, daß die Würde des Menschen Vorrang hat vor der Freiheit der Forschung. Der Versuch, den Menschen zum Objekt züchterischer Ambitionen zu machen, ist grundgesetzlich verboten. Die Bekämpfung einer solch elementaren Gefahr kann nicht der Entscheidung eines Berufsstandes oder allein dem Gewissen der Forscher überantwortet werden.

Verantwortung ist, das wissen wir seit langem, eine Funktion der Macht, ist dieser proportional. Die gesellschaftliche Wirkungskraft der Technik hingegen war zu lange undurchschaut. Erst die Gefährlichkeit der Produkte hat sie sichtbar werden lassen. Seit sich die gesellschaftliche Debatte auf die Produkte konzentriert, sind wir uns der Tatsache bewußter geworden, daß die technologische Entwicklung sehr wohl von staatlicher oder gesellschaftlicher Entscheidungsmacht abhängt, daß die Megamaschine noch nicht so gewaltig geworden ist, daß niemand sie mehr kontrollieren kann. Resignation ist also fehl am Platze. Die Notwendigkeit eines verantwortlichen Umgangs mit der Technik wirft vielmehr die Frage auf, wie die gesellschaftliche und politische Macht, die über die technologische Entwicklung entscheidet, selber gesellschaftlich und politisch, das heißt demokratisch kontrolliert werden kann.

Alle müssen wir produktbewußter leben, damit solche Produkte nicht mehr hergestellt werden, die nicht verantwortbar sind. Doch wie sollen wir lernen, das zu verantworten, was wir herstellen, wenn die Herstellung uns nicht Verantwortlichkeit lehrt? Der vergesellschaftete Mensch ist ein lernbedürftiges, lernfähiges, sich selber schöpfendes Wesen, und deshalb ist auch Verantwortung ein gesellschaftlicher Lernprozeß. Solange aber viele Menschen in einer entfremdeten Weise arbeiten, solange sie unter fremder Anweisung Teilarbeiten in einem undurchschauten Produktionsvorgang verrichten, dessen Zweck sie nicht mitbestimmen und über dessen Endergebnis sie nicht mitverfügen können, solange werden sich diese vielen wohl kaum für das verantwortlich fühlen, was sie herstellen helfen. Vor einiger Zeit besichtigte ich einen Betrieb, in dem überwiegend Frauen arbeiten. Die Frauen waren damit beschäftigt, winzige Elektroteilchen zusammenzulöten. Freilich wußte keine genau zu sagen, für welche Apparaturen diese Teilchen anschließend gebraucht würden. Es handelte sich um elektronische Zünder für Minen.

Wer wie diese Frauen arbeiten muß, wird kaum das Bewußtsein entwickeln, seine eigene Geschichte machen zu können. Eher wird ihn das ohnmächtige Gefühl befallen, selber gemacht zu werden. Verantwortung kann unter solchen Bedingungen immer nur als die Verantwortung der anderen empfunden werden.

Zurück zu ganzheitlichen Formen der Arbeit

Heute hat man selbst in der kapitalistischen Wirtschaft begriffen, daß der Arbeitseffizienz nicht gedient ist, wenn der Arbeitsprozeß jegliches Verantwortungsbewußtsein in den Menschen abtötet. Mehr und mehr geht man von der tayloristischen Zerstückelung der Arbeitsvorgänge zurück zu ganzheitlichen Formen der Arbeit. Neue, intelligente Techniken könnten diese Umkehr beschleunigen. Das in den »intelligenten« Systemen gespeicherte Expertenwissen ist durchaus dazu angetan, einmal komplexe Verwaltungsapparate zu ersetzen und somit zur Dezentralisierung der Produktion beizutragen. Kleinere Produktionseinheiten wiederum werden ganzheitliche Arbeitsvorgänge begünstigen. Und ganzheitliche Arbeitsvorgänge schärfen zweifelsohne das Produkt – und das Verantwortungsbewußtsein der arbeitenden Menschen. Mit der Renaissance kleiner, genossenschaftlich organisierter Betriebe ist in den letzten Jahren der Zusammenhang zwischen selbstbestimmter, selbstverantworteter, möglichst ganzheitlicher Arbeit und einem in gesellschaftlicher Hinsicht verantwortlichen Produktbewußtsein deutlich geworden. Das Genossenschaftsethos verwirft die Herstellung von Produkten, die nicht umwelt-

und sozialverträglich sind. Allein schon deswegen verdient die Genossenschaftsbewegung staatliche Unterstützung.

Jede Gesellschaft beruht auf Arbeitsteilung. »Der hochdifferenzierten Arbeitsteilung« – sagt Ulrich Beck in »Risikogesellschaft« – »entspricht eine allgemeine Verantwortungslosigkeit. Jeder ist Ursache und Wirkung und damit Nichtursache. Die Ursachen verkrümeln sich in einer allgemeinen Wechselhaftigkeit von Akteuren und Bedingungen, Reaktionen und Gegenreaktionen. Dies verschafft dem Systemgedanken soziale Evidenz und Popularität. Darin wird exemplarisch deutlich, worin die biographische Bedeutung des Systemgedankens liegt: Man kann etwas tun und weitertun, ohne es persönlich verantworten zu müssen. Man handelt sozusagen in eigener Abwesenheit. Man handelt physisch, ohne moralisch und politisch zu handeln. Der generalisierte andere – das System – handelt in einem und durch einen selbst hindurch: Dies ist die zivilisatorische Sklavenmoral, in der gesellschaftlich und persönlich so gehandelt wird, als stünde man unter einem Naturschicksal, dem ›Fallgesetz‹ des Systems. Auf diese Weise wird angesichts des drohenden ökologischen Desasters ›Schwarzer Peter‹ gespielt.«

Zu ganzheitlichen Arbeitsformen zurückzufinden, heißt also nicht, die gesellschaftskonstitutive Arbeitsteilung zu überwinden, sondern heißt, den gesellschaftlichen Arbeitsprozeß verantwortlicher zu gestalten. Die gesellschaftliche Arbeitsteilung setzt das Vertrauen des einen in die Arbeit des anderen voraus. Wie aber sollten wir vertrauen, wenn wir nicht sicher sein können, daß auch andere ihre Arbeit an den Kriterien einer gesellschaftlichen Verantwortungsethik ausrichten?

Natürlich gibt es nicht nur den Fall jener »unwissenden« Frauen, die arglos Zünder für Minen zusammenlöten, es gibt auch den umgekehrten Fall des Wissenschaftlers, der über die Auswirkungen seiner Arbeit bestens im Bilde ist, sich aber dennoch die Hände in Unschuld wäscht: Soll doch die Regierung entscheiden, was hergestellt wird und was nicht, soll doch sie entscheiden, welche Erfindung wo und wie angewendet wird. Die doppelte Sozialmoral des Pilatus ist heute nicht mehr annehmbar. Gerade die Wissenschaftler, die Ingenieure und Erfinder, die über die Auswirkungen technologischer Neuerungen am meisten wissen, dürfen ihre gesellschaftliche Verantwortung am wenigsten verleugnen. Der Staat muß den institutionellen Rahmen schaffen, in dem sie dieser Verantwortung nachkommen können.

Beteiligte und Betroffene zugleich

Das gilt für Wissenschaftler und Ingenieure und gilt gleichermaßen für alle anderen, für Arbeitnehmer wie für Arbeitgeber, für Staatsbürger wie für ihre gewählten Repräsentanten. Die Gewerkschafter sind für das Wohl und Wehe der Wirtschaft nicht weniger verantwortlich wie die Arbeitgeber, die Grünen für das Industriesystem nicht weniger wie die »Altparteien«. Wir alle sind Beteiligte und Betroffene zugleich. Wir müssen die Beteiligung stärken, damit die Betroffenheit schwächer wird.

In einem Aufsatz über die »Zukunftsfragen der Sozialdemokratie« hat der Berliner Politikwissenschaftler Josef Huber dieses Problem zutreffend analysiert: »Systemumbau und ökologische Modernisierung sind nur möglich, wenn man am System und seinem Kapital partizipiert. Es geht darum, die unfreiwillige und nicht verantwortete

Kollaboration, der man als Arbeitnehmer und Konsument immer wieder unterliegt, in eine willentliche, ziel- und verantwortungsbewußte Kooperation umzuwandeln … Das bedeutet heute, daß man nicht nur im Staat mitregiert und mitverwaltet, sondern daß man auch mitunternehmerische Verantwortung unternimmt und daß man insbesondere auch die Entwicklung von Wissenschaft und Technik initiativ und innovativ mitgestaltet.«

Mit der stärkeren Beteiligung der einzelnen an der Gestaltung der Gesellschaft hat der Prozeß des gesellschaftlichen Fortschritts eine neue Stufe der Emanzipation erreicht. Diese fordert nicht den unselbständigen Lohnempfänger, dem Staat, Unternehmerschaft oder Gewerkschaft alle Entscheidungen abnehmen, sondern den kompetenten, selbstbewußten mündigen Mitarbeiter als Mitunternehmer, der zwar eines verbindlichen Rahmens gesellschaftlich organisierter Solidarität niemals wird entraten können, der nichtsdestoweniger jedoch in diesem Rahmen seine Arbeit sowie seinen Berufs- und Lebensweg weitgehend selber verantwortet.

Eine Partei, die zur bestimmenden politischen Kraft der Zukunft werden will, wird, für jedermann deutlich sichtbar, ihre Politik an diesem Leitbild ausrichten. Im Zentrum ihrer Bemühungen, die Arbeit zu humanisieren, wird die Idee der Selbstverwirklichung des Individuums stehen. Bruno Trentin, Generalsekretär der größten italienischen Gewerkschaft, sieht die Notwendigkeit einer solchen Politik sehr klar. Die Krise der Arbeit, so sagt er, enthalte mehr denn je »auch in ihren paradoxesten Ausdrucksformen die Suche nach einer neuen Art zu arbeiten, nach einer neuen Auffassung von Arbeit, in der die Verwirklichung des Individuums, seine Freiheit und

Kreativität ein zunehmend größeres Gewicht erlangen als das Problem der größtmöglichen Entlohnung«.

Die Sozialdemokratie hatte in früheren Jahren großen Zulauf, weil sie der Arbeiterschaft den kollektiven Aufstieg in Aussicht stellte, indem sie für die Verbesserung ihrer Arbeits- und Lebensbedingungen eintrat. Die arbeitenden Menschen wird sie im Prinzip auch heute nicht anders gewinnen können. Allerdings haben sich mit dem inzwischen erreichten allgemeinen Wohlstandsniveau sowohl die Struktur der Arbeitnehmerschaft als auch deren Aufstiegsvorstellungen erheblich verändert. Für viele, vor allem für die jüngeren, ist der Wohlstand selbstverständlich geworden, und was man als selbstverständlich empfindet, bringt einen nicht weiter. Neuere Studien über die Lebenseinstellung von Jugendlichen belegen dies. Bei den allerwenigsten findet sich eine »Null-Bock-auf-nix-Mentalität«. Dann wollen manche nur arbeiten, um zu verdienen. Die meisten allerdings trachten nach einer Tätigkeit, die ihnen nicht bloß den Lebensunterhalt sichert, sondern die darüber hinaus gesellschaftlich sinnvoll und möglichst selbst verantwortet ist. Die Demokratie wird attraktiv bleiben, wenn sie Lebens-, Entwicklungs- und Arbeitsperspektiven erschließen hilft, die die individuelle Emanzipation über das Materielle hinaustreiben. Das »Abenteuer Moderne« war – noch einmal mit den Worten Kants – ein Aufbruch »aus der selbstverschuldeten Unmündigkeit«. Demnach wäre ein Mehr an individueller Autonomie ein Fortschrittsgewinn im Sinne der Aufklärung, den die Linke verteidigen und ausbauen muß. Nur die Utopie eines sich in der Arbeit selbstverwirklichenden, selbstbestimmenden, selbstverantwortenden Menschen weist den richtigen Weg in eine menschliche Zukunft.

Aufgeklärte Technologiepolitik trägt zur Humanisierung des Arbeitslebens bei. Da die technische Entwicklung zu gesellschaftlichem Fortschritt führen soll, muß sie von allen auf allen Ebenen mitgestaltet werden, auf der betrieblichen, auf der gesellschaftlichen wie auf der staatlichen Ebene. Eine Erweiterung der Mitbestimmung vom Arbeitsplatz über den Betrieb bis hin zum Konzern ist unumgänglich, wenn die Arbeitnehmer gestaltende unternehmerische Verantwortung mittragen sollen. Insbesondere die Einführung neuer Techniken und Verfahren, neuer Organisationsstrukturen und Überwachungssysteme sollte von den Betroffenen mitbestimmt werden können. Auf regionaler, überregionaler und sektoraler Ebene wären die institutionellen Voraussetzungen für einen breiten technopolitischen Diskurs zu schaffen. Die wichtigen gesellschaftlichen Gruppen müssen an der Ausarbeitung staatlicher Förderungsprogramme beteiligt werden.

Ohne Hoffnung
wäre das Leben unerträglich

Die bloße Beschwörung des freien Marktes ersetzt keine vernünftige, normative Politik. Ähnlich sagt es auch Hans Jonas in einem Gespräch, das er mit der Zeitung »Die Welt« führte, nachdem ihm der Friedenspreis des Deutschen Buchhandels verliehen worden war: »Ein ungehemmter Kapitalismus des freien Marktes . . ., der darauf angelegt ist, immer nur die menschliche Begehrlichkeit anzustacheln und den Konsum immer mehr zu erhöhen, der nur auf Profit aus ist, ist ganz gewiß kein geeignetes System, der Probleme Herr zu werden. Kapitalismus und freiheitliche Gesellschaftsordnung sind ... nicht identisch.« Ihm schwebe statt dessen ein Sozialismus vor, »der verzichtet hat auf die Vorstellung, daß die klassenlose Gesellschaft im Bunde mit der Technik zum Summum bonum führt in einer unerschöpflichen Natur«. Hans Jonas will das »Prinzip Hoffnung« – die Utopie – durch das »Prinzip Verantwortung« ersetzen. Was aber wäre eine Welt ohne das Prinzip Hoffnung? Eine Antwort darauf wußten schon die alten Griechen. Als Strafe für den Frevel des Prometheus, der den Sterblichen das Feuer brachte, schuf Zeus ein neues Übel in der Gestalt der wunderschönen Pandora, die er zu den Menschen schickte. Dort angekommen, öffnete Pandora ihre Büchse, die sie als Geschenk in den Händen trug, und »alsbald entflog dem Gefäß eine Schar von Übeln und verbreitete sich mit Blitzesschnelle über die Erde. Ein einziges Gut war zuunterst in dem Fasse verborgen, die Hoffnung; aber auf den Rat des Göttervaters warf Pandora den Deckel wieder zu, ehe sie herausflattern konnte, und verschloß sie für immer in dem Gefäß. Das Elend füllte inzwischen in allen Gestalten Erde, Luft und Meer«. Ohne Hoffnung wäre das Leben unerträglich. Was nämlich sagt uns, was es zu verantworten lohnt, wenn nicht das »Prinzip Hoffnung«? Die Linke kann das Prinzip Hoffnung nicht aufgeben, ohne das »Projekt Moderne« seines progressiven Kerns zu berauben. Hüten wir uns also davor, die beiden Prinzipien gegeneinander auszuspielen – versuchen wir lieber, sie einander ergänzen zu lassen.

Der Ausbruch aus der selbstverschuldeten Unmündigkeit sollte auf allen gesellschaftlichen Ebenen stattfinden, nicht zuletzt auf der staatlichen. Das Anwachsen individueller Autonomie in der Gesellschaft hat die Rückführung staatlicher Weisungsmacht zur Voraussetzung. Wer also die größtmögliche Selbstverwirklichung und Selbstbestimmung des Menschen zum Ziel allen Fortschritts erklärt, muß auch wollen, daß die staatliche Macht zugunsten der Erweiterung von individuellen Entscheidungsräumen abnimmt, muß, wie es Marx formuliert hat, die Rücknahme des Staates in den Staatsbürger betreiben. In seinen »Kritischen Randglossen« zum Gothaer Programm der Sozialdemokratie von 1875, das einen »freien Staat« fordert, sagt Marx, daß es keineswegs Zweck der Arbeiter sei, »die den beschränkten Untertanenverstand losgeworden, den Staat frei zu machen ... Die Freiheit besteht darin, den Staat aus einem der Gesellschaft übergeordneten in ein ihr durchaus untergeordnetes Organ zu verwandeln, und auch heute sind die Staatsformen freier oder unfreier im Maße, worin sie die ›Freiheit des Staates‹ beschränken.«

In den nachkapitalistischen Gesellschaften des Ostens ist zwar die Trennung von Staat und Gesellschaft aufgehoben worden, aber in der umgekehrten Richtung, als Marx gedacht hat: Nicht der Staatsbürger hat den Staat in sich zurückgenommen, hat sich den Staat untertan gemacht, sondern der Staat hat sich den Staatsbürger unterworfen. Die »Perestroika« des Michail Gorbatschow ist ein erster, zaghafter Versuch, das Ruder in die richtige Richtung herumzuwerfen.

Den Staat in den Staatsbürger zurücknehmen heißt zwar, die staatliche Verantwortung zu demokratisieren, heißt aber nicht, den Staat von der spezifischen Verantwortung freizusprechen, für die er eingerichtet wurde. Im Gegenteil – ein Staat, der nicht allverantwortlich ist, kann die ihm geliehene Verantwortung mit um so größerem Nachdruck wahrnehmen, je stärker sich die ihn unterstützenden Staatsbürger mitverantwortlich fühlen. Wer einmal den Fehler begeht, auf einer Schweizer Straße die Geschwindkeitsbegrenzung nicht zu beachten, wird schnell bemerken, daß ihn andere Verkehrsteilnehmer durch Lichtzeichen auf sein Vergehen aufmerksam machen. In Deutschland, Frankreich, Italien oder wo auch immer, ist dies ganz und gar unüblich. Nichts aber spricht dafür, daß unter Schweizern die Neigung, Mitmenschen zu belehren oder zurechtzuweisen, stärker verbreitet ist als anderswo. Freilich sind es nach der schweizerischen Kantonalverfassung die Bürger selber, die per Abstimmung die Geschwindigkeitsgrenzen auf ihren Straßen festlegen. Auf dem direkten Wege staatsbürgerlicher Mitbestimmung in die Verantwortung genommen, ist die Identifikation der Bürger mit den staatlichen Bestimmungen offensichtlich sehr viel größer, als wenn solche Regelungen in einer Repräsentativverfassung quasi von oben auferlegt werden. Die Geschwindigkeitsübertretung des einen kann dann mitunter vom anderen als Mißachtung des eigenen in der Abstimmung allgemein gewordenen Willens empfunden werden. Partizipation, so scheint es, hebt das Verantwortungsbewußtsein.

Mehr Demokratie wagen

Wenn sich heute so viele Menschen angesichts der großen Risiken der modernen Produktion dennoch gleichsam frei von Verantwortung fühlen, dann wohl deshalb, weil auch diese Risiken ihnen von oben, von sachlichen und fachlichen Autoritäten, von Politikern vorgesetzt werden. Damit in den repräsentativen Demokratien nicht auch die gesellschaftliche Verantwortung nur noch repräsentiert wird, werden wir nicht umhin können, die partizipativen Elemente in diesen Systemen zu stärken. Der Tschernobyl-Prozeß in der Sowjetunion hat gezeigt, wie ein autoritär geführter Staat sich davor drücken kann, die eigene Verantwortung einzugestehen, indem er einige unzulängliche Funktionäre und Ingenieure zu alleinigen Sündenböcken abstempelt und hart bestraft, ansonsten jedoch weiter Atomstrom produziert, als sei gar nichts passiert. Ähnliches könnte sich im Falle eines Falles auch hierzulande abspielen.

Die Freiheit in der Gesellschaft zu bewahren fordert vom Menschen ein Ethos der ökologischen Selbstbeschränkung. Die Fähigkeit zur Selbstbeschränkung wiederum fordert ein verantwortungsbewußtes Individuum. Das zur Verantwortlichkeit nötige Selbstwertgefühl des Menschen aber bildet sich erst in der Auseinandersetzung mit anderen. Wir werden nicht mehr Demokratie erlangen, indem wir ein Reich der Harmonie, der Konflikt- und Herrschaftsfreiheit erträumen. Worauf es ankommt, ist zu lernen, die Konflikte, die es immer geben wird, ja geben muß, möglichst gewaltfrei auszutragen und möglichst schöpferisch zu gestalten. Worauf es ankommt, ist Herrschaft, die es wohl auch immer geben wird, zu beschränken und demokratisch zu kontrollieren.

Mit der Erkenntnis, daß unsere Produkte uns außer Kontrolle geraten, ist auch der linke Traum von der bewußten Machbarkeit der Geschichte in die Krise gekommen: Die Menschen haben die Produkte ihrer Arbeit, das von ihnen »Gemachte« aus den Augen verloren, sie haben das Maß für das Machbare verloren, sie sind zu blinden, Sachzwängen gehorchenden »Machern« geworden. »Machern« mangelt es an Visionen. Auch die Politik hat sich – visionslos – den Sachzwängen gebeugt. Daher die Politikverdrossenheit vieler, daher die Enttäuschung über das Versagen des Staates, das eigentümlicherweise weniger als das Versagen der Verwaltung, sondern mehr als das Versagen der Parteien empfunden wird. Parteien sind aber nur ein kleiner Ausschnitt der Gesellschaft. Sie können nicht mehr und nicht weniger »machen« als in der Gesellschaft machbar ist. Der Linken ist seit langem bekannt, daß es nicht Aufgabe allein der Politik sein kann, die Gesellschaft zu verändern. Politik hat lediglich den sozialen Wandel abzusichern, sofern der Wandel positiv ist. Positiv ist im Sinne der Aufklärung, was dem Fortschreiten der Gesellschaft in Richtung Freiheit dient. Eine gute Politik muß demnach die in der Gesellschaft aufkommenden Emanzipationsbestrebungen und -tendenzen aufgreifen und verstärken, wenn nötig kanalisieren oder präzisieren, schließlich institutionalisieren und legalisieren. »In der gegenwärtigen Krise« – sagt Lewis Mumford – »müßten wir, um das Wesen des Menschen zu bewahren und wieder zu erneuern, die Demokratie erfinden, wenn wir sie nicht schon hätten.« Ja, wir müssen mehr Demokratie wagen!

Zitatnachweis

Seite 10, »*Die Genugtuung des Überlebens*...«: Elias Canetti, Masse und Macht, Frankfurt am Main (Fischer Verlag) 1980, S. 253

Seite 13, »*Es ist doch heutzutage so*...«: Gerhard Polt/Hanns Christian Müller, Ja mei... Neue und umfassende alltägliche Geschichten. Mit Zeichnungen von Volker Kriegel, © Haffmans Verlag, Zürich 1987, S. 224

Seite 15, »... *die Überforderung des Machthabers*«: Niklas Luhmann, Macht, Stuttgart (Ferdinand Enke Verlag), 1975, S. 107 f.

Seite 17, »*Die Sündenbockrolle der Politik*...«: Martin Jänicke, Staatsversagen. Die Ohnmacht der Politik in der Industriegesellschaft, München und Zürich (Piper Verlag) 1986, S. 46

Seite 18, »*Politiker müssen sich sagen lassen*...«: Ulrich Beck, Risikogesellschaft. Auf dem Weg in eine andere Moderne, Frankfurt am Main (Edition Suhrkamp) 1986, S. 306

Seite 24, »*Was der Mensch heute tun kann*...«: Hans Jonas, Das Prinzip Verantwortung. Versuch einer Ethik für die technologische Zivilisation, Frankfurt am Main (Suhrkamp Verlag) 1984, S. 7

Seite 27, »*Die spezifisch politische Entscheidung*...«; »*Jeder religiöse*...«: Carl Schmitt, Der Begriff des Politischen, Berlin (Verlag Duncker und Humblot) 1979, S. 26, S. 37

Seite 34, »*Emanzipation meint Befreiung*...«: Hans Küng, Christ sein, München (Piper Verlag) 1974, S. 420

Seite 41, »*Aufklärung ist der Ausgang*...«: Immanuel Kant, Beantwortung der Frage: Was ist Aufklärung? In: Schriften zur Anthropologie, Geschichtsphilosophie, Politik und Pädagogik, Darmstadt (Wissenschaftliche Buchgesellschaft), 1970, S. 53 ff.

Seite 35, »*Ich aber liebe die Menschen*...«: Albert Camus, Dramen, Reinbek bei Hamburg (Rowohlt Verlag) 1962, S. 205 f.

Seite 39, »*Das Menschenrecht des Privateigentums*...«: Karl Marx, Frühschriften, Stuttgart (Alfred Kröner Verlag) 1964, S. 192 ff.

Seite 42, »*Um Geschichte überhaupt zu erfahren . . .*«: Reinhard Kosel-leck, Grenzen der Machbarkeit. Über die Verfügbarkeit der Geschichte, Deutschlandfunk 14. 11. 1976 und 15. 3. 1987

Seite 42, »*Sire ich hatte . . .*«: Zit. nach: Joachim Schumacher, Die Angst vor dem Chaos. Über die falsche Apokalypse des Bür-gertums, Frankfurt am Main (Makol Verlag) 1972, S. 33

Seite 44, »*Die Menschen machen ihre eigene Geschichte . . .*«: Karl Marx, Der 18. Brumaire des Louis Bonaparte. In: Werke 1, Darmstadt (Wissenschaftliche Buchgesellschaft) 1960, S. 271

Seite 51, »*Die Heizer häufen noch die Kohlen . . .*«: Martin Buber, Das dialogische Prinzip, Heidelberg (Lambert Schneider Verlag) 1979, S. 50 f.

Seite 56, »*Das überhandnehmende Maschinenwesen . . .*«: Johann Wolfgang Goethe, Wilhelm Meisters Wanderjahre. In: Goe-thes Werke, Band 8, Hamburg (Christian Wegner Verlag) 1961, S. 428

Seite 58, »*In jedem Bereich . . .*«: Lewis Mumford, Mythos der Ma-schine. Kultur, Technik und Macht, Frankfurt am Main (Fi-scher Verlag), 1977, S. 646

Seite 58, »*Tochter: Also du hältst alle Menschen . . .*«: »Krieg liegt in der Natur des Menschen«. Der Erfinder der Neutronenwaffe, Samuel T. Cohen, über sich und sein Werk. In: Der Spiegel Nr. 38/14. 9. 1981

Seite 67, »*. . . das Wagnis des Lebens*«: Zit. nach: Wolfgang Graf Vitzthum, Menschenwürde und Humangenetik. In: J. Bugl et. al., Technische Entwicklung wohin?, Sonderdruck für die Lan-deszentrale für politische Bildung, Saarbrücken 1987, S. 62

Seite 69, »*. . . ökotechnisches Naturverhältnis*«: Günter Ropohl, Die unvollkommene Technik, Frankfurt am Main (Suhrkamp Ver-lag) 1975

Seite 77, »*Das Reich der Freiheit . . .*«: Karl Marx, MEW Band 25, Berlin-Ost (Dietz Verlag) 1956–1968, S. 828

Seite 80, »*Machen wir uns doch nichts vor . . .*«: Jacques Julliard, Die Zukunft der Arbeit. In: Freimut Duve (Hg.), Aufbrüche. Die Chronik der Republik, Reinbek bei Hamburg (Rowohlt Ta-schenbuchverlag) 1986, S. 617

Seite 104, »*Die so ausgerüsteten . . .*«: Platon, Politeia, 2. Buch Stepha-nus 372a

Seite 106, »*Und auch Ärzte werden wir gewiß . . .*«: Ebda., 374a

Seite 120, »*Das Geheimnis des CDU-Erfolges . . .*«: Claus Leggewie, Der Geist steht rechts. Ausflüge in die Denkfabriken der Wende, Berlin (Rotbuch Verlag) 1987, S. 111

Seite 124, »*Arbeitslosigkeit existiert...*«: Kurt Biedenkopf, Die Sach-
zwänge werden die Barrieren der Ideologien überwinden,
Frankfurter Rundschau 19. 11. 1987
Seite 132, »*Es ist schwer, sich vorzustellen...*«: Robert McNamara,
The military role of nuclear weapons. Perceptions and Misper-
ceptions. In: Foreign Affairs, Fall 1983, S. 67
Seite 133, »*Weil die flexible Antwort...*«: Karl-Heinz Klär, Aus der
Sackgasse der atomaren Abschreckung. In: Die neue Gesell-
schaft, Frankfurter Hefte, Nr. 11/November 1987 (Dietz-Nach-
folger Bonn) S. 987
Seite 134, »*Eine solche Militärstrategie...*«: Helmut Schmidt, Eine
Strategie für den Westen, Berlin (Siedler Verlag) 1985/86,
S. 51
Seite 135, »*Militärische Konflikte können schnell eskalieren...*«: Ro-
bert McNamara, Blindlings ins Verderben. Der Bankrott der
Atomstrategie, Reinbek bei Hamburg (Rowohlt Verlag) 1987,
S. 20
Seite 136, »*Frankreich ist aus der NATO ausgetreten...*«: François
Mitterrand, Sieg der Rose. Meine Aufgaben und Ziele, Düssel-
dorf/Wien (Econ Verlag) 1981, S. 210
Seite 137, »*...daß irgendeine ganz lächerliche Angelegenheit*«: Bar-
bara Tuchman, August 1914, Bern/Stuttgart (Scherz Verlag)
1964, S. 93
Seite 138, »*Die Nationen Westeuropas...*«: John F. Kennedy, Public
Papers of the President of the United States, Containing the
Public Messages, Speeches, and Statements of the President,
January 1 to December 31, 1962, S. 538
Seite 140, »*Ich glaube, die Berlinkrise...*«: Robert McNamara, Blind-
lings ins Verderben. Der Bankrott der Atomstrategie. A. a. O.,
S. 11
Seite 158, »*...ist nicht mehr Staats genug*«: Peter Cornelius Mayer-
Tasch (Hg.), Die Luft hat keine Grenzen. Internationale Um-
weltpolitik: Fakten und Trends, Frankfurt am Main (Fischer
Verlag) 1986, S. 15
Seite 159, Bernd Rüster, Bruno Simma, Michael Bock, International
Protection of the Environment, Treaties and Related Docu-
ments, Dobbs Ferry (N.Y.) 1975 (mit laufenden Ergänzungen)
Seite 163, »*Was die Weltwirtschaft angeht...*«: Kurt Tucholsky, Kur-
zer Abriß der Nationalökonomie. In: Gesammelte Werke,
Band 9, Reinbek bei Hamburg (Rowohlt Verlag) 1975, S. 287
Seite 172, »*Die technisch-wissenschaftliche Entwicklung...*«: Kurt
Biedenkopf, Frankfurter Rundschau 19. 11. 1987

Seite 175, »... *nie genau meßbaren Mischung*«: Edzard Reuter, Wirtschaftliche Einigung ist eine Bedingung des Überlebens, Frankfurter Rundschau 8. 11. 1985

Seite 177, »*Menschen bringen große Leistungen*«: Ebda.

Seite 178, »...*eine Art von technologischem Nationalismus*«: OECD, Science and Technology Policy Outlook, Paris 1985, S. 12

Seite 186, »*Das höhere Prestige der Nation*...«: Simone Weil, Die Einwurzelung, München 1956, S. 208

Seite 187, »*Es begann die schäbige*...«: Heinrich Heine, Werke in fünf Bänden, Band 4, Berlin- Ost und Weimar (Aufbau Verlag) 1968, S. 207

Seite 187, »*Der Patriotismus des Deutschen*...«: Ebda.

Seite 190, Jürgen Habermas, Rede vor der Universität Kopenhagen, abgedruckt in: Eine Art Schadensabwicklung, Frankfurt am Main (Edition Suhrkamp) 1987

Seite 194, »*verderbliche Illusion*«: Heinz Abosch, Jean Jaurès, Die vergebliche Hoffnung, München und Zürich (Piper Verlag) 1986, S. 56 ff.

Seite 195, »*Leicht ist dies Ringen zweier Seelen*...«: Konrad Hänisch, zit. nach: Eugen Prager, Das Gebot der Stunde, Berlin und Bonn (Dietz-Nachfolger) 1980, S. 31

Seite 197, »*Gegen diese Feinde*...«: Ernst Heilmann, zit. nach: Ebda., S. 75

Seite 206, »*Der Mann macht Geschichte*...«: Oswald Spengler; »*Deshalb braucht der grundlegende Anteil*...«: José Ortega y Gasset. Zit. nach: Marie-Luise Janssen-Jurreit, Sexismus. Über die Abtreibung der Frauenfrage. Frankfurt am Main (Fischer Taschenbuch Verlag) 1985, S. 67, S. 73

Seite 232, »...*welthistorischen Gelegenheitsverhältnis*«; »*Wenn ich die Fabriken und Büros*...«: Günther Nenning, Sozialismus als radikale Kritik am Staat. In: Forum (Wien) Nr. 358/359, Oktober/November 1983, S. 39, S. 41

Seite 233, »*Was auf einer bestimmten Stufe*...«: Georg Lukács, Geschichte und Klassenbewußtsein, Amsterdam (Thomas de Munter) 1967, S. 240

Seite 239, »*Verzicht auf die fortschreitende Technik*...«: Karl-Friedrich von Weizsäcker, Deutlichkeit, Beiträge zu politischen und religiösen Gegenwartsfragen, München (Deutscher Taschenbuch Verlag) 1981, S. 54 f.

Seite 240, »...*eine Gesellschaft abnehmender Risiken*«: Karl-Otto Hondrich, Ein unsichtbarer Gast sitzt mit am Tisch. Der Spiegel Nr. 21/18. 5. 1987, S. 238

Seite 245, ».. . *ist Folge eines Verzichts*«: Martin Jänicke, Staatsversagen. Die Ohnmacht der Politik in der Industriegesellschaft. München und Zürich (Piper Verlag) 1986, S. 55

Seite 246, »*Die Unvollkommenheit und Komplexität*. . .«: Karl Georg Zinn, Zukunftsentwurf und Arbeiterbewegung. In: WSI-Mitteilungen 8/1987, S. 451

Seite 251, »*Man sprach über den Krieg*. . .«: Karl Retzlaw, Spartakus. Aufstieg und Niedergang. Erinnerungen eines Parteiarbeiters, Frankfurt am Main (Verlag Neue Kritik) 1976, S. 27 f.

Seite 252, »*Auch ihr steht vor besonderen Fragen*. . .«: Hirtenworte zu Krieg und Frieden, Köln (Verlag Kiepenheuer & Witsch) 1983, S. 274 f.

Seite 258, »*Der hochdifferenzierten Arbeitsteilung*. . .«: Ulrich Beck, Risikogesellschaft. Auf dem Weg in eine andere Moderne, Frankfurt am Main (Edition Suhrkamp) 1986, S. 43

Seite 259, »*Systemumbau und ökologische Modernisierung*. . .«: Josef Huber, Zukunftsfragen der Sozialdemokratie. In: Die neue Gesellschaft, Frankfurter Hefte, Nr. 8/August 1987 (Dietz-Nachfolger Bonn), S. 680

Seite 260, ».. . *auch in ihren paradoxesten Ausdrucksformen*«: Bruno Trentin, Die andere Gewerkschaft, Hamburg (VSA-Verlag für das Studium der Arbeiterbewegung) 1982, S. 193

Seite 262, »*Ein ungehemmter Kapitalismus*. . .«: Hans Jonas, Für eine neue Kultur der Askese, Die Welt 26. 9. 1987

Seite 263, ».. . *alsbald entflog dem Gefäß*«: Gustav Schwab, Sagen des klassischen Altertums, Frankfurt am Main (Insel Verlag) 1975, S. 12

Seite 264, ».. . *die den beschränkten Untertanenverstand*«: Karl Marx, Kritik des Gothaer Programms. In: Politische Schriften. 2. Band, Darmstadt (Wissenschaftliche Buchgesellschaft) 1960, S. 1032 f.

Seite 267, »*In der gegenwärtigen Krise*. . .«: Lewis Mumford, Autoritäre und demokratische Technik. In: Freimut Duve (Hg.), Aufbrüche. Die Chronik der Republik, Reinbek bei Hamburg (Rowohlt Taschenbuchverlag) 1986, S. 687 f.